영미 소설 속
장르

제인 오스틴
Jane Austen

다니엘 디포
Daniel Defoe

영미 소설 속 장르

한국근대영미소설학회

나다니엘 호손
Nathaniel Hawthorne

찰스 디킨즈
Charles Dickens

신아사

머리말

한국근대영미소설학회는 1992년 창립된 이래 지금까지 이 책을 포함 총 25권에 달하는 단행본을 꾸준히 발간해왔다. 이는 영미 소설 전공자들의 학문적 소통과 협업의 결과이자 부단히 일반 대중과 호흡을 함께 하려 한 우리 학회 노력의 소산이다. 그간 학회의 발간물들이 영문학계나 일반 대중으로부터 꾸준히 애독되고 있는 것도 지속적인 단행본 발간이라는 우리 학회의 전통을 굳건하게 계승하게 해준 힘이었다. 다시 한번 독자들께 머리 숙여 감사드린다.

이 책은 영문과 학부생이나 대학원생뿐 아니라 일반 대중들이 영미 소설 속 각 하부장르의 정의와 특징, 그리고 그 계보를 이해하고 이를 바탕으로 영미소설사를 개관해볼 수 있게 이끄는 안내서로 의도되었다. 일반 독자뿐 아니라 영문학 전공자들도 그간 소설 속 각 하부장르에 대한 용어를 사용해왔으나 그 특징 및 역사적 성격과 계보에 대해서 다소 막연한 이해에 머물러 온 것이 사실이다. 영미 소설 속 각 하부장르에 관한 이해를 돕는 책이 그사이 발간된 적이 없었기 때문일 것이다. 이에 여러 하부장르를 일목요연하게 정리하고 그 계보까지 추적하면서 영미소설사를 개관해보는 것이 나름대로 의미 있는 작업이 되리라는 생각에서 이 책을 기획하게 되었다.

이 책에서는 먼저 각 장르의 개념을 명확하게 정의하고 그 계보를 개관한다. 이때 그 장르에 속하는 여러 작가의 작품을 소개하면서 시대적 변천사를 일별한다. 이어 집중적으로 다룰 소설 속에 나타난 장르의 특징을 정리한다. 그다음 그 소설을 장르적 특징과 연관 지어 분석한 후 총평으로 마무리한다. 이로써 각 장르에 대한 충실한 이해를 도모한다.

이 책을 통해 영미문학을 전공하는 대학생이나 대학원생뿐 아니라 영미 소설에 관심이 있는 일반 독자들 또한 영미 소설 속 각 하부장르를 이해하고 그 계보까지도 개관할 수 있을 것이다. 더 나아가 영미 소설사의 발전 및 변천 과정 또한 조망해볼 수 있겠다. 이렇게 새로운 시도를 하는 이 책이 수준 높은 학술 지침서로의 역할 뿐만이 아니라 소설 전반에 대한 일반 독자들의 관심과 흥미를 고취하는데 작으나마 유익한 디딤돌이 되기를 바라는 마음 간절하다.

이 책을 구상하고 필진을 섭외할 때 바쁘신 가운데서도 집필에 흔쾌히 참여해서 이 책을 빛내주신 여러 교수님께 먼저 깊은 감사를 드린다. 원고를 수집하고 상호 교정 작업을 주관하는 등 편집에 관한 일을 맡아주신 연세대학교의 김명진 교수님과 명지대학교의 전미경 교수님, 그리고 이 책을 최종 출판하기까지 깔끔하게 마무리 작업을 해주신 신아사의 편집진께도 진심 어린 감사의 마음을 전하고 싶다. 이와 함께 그간 우리 학회에서 준비한 여러 단행본을 언제나 흔쾌히 발간해주신 신아사 정현걸 사장님께도 이 자리를 빌려 감사드린다.

2019년 12월

한국근대영미소설학회 제13대 회장

고 영 란

목차

영미 소설 속 장르

서론:

소설 하부 장르를 통해 본 영미소설사의 이해

이혜수

1. 들어가는 말

이 책은 영미소설의 주요 하부 장르들(sub-genres)의 정의와 특징을 살펴보고 해당 작품들을 자세히 읽음으로써 소설에 대한 전반적인 이해를 도모하며 나아가 영미소설사를 개관할 수 있도록 돕는 것을 목적으로 한다. '장르'(genre)는 '종류'(kind)를 뜻하는 불어를 어원으로 하며, 애초에 문학 내 다양한 종류의 글을 지칭하였다. 하지만 매체(media)가 다양화되는 현대에 들어와서는 각 매체 내 일정한 특징을 공유하는 그룹들을 지칭하는 용어로 더 많이 쓰이는 듯하다. 가령 영화 매체에는 로맨스, 호러, 액션, 다큐멘타리 등의 '장르'가 있고, 텔레비전 프로그램 역시 드라마, 리얼리티 쇼, 예능 등의 '장르'로 나눠지며, 좀 다른 성격이긴 하지만 음악에도 재즈, 락, 트로트 (혹은 소나타, 푸가, 오페라) 등의 '장르'가 있다. 또 문학 내에서도, 최근의 '장르문학' '대중서사장르' 같은 용어가 잘 드러내듯이, 전통적인 문학 장르 개념에서 벗어나 새로운 장르 개념을 모색하는 움직임이 발견된다. 어떤 장르로 구별되고 명명된다는 것 자체가 이미 그 매체의 중심부로 진입했다는 표식이기에 SF 소설이나 멜로드라마 같은 주변부의 글들이 장르의 이름을 전유하려는 것은 이상하지 않다. 우리가 다루려는 영미권의 '소설 장르' 역시 마찬가지였으니까 말이다.[1] 중요한 건 '장르'의 개념과 특징, 범위 등이 여전히 모호함에도 불구하고 장르라는 용어가 과거부터 지금까지 우리가 문학, 예술, 문화 등을 이해하고 분류해온 중요하고 유효한 개념이라는 사실일 것이다.

앞서 말한 바, 장르는 애초 문학 장르를 일컫는 용어로서 아리스토텔레스 이래로 문학은 크게 서정시(lyric, 1인칭 화자의 발언), 서사시/서사(epic/narrative, 화자가 등장인물의 발언을 전달), 극(drama, 등장인물의 직접 발언)의 세 종류로 나뉘어왔다. 이 기본적인 틀에 비극(tragedy), 희극(comedy), 풍자(satire) 등의 세분화된 장르 나아가 로맨스(romance), 자서전(autobiography), 수필(essay), 소설(novel) 등의 새로운 장르들이 더해졌다. 장르적 구별과 장르론이 가장 엄격했던 시기는 (아리스토텔레스의 『시학』이 발견된 르네상스를 거쳐) 17-18세기 소위 신고전주의(Neoclassicism) 시대였다. 이때는 장르적 '규칙'을 얼마나 잘 따르는가가 훌륭한 작품의 기준이 되었으며, 장르 내 위계질서 또한 매우 엄격했다. 심각하고 무거운 '내용'과 열등하고 가벼운 '형식' 혹은 그 반대를 섞지 않는다는 '스타일 분리의 원칙'이 신봉되었고—가령 이 둘을 섞은 희비극(tragicomedy)은 열등한 장르로 여겨졌다—서사시와 비극이 우월한 장르로 숭앙된 반면 목가(pastoral)나 희극, 서정시 등은 이보다 아래인 장르로 여겨졌다. 하지만 비슷한 시기에 태동된 소설은 문학 내 장르적 위계를 깨트리고 신고전주의적 질서에 도전하면서 점차 근대를 대표하는 핵심적 문학 장르로 자리매김 되었다. 미하일 바흐친(Mikhail Bakhtin)은 '소설화'(novelization) 개념을 통해 소설 장르의 등장과 확산이 어떻게 기존의 장르질서를 무너뜨리면서 모든 문학 장르를 소설처럼 만들었는지를 설명한다.[2)] 문학 장르질서의 해체는 20세기 중반까지 이어졌는데, 개별 작품의 독특한 성취를 중요시하는 신비평 이론에서도 장르론은 중요하게 여겨지지 않았다. 하지만 1950년 이후 아리스토텔레스의 문학이론을 부활시킨 '시카고학파'와 특히 주요 문학 장르(희극, 로맨스, 비극, 풍자)를 사계절과 관련된 신화적 상상력과 연결시킨 노스롭 프라이(Northrop Frye)의 '원형 이론'(archetypal theory)은 다시금 문학연구에서 장르론의 중요성을 부각시켰다. 이후 장르론은 문학 장르를 일군의 장르적 관습과 코드의 집합체로 보면서 작가와 독자가 공유하는 암묵적 계약으로 본다거나, 비트겐슈타인이 말한 '가족유사성'(장르의 본질적인 특징이 있기보다는 몇몇 유사성을 공유하는 작품들이 모여 장르가 된다)으로 이해하는 경향으로 나아간다.[3)] 최근에는 문학에 대한 역사적 이해를 중시하는 '장르 이론'(genre theory)보다는 문학을 언어구조물로 보면서 구조주의적, 기호학적 이해를 도모하는 '서사 이론'(narrative theory)에 더 많은 관심이 집중되는 듯하며, 대신 장르라는 용어는 앞서 살펴본 것처럼 좀더 넓고 다양한 맥락에서 사용되고 있다. 이 책에서는 문학 장르를 둘러싼 위와 같은 역사적·이론적 맥락을 염두에 둔 채 소설의 장르적 기원과 특징을 간단히 살펴보고 나아가 영미소설을 구성하는 주요한 세부 하부 장르들을 살펴봄으로써 영미소설사에 대한 대강의 이해를 모색하려 한다.

2. 소설의 이론 vs. 소설의 역사

'소설의 이론' 즉 소설 장르란 어떤 것인가 하는 문제는 이 '새로운' 장르가 어떻게 '발생'하고 전개되었는가 하는 소설의 '기원'에 대한 역사적 이해와 불가분의 관계를 지닌다. 소설의 영어 명칭 'novel'이 분명히 하는 바 소설이란 장르가 기존의 문학 장르 혹은 담론과 구별되는 새로운 종류(장르)의 글이라는 감각과 인식이 17-18세기 영국에 퍼져나갔던 것은 확실하다. 소설이 당대의 새로운 인식과 문화적 욕망을 어떻게 반영하고 또 구성해 갔으며, 기존의 문학 장르들과 어떠한 관계를 맺으면서 점차 근대의 핵심적인 장르로 자리잡아갔는지에 대한 역사적 이해는 곧 소설 장르가 무엇인가라는 물음과 직접 연결되어 있는 것이다. 가령 초기 영국소설가인 아프라 벤(Aphra Behn)이나 다니엘 디포(Daniel Defoe)는 자신들의 글이 '소설'이라는 장르의 출발점이 되리라 생각하지 않았겠지만, 『오루노코』(*Oroonoko*)나 『로빈슨 크루소』(*Robinson Crusoe*) 등이 기존의 읽을거리들과 갈라지면서 내뿜는 새로운 호흡들은 18세기 중반 사무엘 리차드슨(Samuel Richardson)이나 헨리 필딩(Henry Fielding)에 이르러 자신들이 새로운 종류(장르)의 글을 쓰고 있다는 자의식으로 이어졌다.

소설의 이론에서 지속적으로 제기되는 질문들—소설 장르가 어떤 점에서 전통적 장르와 구별되는 새로운 장르인지, 정말 새로운 장르인지, 허구인지 아닌지, 산문인지 아닌지, 서사(narrative, story)와는 어떻게 다른지—은 소설 장르를 이론적으로 정의하려는 노력이지만, 이 질문에 제대로 답하기 위해서는 개별 소설들의 역사를 살펴보지 않을 수 없다. 소설은 '형식 없는 형식'(formless form)이라 불릴 정도로 그 외연과 형식이 넓고 다양하며, 18세기 로런스 스턴(Laurence Sterne)부터 20세기 토마스 핀천(Thomas Pynchon)에 이르기까지 끊임없이 새로운 형식을 모색하며 진화해나가고 있기 때문이다. 이렇듯 개별 소설의 역사적 전개를 아우르면서 소설의 이론을 정립해나가는 데 유용한 중간 개념이 이 책에서 다루는 소설의 하부 장르(subgenre)이다. 소설의 역사는 일정한 역사적 시기의 특정한 욕망을 집중적으로 표현하거나 이를 담을 수 있는 형식적 실험을 도모했던 소설 내 하부 장르들의 발생과 진화의 역사이기도 하다. 소설 내 하부 장르의 변천을 도외시한 채 소설이란 무엇인가를 묻는 것은 '소설의 이론'이 '소설의 역사'와 불가분의 관계임을 놓치는 것이다. 그렇기에 서구 소설론의 대표주자라 할 수 있는 게오르그 루카치(Georg Lukacs), 미하일 바흐친, 이안 와트(Ian Watt)와 마이클 맥키언(Michael McKeon)의 논의들이 모두 소설이란 무엇인가라는 질문에 답하기 위해 소설의 계보학(기원)을 살펴보는 동시에 소설의 역사적 전개에 주목하는 것은 놀랍지 않다.

장르론의 틀에서 볼 때 루카치와 바흐친의 소설 이론은, 비록 그 방향은 거의 반대이지만, 기본적으로 오랫동안 서양 문학 이론의 흔들림 없는 근거였던 아리스토텔레스의 문학 장르론을 염두에 두고 전개된다. 루카치는 초기작 『소설의 이론』(*Theory of the Novel*)에서 소설을 서사시의 적자이자 동시에 근대성을 대표하는 장르로 정의하는데, 이는 소설을 아리스토텔레스의 장르 위계 중 가장 높은 자리에 있는 서사시의 계승자로 보면서 동시에 근대의 시대정신을 대표하는 장르로 보는 것이다. 루카치에 따르면 하늘의 별에서 타오르는 불과 우리 영혼의 불이 같은 종류의 것이었던 서사시의 시대와 달리, 문제적 개인이 자신의 영혼을 찾기 위해 길을 떠나는 근대의 서사시가 소설이다. 개인과 세계가 분리되지 않은 시대, 하늘의 별을 보고 따라가기만 하면 자신의 영혼과 만나게 되는 시대의 장르가 서사시라면, 소설은 개인과 세계가 대립하는 시대에 문제적 개인이 자신의 내면과 외부 세계를 화해시키기 위해 분투하는 타락한 시대의 서사시라는 것이다(이혜수, 「'소설의 발생' 논의 재고」 446). 소설을 '부르주아 서사시'로 보는 루카치의 시각이 헤겔이나 독일 낭만주의의 영향을 받은 것은 사실이다.[4] 하지만 개인의 주관성을 넘어선 근대의 총체성을 담지하는 형식적 장치로 '아이러니'를 들면서 이를 소설의 주요한 장르적 특성으로 제시한다거나, 소설 장르에서 전기(biography)의 중요성을 강조하면서 네 가지의 소설 유형에 담긴 사회역사적 의미를 고찰하는 등, 『소설의 이론』이 여전히 가장 빼어난 소설론 중 하나로 여겨지는 이유는 명확하다. 루카치가 설명하는 소설의 네 유형—『돈키호테』로 대표되는 '추상적 이상주의'(abstract idealism) 소설, 『마담 보바리』나 『감정 교육』 같은 '환멸의 낭만주의'(romanticism of disillusionment) 소설, 『빌헬름 마이스터의 수업시대』가 대표하는 교양소설(Bildungsroman), 마지막으로 톨스토이의 작품을 중심으로 하는 사회소설—은 근대라는 역사적 조건에서 개인과 세계가 관계 맺는 다양한 방식에 대한 그의 예리한 통찰이 소설 하부 장르 이론으로 이어진 경우라 하겠다.

소설의 이론에서 빼놓을 수 없는 바흐친의 논의는 다성성(heteroglossia), 이중 담론(double discourse), 카니발(carnival) 등의 개념을 통해 소설의 장르적 이해를 도울 뿐 아니라, 아리스토텔레스의 문학장르론에 대한 과감한 도전이자 루카치의 소설론에 대한 의식적 도발이란 점에서 역시 흥미롭다. 앞서 얘기했듯이 헤겔이나 루카치는 소설의 기원을 서사시에 두며, 이러한 소설 계보학의 함의 중 하나는 (처음에는 보잘 것 없던) 소설이 장르위계질서의 최고점에 있는 서사시의 계승자라는 것이다. 하지만 바흐친은 소설이 서사시를 계승하는 것이 아니라, 거꾸로 서사시의 권위주의적이고 위계적인 질서의 경직성을 해학적 웃음으로 전복시켰던 비공식적인 하급 장르들을 잇고 있다고 주장한다. 근엄하고 이상화된 서사시가 아니라 매니피언 풍자(Menippean satire)나 소크라테스적 대화(Socratic dialogues)처럼 주변부의 비공식적 장르인 '진지하면서도 희극적인 장르들'(serio-comic genres)이 소설의 진정한 선행 장르라는 것이다. 바흐친의 이러한 주장에는 우선 귀족적 세계관이 반영된 서사시나 비극을 장르위계질서의 정점에 두는 아리스토텔레스와 이후 신고전주의적 문학 장르론에 대한 비판이 깔려있다. 나아가 그의 견해는 서사시를 고대 그리스의 완전한 총체성의 반영으로 또 소설을 소외된 근대의 서사시로 보는 루카치적 견해를 뒤집으면서, 반대로 서사시를 위계적, 과거적 장르로 또 소설을 그러한 서사시를 극복하는 전복적, 현재적 장르로 보는 시각이기도 하다. 바흐친은 루카치의 주요 개념을 뒤집어 자신의 논의의 주요 기반으로 삼기도 한다. 예를 들어 루카치가 소설을 "초월적인 망향"(transcendental homelessness)의 형식으로 비유할 때(41) 바흐친은 소설이 현실과의 "직접적인 접촉의 영역"(the zone of direct contact)을 다루는 장르임을 강조한다("Epic and Novel" 39). 루카치가 소설에서 "아이러니"(irony)를 강조한다면 바흐친은 "패러디"(parody)의 중요성을 내세우며, 루카치 이론에서 "영혼"(soul)이 지니는 무게만큼 "몸"(body)은 바흐친 논의에서 핵심적이다(이혜수, 「'소설의 발생' 논의 재고」 446). 소설의 하부 장르론에서도 루카치가 영혼(개인)과 세계의 관계에 따라 소설의 종류를 나눈다면, 바흐친은 몸과 밀접히 연관된 소설의 크로노토프(시공간)를 중심으로 소설의 하부 장르를 구분한다. 바흐친과 루카치 모두 소설의 전기적인 성격을 강조하고 교양소설을 소설의 핵심적인 하부 장르로 본다는 점에서는 비슷하지만, 소설의 계보학을 포함한 소설의 장르적 정의에서는 이데올로기나 미학적 측면 모두 근본적인 대립을 보여준다 하겠다.

루카치와 바흐친의 논의가 유럽 소설 전체를 바탕으로 소설의 이론을 모색하는 거대담론이라면, 와트와 맥키언의 소설론은 영국소설로 범위를 한정할 뿐 아니라 특히 소설의 기원 문제에 집중한다는 점에서 차이가 있다. 1957년에 발행된 와트의 『소설의 발생』(*The Rise of the Novel*)은 영미권 내 소설론 중 가장 영향력 있는 저서 중 하나로 (영국)소설이 기존의 로맨스와 어떤 장르적 차별점이 있는지에 대한 논리 정연한 설명 뿐 아니라 왜 18세기에 발생했는지에 대한 역사적 맥락을 짚어준다는 점에서 많은 설득력을 지닌다. 루카치가 소설의 계보를 '서사시'로 거슬러 올라가고 반대로 바흐친이 서사시 같은 상위 장르를 패러디하는 비공식적 장르들을 잇는 장르로 소설을 본다면, 와트는 기본적으로 소설이 어떻게 '로맨스'와 변별되는 특징을 가지는 '새로운' 문학형식인지를 살펴보는 방식으로 소설의 기원을 설명한다. 로맨스는 중세 기사도 정신과 궁정풍의 사랑(courtly love)을 다루는 '전치된 서사시 형식'으로 12세기 이후 프랑스와 영국 등에서 유행했으며 (당연히) 아리스토텔레스의 장르론에는 포함되지 않는 장르이다. 와트는 18세기 영국의 디포를 필두로 리차드슨과 필딩의 소설이 로맨스 같은 전통적 서사와 달리 구체적 이름을 지닌 구체적 개인이 구체적인 시공간에서 황당한 우연이 아닌 인과법칙에 따른 개연적인 사건을 경험하는 서사임을 지적하면서, 이렇게 '현실'을 '사실적으로' 재현하는 소설의 장르적 특징을 '형식적 리얼리즘'(formal realism)이라 부른다. 소설 장르를 형식적 리얼리즘으로 설명하는 와트의 리얼리즘론은 후기 루카치의 '사회주의 리얼리즘'이나 바흐친의 '그로테스크 리얼리즘'과는 많은 차이를 지니지만, 소설의 변별적 장르 특징으로 리얼리즘을 내세우는 서구 소설론의 뿌리 깊은 인식과 전통 내에 위치한다.

와트의 소설론을 수정, 발전시켰다고 평가되는 맥키언의 소설의 이해 역시 큰 틀에서 리얼리즘론에 속한다고 할 수 있다. 맥키언은 와트의 형식적 리얼리즘이 "순진한 경험주의"(naive empiricism)에 국한되어 있음을 지적하면서 소설의 리얼리즘이 경험주의 뿐 아니라 그 이전의 "로맨스적 관념주의"(romance idealism)를 변증법적으로 종합하는 "극단적 회의주의"(extreme skepticism)를 포함하는 형식적 특징임을 강조한다. 그런데 경험주의를 넘어 인식론적 회의주의를 껴안는 맥키언의 리얼리즘 개념은 그 자신이 언급하듯 아리스토텔레스가 문학의 핵심으로 제시한 개연성(probability)의 근대적 재공식화에 다름 아니다.[5] 1990년대 이후 낸시 암스트롱(Nancy Armstrong), 제인 스펜서(Jane Spenser), 로스 밸러스터(Ros Ballaster) 등의 페미니즘적 소설론이나 폴 헌터(Paul Hunter), 윌리엄 워너(William Warner), 마가렛 두디(Margaret Doody) 등의 문화연구에 기반한 소설론이 와트나 맥키언의 논의를 비판의 대상으로 삼은 것은, 한편으로는 이들 소설론에 내재된 남성중심주의나 영국중심주의에 대한 비판이지만, 다른 한편 맥키언 리얼리즘론의 토대이자 거의 모든 서구 문학 장르 이론의 뼈대가 되는 아리스토텔레스적 문학론을 해체하고 넘어서려는 작업이기도 하다.[6] 소설의 리얼리즘 개념을 둘러싼 격한 논쟁은 리얼리즘론이나 소설론에 국한되지 않으며 서양문학이론전반에 대한 인식적 충돌과 화해, 도전과 진화의 역사를 응축한다.[7]

3. 소설의 하부장르와 영국소설사: 내용에 따른 분류

소설의 하부 장르를 살펴보는 일은 특정한 시기에 출현해 소설 내 중요한 역할을 담당했던 다양한 유형의 소설들의 역사적 성격을 이해하는 과정이기도 하다. 가령 루카치나 바흐친이 소설의 여러 하부 장르 중 교양소설의 중요성을 강조했던 것은 교양소설이 모색하는 개인의 내면적 성숙과 사회적 성취 간의 화해라는 주제가 근대의 주요한 과제이자 근대를 대표하는 장르로서 소설의 본령이라는 판단과 무관하지 않다. 영국소설의 경우, 17세기 말 여성작가들의 연애소설(amatory fiction)에서부터 이후 범죄소설(criminal novel), 유토피아 소설(utopian novel), 감상소설(sentimental novel), 가정소설(domestic novel), 고딕소설(gothic novel), 교양소설, 사회소설(social problem novel), 모더니즘 소설(modernist novel), 포스트모더니즘 소설(post-modernist novel) 등에 이르기까지, 소설 하부 장르들의 출현과 번성, 쇠락과 부활의 역사는 각 하부 장르가 어떻게 당대 대중들의 문화적 욕구를 반영하고 담론화하는 동시에 그 욕망을 구성해갔는가를 보여주며, 그 과정 자체가 영국소설사를 이룬다고 할 수 있다. 그런데 소설의 장르적 정의와 외연을 확정하기 어려운 것처럼 소설 내 하부 장르 역시 뚜렷하게 구분되기보다 다양하게 섞이거나 겹치면서 진화해 나간다. 가령 이상사회를 모색하는 유토피아 소설은 현실에 대한 비판이 강한 풍자소설적 요소를 지니며 많은 경우 디스토피아 소설과 겹칠 뿐 아니라 SF 소설의 중요한 인식론적 기반이 되기도 하다. 범죄소설은 이후 추리소설이나 탐정소설로 이어지며, 가정소설이나 사회소설이 교양소설적 문제의식 하에 전개되는 일도 흔하다. 흥미로운 것은 소설 하부 장르 중에서도 군소 장르라 할 수 있는 범죄소설이나 유토피아 소설 등이 고급문학과 대중문학의 경계가 허물어지는 20세기 후반 이후 추리소설이나 SF 소설 등의 대중서사장르로 다시 부각되는 현상이다. 고딕소설 같은 경우 오랫동안 소설사를 이루는 정전으로 인정받지 못했지만 현재는 가장 중요한 하부 장르 중 하나로 여겨지며, 마찬가지로 문학비평에서 주목받지 못했던 범죄소설이 영화나 텔레비전 같은 타 매체의 핵심적인 장르(007시리즈나 과학수사 드라마 등)로 이어지는 현상은 장르의 역사적 성격을 잘 보여주는 또 다른 지점이라 하겠다.

'범죄소설'은 소설이 서사시나 로맨스 같은 '상위 장르'보다는 일기, 편지, 전기, 신문기사 등 '대중적' 담론에서 비롯되었다고 주장하는 폴 헌터나 레너드 데이비스(Lennard Davis) 같은 평자들의 주장을 뒷받침하는 장르이다. 17세기 말에서 18세기 초까지 범죄자의 악한 행적을 기술하면서 도덕적 종교적 교훈을 전달하고자 하는 문헌들이 쏟아져 나왔으며, 이러한 문헌들이 범죄소설의 바탕이 되기 때문이다. 배경진이 「범죄소설: 다니엘 디포의 『선장 싱글턴』과 『잭 대령』」에서 잘 설명하듯이 범죄소설은 근대영국소설의 초기 장면을 이루는 주요한 하부 장르로서, 우리에게는 『로빈슨 크루소』로 널리 알려진 다니엘 디포의 『몰 플랜더즈』(*Moll Flanders*)나 『선장 싱글튼』(*Captain Singleton*), 『잭 대령』(*Colonel Jack*) 등이 여기에 속한다. 범죄자 전기(criminal biography)를 비롯한 여러 범죄 관련 문헌을 활용한 디포의 범죄소설 역시 모든 사건이 끝난 후 악한이 과거를 회상하면서 교훈을 전달하는 전기적 틀에 속하기는 하지만, "도덕적 미덕이나 종교적 신앙심이 아니라 자신의 욕망을 추구하는 세속적이고 근대적인 개인"을 주인공으로 내세운다는 점에서 차이를 보인다. 이후 범죄소설은 필딩의 『조나단 와일드』(*Jonathan Wild*)나 윌리엄 고드윈(William Godwin)의 『케일럽 윌리엄즈』(*Caleb Williams*) 등을 거쳐 19세기에는 범죄소설 내 하부 장르라 할 수 있는 '뉴게이트 소설'로 이어진다. 뉴게이트 소설은 범죄자의 악행과 처벌, 후회, 교훈의 구조보다는 악한에 대한 독자의 공감을 일으킬 뿐 아니라 범죄자 주인공을 옹호하는 듯한 태도를 취하기도 한다. 범죄소설은 19세기 중후반 추리소설 혹은 탐정소설로 이어지는데, 에드가 앨런 포우(Edgar Allan Poe)의 추리소설 뿐 아니라, 아서 코난 도일(Arthur Conan Doyle), 아가사 크리스티(Agatha Christie) 등의 추리소설은 많은 인기를 얻으며 대중문화의 중요한 자산이 된다. 이러한 범죄소설/추리소설은 범죄자를 만들어 내는 것이 오히려 어두운 이면을 지닌 사회임을 드러내는 비판적 시각을 지니기도 한다.

디포의 범죄소설도 흥미롭지만 초기 영국소설 지형도에서 가장 큰 봉우리 중 하나는 아무래도 1740년에 발행된 리차드슨의 『패밀라』(*Pamela*)일 것이다. 하녀 패밀라가 순결에 대한 믿음과 글쓰기의 힘으로 주인 미스터 B의 유혹을 이겨내고 결국 결혼에 성공하는 이 소설은 장르적인 측면에서도 중요한데, '감상소설' 열풍의 진원지이자 동시에 소설의 핵심적 하부 장르인 '가정소설'의 시작점이라 할 수 있기 때문이다. 감상소설이 리차드슨의 대표작 『클라리사』(*Clarissa*)부터 스턴의 기발하고도 감상적인 『트리스트람 쉔디』(*Tristram Shandy*)를 거쳐 헨리 맥켄지(Henry McKenzie)의 『감상적인 남자』(*A Man of Feeling*)로 이어지는 과정을 통해 장르적 소멸을 겪는다면, 여성 주체의 정체성과 성장의 문제를 구혼이나 결혼, 가정 등을 중심으로 고민하는 가정소설은 18-19세기 영국에서 중심적인 하부 장르로 자리 잡는다. 리차드슨 이후 가정소설의 작가는 주로 여성들이었는데, 프란시스 버니(Francis Burney)의 『이블리나』(*Evelina*)나 마리아 에지워쓰(Maria Edgeworth)의 『벨린다』(*Belinda*), 제인 오스틴(Jane Austen)의 작품들이 대표적이라 하겠다. (오스틴의 『오만과 편견』(*Pride and Prejudice*)이나 또 다른 주요 가정소설인 샬롯 브론테(Charlotte Bronte)의 『제인 에어』(*Jane Eyre*)는, 뒤에서 살펴보겠지만, 대표적인 영국의 교양소설이기도 하다). 김진아가 「가정소설: 제인 오스틴의 『오만과 편견』」에서 설명하듯이 가정소설에서는 중산층 여주인공의 내면적 가치가 그녀의 가문이나 재산 같은 외적인 조건보다 중요한 것으로 제시되며, 이는 보기보다 매우 중요한 소설적 가치를 드러낸다. 암스트롱이나 맥키언이 지적하듯이 소설을 근대의 장르로 볼 경우 소설의 전형적인 주인공은 (역설적으로) 여성이어야 하는데, 기존의 위압적이고 방탕한 귀족중심적 세계관이 아닌 부지런하고 도덕적이며 가정중심적인 부르주아 가치관을 대표하는 인물이 중산층 여성이었기 때문이다. 이는 부르디외의 '상징자본'으로도 설명된다. 도덕적이고 내적인 고결함을 지닌 중산층 여성은 중간계급과 귀족의 헤게모니 투쟁에서 "중간계급의 권력을 정당화하는" 상징자본의 역할을 하는 것이다. 『오만과 편견』에서 자기중심적이고 남성우월적인 '귀족'(최상위급 신사) 신분의 다시(Darcy)를 교화시키는 것은 내면적 가치와 도덕적 우월성을 지닌 중산층 여성 엘리자베스(Elizabeth)이다. 하지만 이렇듯 여성의 내면적 도덕적 가치를 높이 평가하는 가정소설은 다른 한편 가부장적 기성 질서를 옹호하는 보수적인 특징을 지니기도 한다. 남성은 공적 영역, 여성은 사적 영역에 속한다는 분리된 성역할 이데올로기 뿐 아니라 바람직한 여성상으로 가정적인 여성을 내세우면서 어머니와 아내의 역할이 곧 여성의 본질이라는 '집안의 천사' 이미지를 강화하기 때문이다. 그럼에도 많은 경우 가정소설은 여성 주체를 "단지 남성의 사회관계를 유지하기 위한 교환품이 아니라 독특하고 고유한 가치를 지닌 자율적 개별주체"이자 "욕망의 주체"로 규정해왔다는 점에서 중요하지 않을 수 없다.

내용이나 미학적인 측면에서 가정소설과 거의 반대편에 있으면서 동시에 여성주체의 문제를 그만큼 심도 깊게 파고드는 하부 장르가 고딕소설이다. 고딕소설은 대개 중세/카톨릭 국가 같은 음험하고 어두운 시공간을 배경으로 사악하고 탐욕스러운 악한을 둘러싸고 벌어지는 기괴하고 공포스러우며 초현실적인 서사를 일컬으며, 18세기 중반 호러스 월폴(Horace Walpole)의 『오트란토 성』(*The Castle of Otranto*)을 효시로 삼는다. 이후 널리 알려진 (영국) 고딕소설로는 18세기 후반 선풍적 인기를 끌었던 앤 래드클리프(Anne Radcliffe)의 『우돌포 성의 비밀』(*Mysteries of Udopho*)를 비롯해 매슈 루이스(Matthew Lewis)의 『수사』(*The Monk*), 19세기 메리 셸리의 『프랑켄슈타인』(*Frankenstein*), 로버트 스티븐슨(Robert Stevenson)의 『지킬박사와 하이드씨』(*Dr. Jekyll and Mr. Hyde*), 브람 스토커(Bram Stoker)의 『드라큘라』(*Dracula*) 등을 들 수 있다. 신경숙이 「고딕소설: 호러스 월폴의 『오트란토 성』」에서 설명하듯이 고딕소설은 당대 계몽주의 담론이 상정하는 합리적 인간과 진보적 역사에 대해 의심의 눈초리를 보내면서, 근대적 이성으로 설명되지 않는 불안이나 공포 등의 심리적 현상뿐 아니라 몽매한 미신과 야만적 폭력, 비합리성 등으로 점철된 과거를 환기한다. 하지만 고딕소설이 이렇게 야만적인 과거를 불러일으킬 수 있는 것은 그 과거의 현상이 "이성적으로 모두 설명될 수 있으므로 더 이상 우리에게 '무서움'이나 '두려움'을 느끼게 하지 못하기" 때문이기도 하다. 합리적으로 설명되지 않는 '초자연적인 현상'과 '초자연적 현상에 대한 이성적 설명'(the explained supernatural)이 고딕소설

내 공존한다는 사실은 두려움과 불안 같은 비이성적 감정의 전면화 역시 합리적 이성이 주는 안전감에 기초한다는 이 장르의 역설을 잘 드러낸다. 반대로 이성적 합리화에도 불구하고 설명할 수 없는 미신적 믿음이나 야만적 폭력이 "유령처럼 언젠가 튀어나올 수 있다는 불안" 역시 고딕소설의 중요한 특징이다. 고딕소설의 주인공인 근대적 인간에 대해서도 마찬가지 이야기를 할 수 있을 것이다. 고딕소설에서 두드러지는 두려움이나 공포 같은 감정은 근대적 인간이 이성적이고 동질적이며 '정상적인' 자아를 지니기 위해 무의식적으로 억누르고 덮어버린 어둡고 괴물적인 속성의 현현이다. 고딕소설은 "근대적 주체가 잠정적으로 봉합한 다양한 종류의 균열들을 노출시"키며, "근본적으로 '주체의 균열'을 지시하는 장르"인 것이다. 그런데 고딕소설에서 이러한 균열의 봉합이 잠정적이고 불완전한 것임을 보여주는 중요한 지점이, 『오트란토 성』에서 시작된, 여주인공이 위협적인 추적을 피해 깜깜하고 미로 같은 집안 지하공간에서 길을 잃고 헤매는 장르적이고 관습적인 장면이다. 이는 공적 영역에서는 소외되었더라도 가정에서는 '집안의 천사'로 추켜세워졌던 여성들이 "[자신들이] 보호받는 바로 그 집 안에 어둡고 공포를 불러일으키는 비밀스러운 공간이 있어 그들을 위협한다는 사실"을 드러내기 때문이다. 가정소설과 고딕소설은 비록 그 초점은 다르지만 전통적으로 '여성의 공간'으로 여겨지는 집/가정이 여성에게 지니는 모순되고 양가적인 측면을 주제화한다는 점에서 흥미롭다.

고딕소설과 정반대의 스펙트럼에 놓인 세부장르 중 하나가 계몽주의의 이상을 바탕으로 성립된 교양소설이다. 루카치와 바흐친의 소설론을 포함한 많은 소설 이론에서 '교양소설'은 근대소설장르의 핵심적인 이념을 구현하는 하부 장르로 여겨져 왔다. 프랑코 모레띠(Franco Moretti)가 설명하듯이 이는 교양소설이 계층적 "이동성"(mobility)과 불안한 "내면성"(interiority)으로 대표되는 젊음과 근대의 유사성에 집중하면서 "근대의 상징적 형식"(a symbolic form of modernity)으로 기능했기 때문일 것이다(4-5). 최선령은 「교양소설: D.H. 로렌스 『아들과 연인』과 『무지개』」에서 우선 성장소설과 교양소설의 개념적 차이를 지적한다. 한 개인이 시간의 변화에 따라 어떤 경험을 하고 어떻게 어른으로 성장하는지를 다루는 성장소설(initiation story, coming-of-age novel)에 비해 교양소설은 "문제적 개인이 구체적인 사회적 현실과 어떻게 화해"하는지 즉 "그의 내적 성숙이 사회적 성취와 어떻게 조화"를 이루는지에 초점을 맞춘다는 점에서 좀더 엄격한 비평적 함의를 지닌다. 괴테(Goethe)의 『빌헬름 마이스터의 수업시대』가 고전적 교양소설의 효시이자 전범을 보여준다면 영국소설사에서 이에 필적하는 고전적 교양소설로는 오스틴의 『오만과 편견』을 꼽을 수 있다. 『수업시대』에서 부르주아 계급의 실용적 삶에 회의를 느끼는 빌헬름이 근대 시민사회의 이념을 대변하는 당대 개혁 귀족들의 모임인 '탑의 결사'의 교육으로 '자기실현'에 도달하듯이, 『오만과 편견』에서 엘리자베스와 다시는 "각기 서로의 결함을 수정하면서 행복한 결혼에 이르는" 방식으로 개인적 성장과 사회적 성취 그리고 계급적 화해를 이뤄낸다. 하지만 이러한 교양소설적 화해는 "18세기 서유럽 부르주아지 사회가 간직한 건강성 덕분에 가능했"던 일시적인 것이었다. 19세기 중후반 『제인 에어』, 『위대한 유산』(*Great Expectations*), 『미들마치』(*Middlemarch*) 등을 거쳐 19세기 말엽 토마스 하디(Thomas Hardy)의 『무명의 주드』(*Jude the Obscure*)에 오면 이제는 주인공 주드 뿐 아니라 화자의 입을 통해 학문공동체나 남녀관계를 통한 자기실현이 불가능함을, 즉 교양소설적 화해나 성숙이 더 이상 가능하지 않음이 직설적으로 선언된다. 하지만 20세기 초 D. H. 로렌스(D. H. Lawrence)는『아들과 연인』(*Sons and Lovers*)에서 노동계급 출신인 폴 모렐(Paul Morel)을 내세워 "남녀관계의 진정한 실현"이란 주제를 중심으로 교양소설 다시쓰기를 시도한다. 나아가『무지개』(*The Rainbow*)에서는 3세대 어슐라(Ursula)의 "한층 전형적이고 치열한 근대적 경험"을 통해 "사회적 관계를 주축으로 삼는 교양소설 장르의 틀을 깨뜨리"면서 교양소설이 전제하는 개인과 세계의 이분법을 해체하는 식으로 "교양소설 장르를 창조적으로 극복"해낸다. 최선령이 지적하듯이 20세기 이후 교양소설이 대표적 소설 하부 장르로서 위치를 잃었음에도 지속적으로 모색되고 논의되는 것은 한 개인이 자신이 속한 공동체 내에서 자기실현을 이루는 서사에 대한 요구와 만족감이 여전히 존재하기 때문인 듯하다.

교양소설이나 가정소설이 근대소설의 핵심적인 하부 장르라면, '사회소설'은 그 범위나 상징성이 상대적으로 제한되어 있지만 역시 빅토리아조 영국의 역사적 국면을 특징적으로 드러내는 장르라 하겠다. 문상화가「사회소설: 찰스 디킨즈의『어려운 시절』과『황량한 집』」에서 잘 정리하듯이 사회소설은 "산업혁명 이후 중기 빅토리아 시대에 이르기까지 영국 사회가 직면하고 있던 사회적, 경제적, 정치적 문제에 초점을 맞추는 …1830년대에서 1860년대에 출간된 소설"을 일컫는다. 사회소설은 19세기 중반 영국의 노동자 착취, 실업, 도시빈민, 정치개혁 등의 문제를 전면화하면서 대중적 토론을 이끌어내고 "종국적으로 경제적, 정치적 개혁을 목표"로 하는 교훈적 성격을 지닌다. 하지만 1847년 공장법(Factory Act)으로 노동착취환경이 개선되고 1867년 2차 선거법개정(Reform Bill)이 통과되면서 정치개혁에 대한 대중의 요구가 어느 정도 만족되자 그 수요가 격감되기도 했다. 대표적인 사회소설로는 엘리자베스 개스켈(Elizabeth Gaskell)의 『메리 바톤』(*Mary Barton*)이나 『북과 남』(*North and South*), 찰스 킹즐리(Charles Kingsley)와 벤자민 디즈레일리(Benjamin Disraeli)의 소설들, 무엇보다 찰스 디킨즈(Charles Dickens)의 『올리버 트위스트』(*Oliver Twist*), 『어려운 시절』(*Hard Times*), 『황량한 집』(*Bleak House*) 등을 들 수 있다. 흥미로운 것은 사회소설에서 발견되는 이념적 모순이다. 한편으로 기존 질서에 의문을 제기하면서 변화와 개혁을 지지하지만 다른 한편 노동자들의 폭력적 시위 같은 폭동에 깊은 우려를 표현하면서 급진적인 변화에 반대하는 사회소설의 모순은 현실정치와 문학예술의 복잡하고도 역설적인 관계의 일단을 드러낸다. 이러한 사회소설의 특징은 디킨즈의 작품에서 여실히 드러난다. 개정 구빈법(Poor Law Amendment Act)으로 야기된 당대의 비참한 사회상을 고발하는 『올리버 트위스트』에서 주인공 올리버가 사회악에 물들지 않을 뿐더러 자신의 숨겨진 출생에 따라 "건전한 중산층으로 신분상승"하는 구조는 "디킨즈가 가지는 사회비판적 성격이 보수적임"을 잘 보여준다. 산업화의 폐해를 지적하고 인간이 행복하기 위한 사회적 조건을 모색하는 『어려운 시절』 역시 "당대의 구조적인 문제를 파헤치고 대안을 제공"하는 사회소설의 강점을 밀어붙이기보다 "감상적인 결말"로 끝나며, 『황량한 집』에서 그려지는 이상적 세계도 "산업사회 이전의 모습을 본 뜬 목가적 전원적 풍경일 뿐 실은 가능하지 않다"는 비판에서 자유롭지 않다. 디킨즈의 사회소설은 당대의 사회적 모순을 날카롭게 드러냄으로써 독자들의 사회적 관심을 유도했으나 구체적이고 포괄적인 대안을 제시하지 못하고 있다는 점에서는 아쉬움을 남기는데, 이는 또한 대부분의 사회소설의 한계이기도 하다.

4. 리얼리즘과 그 불만: 기법에 따른 분류

앞서 언급한 것처럼 근대소설의 장르적 특징을 '형식적 리얼리즘'으로 규정한 와트의 소설론이 강력한 영향을 발휘하는 가운데, 1980년대 이후 소설의 이론과 역사 담론은 (특히 페미니즘 비평을 중심으로) 리얼리즘에 대한 비판, 즉 리얼리즘을 소설의 장르적 '규범'으로 제시하는 논의의 억압성과 왜곡에 대한 비판을 중심으로 이루어져 왔다. 그런데 앞서 살펴본 소설의 하부 장르들은, 고딕소설을 제외하면, 대개 리얼리즘적 기법에 충실한 장르라 할 수 있다. 디포의『싱글턴 선장』, 제인 오스틴의『오만과 편견』, D. H. 로렌스의『아들과 연인』, 디킨즈의『황량한 집』모두 리얼리즘적 기법으로 쓰였으며, 소설 장르의 형식적 특성이 리얼리즘이라는 주장과 리얼리즘 기법으로 쓰인 세부장르들—범죄소설, 가정소설, 교양소설, 사회소설—이 소설을 대표한다는 것은 동의어 반복이기도 하다. 하지만 가령 18세기만 하더라도 의식적으로 반-리얼리즘적인 제스처를 취한『트리스트람 쉔디』나 특히 여성작가들을 중심으로 한 고딕소설(고딕 로맨스)은 리얼리즘 기법과 세계관에 정면으로 반기를 들면서 리얼리즘 중심적인 소설 장르의 정의를 뒤흔들었으며, 이후로도 소설의 역사는 끊임없는 실험적 기법의 시도와 쇄신의 역사라 할 수 있다. 일찍이 19세기 미국 작가 나다니엘 호손(Nathaniel Hawthorne)은 당대 유럽 소설의 리얼리즘 기법이 '새로운' 땅이자 '새로운' 국가인 미국의 역사적 문화적 특징을 제대로 담지 못함을 절감하며 리얼리즘 소설을 넘어선 미국적인 장르로 '로맨스'를 내세운 바 있다. 또 전통적인 리얼리즘 서사를 부정하며 아방가르드적 성격을 지녔던 20세기 초 모더니즘 소설은 1차 세계대전 이후 달라진 현실에 대한 인식을 '의식의 흐름'이나 '시간의 공간화' 등의 새로운 기법으로 풀어내면서 전 유럽적인 현상으로 자리잡는다. 포스트모더니즘 소설은 그 명칭이 암시하듯 모더니즘 소설 이후의 소설을 지칭한다. 즉 현실의 반영과 재생산을 중요시하는 리얼리즘 소설 뿐 아니라, 텍스트의 자율성 자체가 목적이 되는 독창적인 예술을 지향하는 모더니즘 소설에 반기를 들고 고급문화와 저급문화의 위계에 저항하면서 패티쉬(pastiche), 브리콜라주(bricolage) 등 다양하고 실험적인 기법을 시도하는 소설을 통틀어 칭하는 용어이다. 포스트모더니즘 소설 내 하부 장르 중 하나로 메타픽션을 들 수 있는데, 글쓰는 행위에 대한 반성적 자의식을 다루는 메타 픽션은 하나의 하부 장르이자 대부분의 포스트모더니즘 소설에서 볼 수 있는 특징적 요소이기도 하다. SF 소설 역시 대중문화적 요소와 영화 등의 타 매체와의 교류를 포함한 상호텍스트성(intertextuality)을 주요 특징으로 하는 포스트모더니즘 소설의 하위 갈래라 할 수 있다. 또 SF 소설은 현재 '장르문학'이라고도 불리는, 기존에 하급문화로 분류돼온 비정전 텍스트와 하급 장르를 포함하는 대중적인 소설 하부 장르를 대표하기도 한다.

'로맨스'는 맥락에 따라 지극히 다양하게 이해되는 용어로서, 중세 기사의 모험과 궁정풍 사랑이 주가 되는 중세 기사 로맨스(medieval chivalric romance)부터 영화나 대중서사의 알콩달콩한 남녀 사랑 이야기까지 매우 넓은 외연을 지닌 개념이다. 하지만 영미소설사에서 로맨스는 대개 반-리얼리즘적인 소설을 지칭하는 포괄적 용어(blanket term)로 사용되며, 반-리얼리즘적 특색이 두드러지는 고딕소설이나 여성작가들의 연애소설 등이 로맨스로 명명되곤 한다. 그런데 호손이 자신의 작품을 가리켜 '로맨스'라 지칭하는 것은 소설의 리얼리즘 요소를 완전히 배격하기보다는 유럽의 리얼리즘 소설과는 성격이 다른 (자신의 작품을 포함한) '미국적' 소설의 특징을 강조하기 위해서인 듯하다. 고영란은 「로맨스: 나다니엘 호손의 『주홍글자』」에서 "로맨스는 미국문학에서 중요한 위치를 점하고 있[음]"을 지적하며 호손이 자신의 작품을 "일상생활을 사실적으로 충실하게 재현하는 소설이 아니라 로맨스"로 명명했다고 설명한다. 호손이 『주홍글자』(*The Scarlet Letter*)의 서문 「세관」에서 정의한 바에 따르면 로맨스는 "실제적인 것과 상상적인 것이 서로 만나는, 현실과 공상 세계 사이 어디엔가 놓여 있는 중립지대"를 다루는 장르이다. 소설이 "밝은 햇빛 속에 드러난 일상"을 다룬다면 로맨스는 "달빛이나 난롯불 속에 드러나는 어렴풋한 모습"을 드러낸다는 것이다. 그런데 여기서 비록 호손이 소설과 로맨스를 구분하며 『주홍글자』를 소설이 '아닌' 로맨스로 규정하고 있지만, 이는 자신의 작품이 '소설'이 아니라는 의미보다는 당대 유럽 소설의 규범으로 제시되던 리얼리즘 기법이 사실성을 넘어서는 『주홍글자』의 특징을 정확히 포착하지 못한다는 문제의식의 발로에 가깝다. '고딕로맨스'나 호손이 참조했던 월터 스콧(Walter Scott)의 '역사로맨스'가 '고딕소설'과 '역사소설'의 이름으로 소설의 하부 장르를 이루는 것과 마찬가지로 호손의 '로맨스' 역시 리얼리즘을 넘어서는 소설 내 하부 장르를 지칭하는 것이다. 사실 『주홍글자』는 헤스터(Hester)와 딤즈데일(Dimmesdale)의 "심리적 진실"을 "실감나게 보여주기 위해 특유의 로맨스 양식을 효과적으로 사용"할 뿐, 17세기 중반 미국 보스턴의 실제 역사적 사실에 기반하고 있을 뿐 아니라 인물형상화의 기본적인 일관성이나 내용적 인과성에서도 충분히 리얼리즘적이다. 그가 자신의 작품을 어떻게 부르던 간에 호손의 '로맨스'가 빠진 미국 '소설'의 역사는 생각하기 어려우며 그의 기법적 쇄신이 미국소설사를 더욱 풍부하게 만든 것이 사실이다.

'모더니즘 소설'은 20세기 초 제1차 세계대전을 전후해 기존 사회질서와 예술 양식에 반발하며 회화, 건축, 문학 등 서구 예술 문화 전반에 걸쳐 등장한 모더니즘 사조와 결을 같이 하는 소설 하부 장르이다. 대상의 사실적 묘사보다는 빛과 색채를 통한 화가의 주관적 인상과 감정을 중요시하는 '후기 인상파' 회화나, 내적 경험의 순간적이고 직접적인 감각을 지극히 개인적인 상징과 은유로 표현한 프랑스 상징주의 시와 마찬가지로, 모더니즘 소설 역시 객관적이고 가시적인 현실을 리얼리즘적으로 재현하기보다 파편화된 자아의 내적·심리적 현실과 주관화된 시공간적 경험을 다양한 형식적 실험을 통해 드러내고자 한다. 이는 전 유럽적인 현상으로서 대표적인 모더니즘 소설로 영국에서는 제임스 조이스의 『율리시즈』(*Ulysses*)와 버지니아 울프(Virginia Woolf)의 『등대로』(*To the Lighthouse*), 미국에서는 윌리엄 포크너(William Faulkner)의 『소음과 분노』(*The Sound and the Fury*), 프랑스에서는 마르셀 프루스트의 『잃어버린 시간을 찾아서』, 독일/체코에서는 카프카의 『성』 등을 들 수 있다. 손현주는 「모더니즘 소설: 버지니아 울프의 『댈러웨이 부인』」에서 영국 모더니즘 소설을 대표하는 울프의 『댈러웨이 부인』(*Mrs. Dalloway*)을 읽으면서, 모더니즘 소설이 기존의 리얼리즘 소설과 어떤 차이점을 지니는지를 자세히 설명한다. 20세기 초반 활약한 울프는 "공동의 가치와 전통이라는 버팀목이 존재하지 않는 세계에서 고립된 개인이 자신의 경험을 어떻게 타자에게 전달하고 공감을 이끌어낼 수 있는가라는 문제의식"을 지닌 채 "개인이 경험하는 내적 세계의 '현실'을 전달하기 위한 문학형식과 스타일을 만들어 내기 위해" 여러 가지 실험적 기법을 모색해왔다. '의식의 흐름' 기법을 차용한 『댈러웨이 부인』은 모더니즘 소설의 특징을 두루 보여주는데, 우선 "외적인 사건보다는 인물의 내면을 전달하는 데 주력"하며, "기계적인 시간과 주관적·경험적 시간의 관계와 괴리"를 깊이 탐구한다. 또 현대사회의 분열

되고 파편화된 자아의 현상적 측면이라 할 수 있는 "정신병"을 주제화 하고, 몽타주 등 새로운 매체인 영화의 다양한 기법을 소설에 차용하였다. 『댈러웨이 부인』에서는 주관적인 내면현실에의 천착과 동시에 이와 연결된 객관적 현실로서의 "도시 런던"에 대한 애정 어린 묘사 또한 발견된다. 무엇보다 『댈러웨이 부인』은 "줄리아 크리스테바가 주장하듯이 남성적 언어를 넘어 여성성을 어떻게 표현할 수 있을지를 첨예하게 고민했던 울프의 언어에 대한 통찰"을 체화하면서, 여성적 글쓰기와 모더니즘적 글쓰기의 밀접한 관련성을 직접적으로 드러낸다. 울프의 모더니즘 소설은 빅토리아조 작가들의 전통적인 인물묘사나 장대한 서사 혹은 정교한 플롯이 전제하는 안정된 질서와 통합된 자아의 현실을 거부하면서, "삶, 런던, 유월의 이 순간"(life: London: this moment of June)에 집약된 현실과 그 현실의 경험이 삶의 진실에 더욱 가까우며 따라서 소설의 중심이 될 수 있음을 여성적 글쓰기를 통해 보여주고자 한다.

모더니즘 소설이 20세기 초의 새로운 현실을 담지 못하는 관습화된 소설 양식에 저항하는 아방가르드 운동으로 시작한 것이 사실이지만, 다른 한편 19세기 부르주아 문화의 확산과 저속화에 반발한 상류층 엘리트 문화의 대응인 측면도 있었다. 모더니즘 소설의 지나친 난해함이나 현실에서 찾을 수 없는 질서를 예술 작품이 담보할 수 있다고 여기는 텍스트의 자율성에 대한 믿음은 모더니즘 운동의 엘리트주의적 면모의 일단이다. 포스트모더니즘 소설은 모더니즘 소설에 내포된 엘리트주의와 대중문화에 대한 경멸에 반발하면서, 후자에 내재된 심오함, 독창성, 진정성, 예술성 같은 가치 대신 하급 장르들의 특징인 상호텍스트성(패티쉬, 패로디, 브리콜라주)이나 유희성, 다원성 등을 새로운 미학 기준으로 삼는 20세기 후반의 새로운 소설 하부 장르이다. 블라디미르 나보코프(Vladimir Nabokov), 돈 드릴로(Don DeLillo), 살만 루시디(Salman Rushdie), 자넷 윈터슨(Jeanette Winterson) 등의 소설은 기존의 소설 혹은 예술에 대한 정의를 훌쩍 뛰어넘는 포스트모더니즘 소설의 특징을 잘 보여준다. 그 중 소설을 쓴다는 행위에 대한 자의식이 서사를 이끌어나가는 주요 동력이 되는 메타픽션은 포스트모더니즘 소설 전반에 나타나는 특징이자 포스터모더니즘 소설의 주요 하부 장르이기도 하다. 리얼리즘 소설이 전지적 시점의 화자가 뒤에서 작중 인물들을 조종하는 듯한 느낌을 준다면, 글쓰기 행위에 대한 자의식이 두드러지는 메타픽션에서 화자는 등장인물이나 독자와 같은 일개 개인으로 등장하며, 자신이 쓰는 글이 현실과 일치한다고 믿지 않는다. 루이 보르헤스(Luis Borges)나 폴 오스터(Paul Auster) 등의 소설에서 잘 드러나듯이, 언어를 통한 현실 재현 가능성 혹은 자신의 언어가 현실/진실을 전달할 수 있다는 것에 대한 불신 자체를 작품의 주요 소재로 삼는 것이다. 박종성은「메타픽션: 말콤 라우리의『화산 아래서』」에서 메타픽션이 "'글쓰기 행위'에 대한 자의식을 드러내는, 즉 자기반영적(self-reflexive) 요소"를 지녔으며 현실과 서사(허구)의 관계 설정에서 기존 소설처럼 "재현성과 모방성"에 집중하기보다는 "소설이란 어디까지나 언어로 구성된 허구적 산물"임을 강조하는 장르임을 지적한다. 박종성에 따르면 메타픽션은 "일반적으로 포스트모더니즘 작가들의 작품을 가리[키]"지만 "제1차 세계대전을 전후하여 모더니즘 계열의 작품에서도 발견"되는데, 『화산 아래서』(*Under the Volcano*)를 쓴 말컴 라우리(Malcom Lowry)는 모더니스트 전통에 속하면서도 포스트모더니즘적 특징인 "반-재현, 반이성, 탈중심 사고"를 보여주면서 "모더니즘과 포스트모더니즘의 경계선상에 위치"한 작가라는 점에서 흥미롭다. 라우리는 "실제와 비실제 사이에 명확한 분할선을 긋기보다 접점에 더 관심[을] 두며",

"리얼리티를 재현하기보다는 재개념화하는 메타픽션"을 통해 자신의 정치성을 예술적으로 표현할 수 있는 방법을 찾는다.

SF 소설(공상과학소설)은 한편으로 대중문화나 디지털 매체를 적극적으로 수용하는 포스트모더니즘 소설의 대표적인 하부 장르이지만 다른 한편 정전문학에 포함되지 못한 채 시장과 독자(소비자)를 주요 존재 근거로 삼는 '장르문학'이며, 그런 점에서 아카데미 안에서 빠르게 정전화되고 있는 포스트모더니즘 소설과 구분되기도 한다. SF 소설이 그 인기에 비해 1960년대 이후에서야 본격적인 문학비평의 대상이 된 것은 고급문화와 저급문화의 위계질서가 무너지면서 대중문화를 진지한 연구의 대상으로 삼는 '문화연구'의 부상과 무관하지 않다. 다른 대중문화의 작품/아이템처럼 텍스트의 완결성이나 예술성뿐 아니라 시장 내 독서 플랫폼의 구조나 소비자의 기호 등 텍스트를 둘러싼 환경 즉 컨텍스트가 중요한 장르인 것이다. 이동신이 「SF 소설: 어슐라 르 귄의 『어둠의 왼손』에서 최초의 SF 소설로 셸리의 『프랑켄슈타인』이 아닌 H. G. 웰스(H. G. Wells)의 『타임머신』(*The Time Machine* 1895)을 꼽는 이유도 전자가 "대중이 아직 존재하지 않았던 시대의 작품"인데 비해 후자는 "대중의 시대"에 등장했기 때문이다. 또 이동신은 "끝에 대한 집착과 SF의 상상력은 떼어낼 수 없는 관계"임을 주장한다. 비록 SF 소설이 "독자층을 의식하고 금전적인 성공을 목표로 하였기에" 문학비평가들의 천대를 끊임없이 받아왔지만, "결국 SF 문학은 무한한 확장을 추구하는 장르가 아니라 현실적이고 문학적인 끝을 고민하면서 자신만의 독자적인 영역과 지지층이 작가와 작품을 만나 교류하는 제한적 공간을 추구하는 장르"라는 것이다. 끝에 대한 SF 소설의 집착은 이 소설의 장르적 핵심, 즉 '노붐'(Novum)이나 '인지적 소격효과'(cognitive estrangement)와 연관되어 있다. SF

소설은 한편으로 노붐 즉 "작가와 잠재적 독자의 정상적 현실에서 빗겨나는 총체적인 현상이나 관계"—예를 들어 '외계인'의 등장—같은 인지적 혁신을 시도한다. 하지만 SF 소설의 장르적 특징으로 더욱 중요한 것은 인지적 소격효과인데 "인지적 소격효과만이 SF 장르와 다른 장르, 특히 판타지 장르를 구분시키[는]" 변별적 장르 특징이기 때문이다. 뿐만 아니라 인지적 소격효과는 SF 소설과 유토피아 소설의 중요한 연결고리가 되기도 한다. 프레드릭 제임슨(Fredrick Jameson)은 인지적 소격효과를 통해 "SF 소설과 유토피아 소설이 괘를 같이하게 되었"으며 "유토피아 문학이 마침내 완성되었다"고 주장하기도 한다. SF 소설의 고전이라 할 어슐라 르 귄(Ursula Le Guin)의 『어둠의 왼손』(*The Left Hand of Darkness*)은 "남녀양성적인"(androgynous) 윈터의 사람들—평소에는 무성에 가깝게 지내다 28일마다의 성적 성숙기에 주변 사람과의 관계에 따라 남성이나 여성이 되는—을 통해 노붐(인지적 혁신)을 수행할 뿐 아니라, "우리는 …평등하고 혼자인 외계인인 두 사람"이라는 자각을 통해 서로 이해하지 못했던 성적 차이가 더 이상 문제되지 않는 세상, "상상력을 통해 양립할 수 없는 것들이 공존하는 세상"이라는 '인지적 소격효과'를 가져온다. 공상과학적 요소와 유토피아적 비전이 따뜻하게 얽혀 기존의 상상력을 넘어선 상상력의 공간으로 독자들을 초대하는 것이다.

이상에서 살펴 본 것처럼 (서구) 소설은 아리스토텔레스적인 문학 장르 질서에 뒤늦게 참여해, '소설화'라는 바흐친의 주장이 압축하듯, 근대의 가장 대중적이고도 중요한 장르로 진화해나갔다. 하지만 소설은 '형식 없는 형식'으로 불릴 정도로 장르적 정의와 특징, 외연이 모호한 문학 장르이다. 또 장르적 질서와 위계가 희미해진 21세기 초반에는 '17세기 초 유럽에서 태동된 역사적 장르'보다는 '서사'(narrative)

나 '이야기'(story)와 바꿔 쓸 수 있는 '서사적 개념'으로 널리 사용되기도 한다. 이 책은 영미소설이 근대라는 역사적 시기의 특징적인 욕망과 구조를 반영할 뿐 아니라 근대적 개인을 형성해나간 주요한 문화적 힘이자 담론이라는 전제 하에 소설의 하부 장르를 가능한 한 역사적 추이를 따라 살펴봄으로써 각 하부 장르에 대한 이해를 도모할 뿐 아니라 영미소설사에 대한 대략의 이해를 돕고자 했다. 이를 통해 영미문학을 공부하는 학부생이나 대학원생들 혹은 영미소설에 관심을 가진 일반인들이 영미소설을 더욱 깊고 풍부하게 이해할 뿐 아니라 역사적이고 구조적인 조망 아래 즐길 수 있기를 바란다.

---

1) '아동문학'이나 '설화' 등을 문학 장르로 이해하고 연구하는 것 역시 이러한 장르의 권력 역학과 무관하지 않다고 보인다.

2) 에릭 아우어바흐(Erich Auerbach) 같은 비평가는 서구 문학의 전개를 '스타일 분리의 원칙'이 해체되면서 진화해나가는 과정으로 본다. "소설화"에 대해서는 졸고 이혜수, 「의사영웅시와 "소설화": 『머리카락 강탈』을 중심으로」, 『영어영문학』 55권 5호(2009) 참조.

3) 문학장르의 전개에 대한 논의는 부분적으로 에이브럼스(M. H. Abrams)의 『문학용어사전』의 도움을 받았다.

4) 폴 드만(Paul de Man)은 루카치의 소설론이 헤겔 관념주의 혹은 독일 이상주의에서 중요하게 다뤄지는, 개인과 세계의 화해할 수 없는 간극 혹은 개인의 소외에 철학적 바탕을 두고 있다고 지적한다.

5) 마이클 맥키언(Michael McKeon)의 구체적 표현은 다음과 같다: "리얼리즘은 그럴듯함과 개연성의 흩어진 끈들을 모아 세련되게 만든다"(realism gathers and sophisticates the scattered threads of verisimilitude and probability, 120).

6) 와트와 맥키언의 소설론에 대한 페미니즘 비평과 문화연구 비평의 도전에 대한 상세한 설명으로는 졸고 이혜수, 「초기소설사 연구: 18세기 국외 연구 동향」 참조

7) 서양문학사를 아리스토텔레스의 시학에 기반한 고전주의적 관점이 아니라 '낮은 타자'(low-Other)와 '몸'의 관점에서 해체, 재구성하는 유용한 저서로 스탤리브라스(Peter Stallybrass)와 화이트(Allon White)의 『위반의 시학과 정치학』(*Poetics and Politics of Transgression*)을 들 수 있다.

인용문헌

이혜수. 「'소설의 발생' 논의 재고: 『걸리버 여행기』를 중심으로」. 『안과밖』. 21권. 2006.

______. 「초기소설사 연구: 18세기 국외 연구 동향」. 『안과밖』. 24권. 2008.

______. 「의사영웅시와 '소설화': 『머리카락 강탈』을 중심으로」. 『영어영문학』. 55권 5호. 2009.

Abrams, M. H. ed. *A Glossary of Literary Terms*. 6th Edition. Orlando: Harcourt Brace College Publishers, 1993.

Armstrong, Nancy. *Desire and Domestic Fiction: A Political History of the Novel*. Oxford: Oxford UP, 1987.

Auerbach, Erich. *Mimesis: The Representation of Reality in Western Literature*. Trans. Willard R. Trask. Princeton: Princeton UP, 1968.

Bakhtin, Mikhail. *The Dialogic Imagination: Four Essays*. Ed. Michael Hoquist. Trans. Caryl Emerson and Michael Holquist. Austin: U of Texas P, 1981.

______. *Rabelais and His World*. Trans. Helene Iswolsky. Bloomington: Indinana UP, 1984.

______. *Problems of Dostoevsky's Poetics*. Ed. and Trans. Caryl Emerson. Minneapolis: U of Minnesota P, 1984.

Ballaster, Ros. S*eductive Forms: Women's Amabory Fiction from 1684 to 1740*. Oxford: Clarendon, 1992.

Davis, Lennard. *Factual Fictions: The Origins of the English Novel*. Philadelphia: U of Pennsylvania P, 1983.

De Man, Paul. "Georg Lukacs' *Theory of the Novel*." *Blindness and Insight*. London: Methuen, 1983.

Doody, Margaret. *The True Story of the Novel*. New Brunswick: Rutgers UP, 1996.

Frye, Northrop. *Anatomy of Criticism: Four Essays*. Princeton: Princeton UP, 1957.

Hunter, Paul. *Before Novels: The Cultural Contexts of Eighteenth-Century English Fiction*. New York: Norton, 1990.

Langbauer, Laurie. *Women and Romance: The Consolations of Gender in the English Novel*. Ithaca: Cornell UP, 1990.

Lukacs, Gerog. *The Theory of the Novel*. Trans. Anna Bostock. Cambridge: MIT P, 1973.

McKeon, Michael. *The Origins of the English Novel 1660-1740*. Baltimore: Johns Hopkins UP, 1987.

Moretti, Franco. *The Way of the World: The Bidungsroman in European Culture.* London: Verso, 1987.

Spencer, Jane. *The Rise of the Woman Novelist: From Aphra Behn to Jane Austen.* Oxford: Blackwell, 1986.

Stallybrass, Peter, and Allon White. *The Politics and Poetics of Transgression.* Ithaca: Cornell UP, 1986.

Warner, William. *Licensing Entertainment: The Elevation of Novel Reading in Britain, 1684-1750*. Berkeley: U of California P, 1998.

Watt, Ian. *The Rise of the Novel: Studies in Defoe, Richardson and Fielding.* Berkeley: U of California P, 2000.

I.
소설의 하부장르와 영국소설사

범죄소설:
다니엘 디포의 『선장 싱글턴』과 『잭 대령』

배경진

I. 범죄소설

범죄소설(crime fiction)은 범죄를 소재로 다룬 소설 장르와 작품을 뜻한다. 동어반복에 다름없는 이러한 장르 정의는 여러모로 부족한 점이 많다. 그런데 이보다 구체적으로 범죄소설을 규정하기는 어렵다. 범죄와 소설의 정의는 다양하여 특정 개념으로 수렴되지 않고, 범죄와 비(非)범죄, 소설과 비(非)소설의 경계는 생각보다 모호하기 때문이다.[1] 그런데 개념 구성의 난점은 장르 또는 장르 정의의 문제점이 아니라 장르 탐구의 동인(動因)이자 조건이다. 오늘날에도 많은 독자들의 사랑을 받고 있어 계속 변화를 거듭하고 있는 범죄소설은 범죄와 소설, 범죄의 문학적 재현에 관한 다양한 이해가 충돌하는 공간이다. 이러한 사실이 범죄소설에 관한 비평적 숙고를 요청하면서 동시에 간명한 정의를 어렵게 만드는 조건이 된다. 따라서 비평적 탐구를 위한 노력은 상세한 정의 제시가 아니라 범죄소설에 관한 생산적 논의를 목적으로 하는 것이 합당하다.

범죄소설은 근대 영국 소설과 함께 문학사에 등장한다. 근대 영국 소설이 하나의 장르로 등장하는 17세기 말, 18세기 초에는 범죄와 범죄자에 관한 다양한 종류의 문헌이 큰 인기가 있었다. 이러한 출판물은 대개 악한의 행적을 여러 방식으로 기술하면서 도덕적, 종교적 교훈을 독자들에게 전달하고자 했다.[2] 초기 소설가 중 가장 널리 알려진 작가인 디포(Daniel Defoe)는 범죄자 전기(criminal biographies)를 비롯한 여러 범죄 관련 문헌을 소설 창작에 활용하여 범죄소설의 전형을 제시하였다. 이후 소설가들도 범죄를 주요한 소재로 이용하였는데, 필딩(Henry Fielding)의 『조나단 와일드』(*Jonathan Wild*, 1743)와 고드윈(William Godwin)의 『케일럽 윌리엄스』(*Caleb Williams*, 1794)는 18세기 범죄소설의 대표작이다.

19세기에는 범죄소설이 여러 하위 장르로 분화하여 발전한다. 이전 세기와 마찬가지로 19세기에도 범죄와 범죄자에 관한 책들이 탐독되었고,[3] 이러한 배경에서 범죄소설의 하위 장르인 '뉴게이트 소설'(the Newgate Novel)이 등장했다. 1830년대와 40년대에 발흥한 뉴게이트 소설은 범죄자에 대한 독자의 공감(sympathy)을 요청하고 가난과 범죄를 인과적으로 서술한다는 점에서 이전의 범죄소설과 다르다(Pykett 19; Gillingham 97). 뉴게이트 소설의 또 다른 특징은 여러 서술 기법을 차용하여 범죄자인 주인공을 옹호하는 듯한 태도를 취한다는 점인데, 이는 뉴게이트 소설의 대표적인 작품 중 하나인 에인즈워스(William Harrison Ainsworth)의 『잭 셰퍼드』(*Jack Sheppard*, 1839)가 주인공의 악행에 초점을 두기보다는 그의 도피 과정을 낭만적으로 때로는 희극적으로 서술하는 과정에서 찾아볼 수 있다(Gillingham 94, 97). 또한 뉴게이트 소설은 범죄 행각을 상세히 묘사함으로써 독자들에게 충격을 주었는데, 이러한 특징은 1860년대에 유행한 '선정 소설'(sensation fiction)에서 더욱 두드러진다. 그런데 선정 소설은 범죄자가 아니라 상류층이나 중산층에 속하는 인물이 죄를 범하며, 사건 발생 시점을 과거가 아닌 현재로 옮겼다는 점에서 뉴게이트 소설과 큰 차이를 보인다(Worthington 23-24). 선정 소설은 디킨즈(Charles Dickens)의 절친한 친구였던 콜린스(Wilkie Collins)의 『흰옷을 입은 여인』(*The Woman in White*, 1859-60) 이후 독립적인 장르로 성장한다.

범죄소설사에서 오늘날에도 큰 영향을 끼치는 사건을 꼽아 본다면 그것은 아마도 추리 소설의 등장일 것 같다. 1841년에 출간된 포(Edgar Allan Poe)의 「모르그가의 살인사건」("The Murders in the Rue Morgue")을 추리 소설의 시작으로 보는 견해가 다수이지만, 추리 소설이 전성시대를 맞게 된 것은 도일(Arthur Conan Doyle)의 공이다. 1891년부터 셜록 홈즈(Sherlock Holmes) 시리즈를 잡지에 게재하면서 도일은 이후 20세기 추리 소설의 '황금시대'를 위한 기반을 닦았다. 양차 세계대전 사이의 기간 동안 추리 소설은 더할 나위 없는 인기를 누렸다. 이 때 영국에서는 크리스티(Agatha Christie)를 비롯한 일군의 작가들이 단서를 찾아 퍼즐처럼 살인 사건을 해결하는 고전적 탐정 소설의 전형을 완성했고(Knight 77-79), 미국에서는 데일리(Carroll John Daly) 이후의 작가들이 대도시를 배경으로 냉혹하고 비정한 세계의 모습을 그리는 하드보일드(hard-boiled) 장르를 개척해나갔다.

추리 소설의 황금기 이후 세분화된 하위 장르가 등장하면서 범죄소설의 인기를 이어갔다. 한정된 지면에서 주요 하위 장르를 일별하기는 쉽지 않아, 이 시기에 관심이 많은 독자들이 느낄 법한 하위 장르 분류의 문제점에 관해 간략히 언급하고자 한다. 대표적인 개설서인 『캠브리지 컴패니언』(*The Cambridge Companion to Crime Fiction*)은 황금시대 이후의 하위 장르를 스파이 소설, 스릴러, 경찰 소설(police procedural)로 나누었고, 블랙웰(Blackwell)에서 발간된 『컴패니언』(*A Companion to Crime Fiction*)은 과학수사(forensic) 소설, 경찰 소설, 사이코 스릴러, 조직범죄, 역사 범죄소설, 스파이 소설, 고딕 소설을 제시한다. 두 책 모두 살펴보는 성과 인종을 제외하면, 경찰소설과 스파이 소설만 동일하고 나머지 하위 장르의 명칭은 모두 다르다. 일천한 연구사가 일관된 용어 체계 부재의 원인이라 볼 수 있다. 그렇지만 장르 구분에 절대적 기준은 없으므로, 연구의 목적 뿐만 아니라 연구 대상이 되는 지역과 역사적 시기에 따라 분류법과 하위 장르의 명칭이 크게 달라지기도 한다. 그리고 오늘날에도 여전히 '살아있는' 범죄소설의 다양한 변화가 새로운 분류법과 명명법을 요청하기도 한다.

하위 장르 분류법과 용어가 다양하면 개념 이해에 불편함이 있는 것은 사실이다.[4)] 그런데 체계적인 분류법 구성에 골몰하다 보면 범죄소설의 하위 장르가 다층적인 성격을 지니고 있다는 점을 망각하게 된다. 그 결과 명확한 주제와 형식을 갖고 있는 일군의 하위 장르가 이미 존재하고 있는 듯 착각하고 사회적, 역사적 맥락을 도외시한 분류 체계를 만들기 쉽다는 점도 경계해야 한다(Scaggs 3). 또한 세분화된 장르 구분이 비평적 탐구의 성공을 보증하는 것은 아니라는 점도 염두에 두어야 한다. 기존의 장르 구분법에서 벗어나 성과 인종을 중심으로 백인과 남성의 세계관을 당연시해왔던 범죄소설의 다층적인 측면을 조명하는 여러 연구들은 이러한 교훈을 입증하는 좋은 예가 될 것 같다.[5)]

II. 디포와 범죄소설

범죄소설은 대중의 큰 관심을 받았지만, 문학 비평가들은 오랫동안 큰 관심을 보이지 않았다. 일례로 19세기 영국의 '싸구려 기담(奇談)'(the penny dreadful)이나 미국의 '싸구려 소설'(dime novel)은 별도의 하위 장르로도 볼 수 있는 작품들이지만, 멸칭(蔑稱)에서 쉽게 알 수 있듯 당대에도 진지한 독서의 대상으로 간주되지 않았다. 대중문화에 대한 인식이 변화하면서 1960년대부터 범죄소설에 대한 연구가 시작되었다. 그러나 1980년대 초반까지도 범죄소설에 관한 연구는 대개 탐정 소설, 미스터리 소설에 초점을 두고 있었다(Priestman 1). 이처럼 연구의 범위가 쉽게 확대되지 않았던 것은 고급 예술과 저급 대중문화의 강고한 이분법이 완전히 사라지지 않았기 때문일 것이다.

범죄소설은 독서 대중의 삶 속에서 그들의 생각과 감정을 반영하고 또 그들에게 큰 영향을 끼치기도 했다. 그렇기에 '저속한' 오락에 대한 고찰은 우리 삶과 사회에 대한 새로운 통찰로 이어질 수 있다. 따라서 장르의 진부한 규칙을 판에 박힌 듯 이용한다고 범죄소설을 비판하는 것보다 그렇게 부족한 점이 많은데 영향력 있는 장르가 되었는지 의문을 제기해 보는 것이 합당하다. 대중적 인기의 원인을 간략하게 설명하기는 쉽지 않으나 그 중 하나는 범죄소설이 죄와 벌을 중심으로 이야기를 전개하면서 합법과 불법의 의미를 살펴본다는 데 있다. 이 과정에서 범죄소설은 사회의 어두운 이면을 폭로하며, 범죄자를 만들어 내는 것이 바로 공동체와 사회 또는 보이지 않는 외부적 요소라는 점을 고발하는 비판적 작품으로 발전하기도 한다.[6]

범죄소설에 관한 새로운 인식을 바탕으로 다양한 연구가 이뤄져 왔는데, 연구자들은 대개 19세기 이후의 시기에 초점을 맞춘다.[7] 이처럼 18세기의 범죄소설이 많은 주목을 받지 못한 이유를 벨(Ian A. Bell)은 19세기 탐정 소설과 달리 특정한 독자를 대상으로 집필된 것도 아니었고, 정해진 장르의 관행을 따른 것도 아니었다는 데에서 찾는다(8). 그런데 앞서 살펴보았듯 범죄소설은 근대 영국 소설이 주요 장르로 부상하던 때부터 하나의 장르로 기능하고 있었기 때문에, 범죄소설에 대한 체계적인 이해를 위해서는 그 동안 간과되었던 장르 발생의 초기 단계로 돌아가 볼 필요가 있다. 이렇게 범죄소설의 근원을 찾아 올라가다 보면 범죄소설을 하나의 문학 장르로 자리매김하는데 큰 기여를 했던 디포를 발견하게 된다.

디포가 어떤 작가인지 간략히 논평하기는 쉽지 않은데, 그에 관한 평가는 생전에도 크게 엇갈렸다. 한편으로 그는 다재다능한 작가였지만, 다른 한편으로 때로는 사정에 따라 정치색을 바꾸기도 하는 매문가(賣文家)였다. 그의 사후에도 상황이 크게 변하지는 않아서, 일찍이 그의 삶을 탐구했던 18, 19세기 작가들도 엇갈리는 견해를 제시했다(Novak *Daniel Defoe* 3). 이처럼 디포에 관한 평가가 엇갈리는 것은 평탄하지 않은 그의 삶 때문이다. 백샤이더(Paula R. Backscheider)는 가장 영향력 있는 디포 전기의 서두에서 디포가 “투쟁과 생존 그리고 힘들게 얻은 경제적 안정과 문학적 성취의 삶”을 살았다고 쓴 바 있다(3). 그녀의 표현대로 디포는 고난을 헤쳐 나가기 위해 애썼고, 그러한 분투의 결과 작가로서 큰 성취를 이뤄냈다.

디포가 글을 쓰게 된 것은 1692년과 1703년에 파산하며 큰 부채를 짊어졌기 때문이다. 그는 부채를 상환하고 생계를 유지하기 위해서 다양한 글을 썼다. 1683년 정치 관련 소책자(pamphlet)를 출간하면서 작가로 활동을 시작한 그는 윌리엄 3세를 외국인이라고 비판하는 이들을 풍자하는 『진정한 잉글랜드인』(*The True-Born Englishman*)과 같은 시의 작가로 이름을 알리기도 했다. 왕성한 집필 작업 중 1702년에 필화(筆禍)를 입어 투옥되기도 했던 디포는 1704년부터 1713년까지 『프랑스 국정 평론』(*A Review of the Affairs of France*)라는 정기간행물의 발행인이자 기고자로 활동했다. 당대 중요 사안 중에 쓰지 않은 것은 없었다고 말할 수 있을 정도로 그는 다작하는 작가의 전형을 보여주었다.[8] 관점에 따라 다르게 바라볼 수 있지만, 디포 비평에서 영향력 있는 학자 중 하나인 노박(Maximillian Novak)이 간략히 표현한 것처럼 디포가 "당대 삶의 면면을 글을 통해 탐구했던, 그것도 지식과 통찰력을 가지고 탐구했던 작가"라는 점은 부인하기 어렵다(*Daniel Defoe* 7).

디포의 문학적 성취를 평가할 때 소설을 빠뜨릴 수 없다. 그런데 그가 소설을 집필한 기간은 오랜 작가 이력을 생각해보면 그렇게 길지 않다. 그는 1719년에 『로빈슨 크루소』(*Robinson Crusoe*)를 출간한 후 1724년에 『록사나』(*Roxana*)를 끝으로 더 이상 소설을 쓰지 않았다. 그에 관한 비평적 평가가 부침을 거듭하기도 했지만 여전히 그가 초기 소설사에서 중요한 지위를 차지하는 것은 와트(Ian Watt)의 『소설의 등장』(*The Rise of the Novel*) 때문일 것이다. 와트는 개인주의와 자본주의 등장과 같은 새로운 시대의 이데올로기를 '리얼리즘'을 통해 제시하였다는 점에서 그의 작품을 높이 평가했다. 수많은 비판을 받았지만, 와트의 견해는 여전히 디포의 문학적 성취를 이해하는 중요한 단초를 제공한다.

범죄소설사에서 디포의 이름이 거명되는 것은 범죄자를 주인공으로 삼은 『몰 플랜더스』(*Moll Flanders*)와 『선장 싱글턴』(*Captain Singleton*), 『잭 대령』(*Colonel Jack*)과 같은 작품 때문이다. 디포는 당대 여러 자료를 이용하여 자신만의 소설 세계를 구축했는데, 앞서 언급한 범죄자 전기도 그 중 하나이다. 모든 사건이 다 끝난 다음에 주인공 또는 제3의 인물이 과거를 회상하는 형식으로 구성된 범죄자 전기는 도덕적, 종교적 교훈을 전하는 데 초점을 둔다. 디포의 소설도 유사한 특징을 보이지만, 그의 주인공은 도덕적 미덕이나 종교적 신앙심이 아니라 자신의 욕망을 추구하는 세속적이고 근대적인 개인이라는 점에서 이전의 범죄자 전기와 다르다. 또한 그의 작품은 피카레스크 소설(the picaresque novel)과 비슷하나 다르다. 피카로(picaro)라고 불리는 악한은 이곳저곳을 옮겨 다니며 다양한 경험을 하게 되지만, 그러한 경험이 그의 성격이나 삶의 방향을 바꾸는 경우는 매우 드물다. 주인공이 편력한다는 점에서 디포의 작품은 피카레스크 소설과 크게 다르지 않다. 그러나 디포의 주인공은 여러 사건을 겪으며 성장 또는 성숙이라고 칭할 수 있는 내면적 변화를 경험하고, 대개 부를 성취하여 행복한 결말을 맞이한다는 점에서 피카레스크 소설의 공식에서 벗어난다(Hartveit 123).

디포의 작품 중 대표적인 범죄소설로 『몰 플랜더스』를 언급하는 경우가 많다. 사연 많은 도둑의 이야기이자 여성의 이야기로서 이 작품의 문학적 가치는 부인할 수 없다. 『몰 플랜더스』는 근대영미소설학회에서 발간한 『18세기 영국소설강의』를 포함하여 지난 20여 년간 국내에서 여러 번 소개된 바 있으며, 학술적으로도 다양하게 논의된 바 있다. 본서에서는 1722년에 출간된 『몰 플랜더스』보다 앞서 출판되었으나 국내 독자들에게 거의 소개되지 않았던 『선장 싱글턴』과 『잭 대령』을 통해 디포의 범죄소설에 관해 조금 더 자세히 살펴보고자 한다.

III. 『선장 싱글턴』[9)]

1. 해적 전성시대

해적은 신대륙이 발견된 이후부터 등장하기 시작하여, '해적의 황금시대'(the golden age of piracy)라고 불리는 1650년에서 1730년 사이에 전성기를 맞이했다. 레디커(Marcus Rediker)는 황금시대에 활동한 해적을 크게 세 세대(世代)로 나누어, 1650-80년 사이의 헨리 모건(Henry Morgan)으로 대표되는 사략선(the buccaneers) 세대, 인도양으로 진출한 헨리 애브리와 윌리엄 키드(Henry Avery and William Kidd)로 대표되는 1690년대의 해적 세대, 그리고 해적이 쇠퇴한 1716-26년 사이의 세대로 구분하였다(8). 이처럼 세대를 나눌 정도로 오랫동안 해적이 창궐하게 된 것은 국가의 후원과 묵인, 방조가 있었기 때문이다. 역사적으로 사략선원(buccaneers)과 사설해군(privateers) 등은 분명한 차이가 있었으나 그들의 최종 목표는 언제나 약탈이었다는 점에서 크게 다르지 않았다. 해적 행위는 평시에는 범죄로 처벌받았지만, 정부와 식민지 총독에게 허가증을 받을 수 있었던 전시(戰時)에는 합법적인 교전행위로 간주되었다. 이와 같은 애국과 탐욕의 기이한 결합은 해적이 창궐하게 된 주요한 원인 중 하나였다. 때로는 국가의 이해관계에 따라 해적 행위가 합법적인 것으로 용인되기도 했다. 일례로 1679년부터 1682년까지 스페인의 남미 식민지를 약탈한 바톨로뮤 샤프(Bartholomew Sharpe)를 생각해 볼 수 있다. 전시가 아니었으므로 그의 약탈은 정당화될 수 없었다. 스페인은 '해적'의 처벌을 강력히 요구했지만, 찰스 2세는 그가 작성한 해도의 가치를 인정하여 그를 사면하였다.

해적의 황금시대가 거의 끝나가던 1720년에 디포는 해적을 주인공으로 삼은 『선장 싱글턴』을 출간하였다. 그런데 이 소설이 그가 해적을 다룬 유일한 작품은 아니다. 그는 전설적인 애브리 선장(Captain Avery)의 이야기를 다룬 『해적들의 왕』(*The King of Pirates*)을 1719년에, 남미를 배경으로 하는 『새로운 세계 일주 여행』(*A New Voyage Round the World*)을 1724년에 각각 출판했다. 이처럼 그가 해적을 여러 작품에서 다룬 것은 해적의 황금시대가 아직 끝나지 않았다는 역사적 사실과 무관하지 않다. 또한 당대 해적들이 출간한 서적들이 큰 인기를 얻고 있었다는 점도 고려하지 않을 수 없다.[10] '해적 작가'들은 미지의 항로를 개척하면서 나아가는 과정을 그리기도 했고, 전인미답(前人未踏)의 지역을 탐사하고 원주민과 그들의 문화 및 새로운 지역의 식생 등에 관한 상세한 기록을 독자들에게 전하기도 했다. 앞서 언급한 샤프처럼, 해적은 피해자들에게 흉악한 도적이었지만 동시에 탐험가이자 일종의 학자로서 새로운 지역에 관한 지식을 정리하고 확산시키는 데 기여하기도 했다.

또한 해적은 비열한 도적 무리이자 동시에 형제애로 가득한 집단으로 인식되었다. 전술했듯이 겉으로 내세우는 대의명분에 관계없이 해적의 최종 목적은 금전 취득이었다. 『보물섬』(*Treasure Island*, 1883)과 그 이후 많은 작품에서 보물의 주인으로 지목하는 이들이 바로 황금시대에 활동했던 해적들인데, 이들은 선박이나 마을을 습격하고 약탈한 후 무고한 이들을 고문하여 금전을 갈취하였다. 당대에도 그들은 금전을 얻기 위해서라면 수단과 방법을 가리지 않는 극악한 이들로 여겨졌고, 해적 작가들의 책과 남아있는 역사적 기록은 그러한 대중적 인식이 크게 잘못되지 않았다는 점을 입증한다. 동시에 해적은 형제애로 가득한 공동체로 인식되기도 했고, 디포 역시 이러한 해적의 이미지를 활용한다. 소설의 전반부에서 싱글턴(Singleton) 일행은 선상반란을 꾀했다가 실패하고 마다가스카르(Madagascar)에 버려진다. 아프리카를 가로질러 고향으로 돌아가는 여정에서 그들은 서로 협동하며 활동 중에 얻은 이익을 공정하게 나누고자 한다. 이와 같이 해적을 이상적인 사회집단으로 형상하여 당대 사회의 "위선과 불의"를 비판하면서(Richetti 231), 디포는 사회 문제를 진단하고 대안적인 사회를 탐색하는 범죄소설의 중요한 일면을 보여준다.

2. 계산적인 해적

디포는 낭만적인 해적의 이미지를 이용하지만 잔인한 면모는 구체적으로 서술하지 않는다. 대신에 그는 해적을 말과 행동이 모순적인 사람들로 규정한다. 싱글턴은 자신이 본래 사악한 사람은 아니며, 악에 물든 것은 모두 동료 선원들 때문이라고 주장한다. 그런데 그는 아프리카 여행 과정에서 박식한 포수(Gunner)에게 다양한 지식을 전수받으며 지적 성장을 경험했다고 언급한다. 이 장면에서 그는 타락의 원인으로 비난했던 동료를 지적 성장의 조력자로 제시하는 모순을 범하지만, 자신의 문제점을 인식하지 못한다. 이와 같은 싱글턴의 자기모순은 선상반란을 정당화하는 장면에서도 찾아볼 수 있다. 소설의 전반부에서 그는 반란에 가담한 이유로 잔인한 선장의 학대를 언급한다. 종교와 자유에 대한 기본적인 감각을 지니고 있었다는 말을 덧붙이면서, 그는 선상반란을 폭군에 맞선 정당한 항거로 규정하려고 한다. 그러나 후반부에서 그는 자신이 "본래 도적이며, 심지어 그 성향도 해적"이기 때문에 해적이 되었다고 간략히 말하면서(*CS* 140),[11] 소설의 전반부에서 자신이 공들여 입증하고자 했던 주장, 즉 본성은 선하나 악에 물들어 해적이 되었다는 사실을 스스로 부정한다.

이러한 자기모순의 문제는 소설 후반부에서 싱글턴의 동반자로 등장하는 퀘이커 교도인 윌리엄 월터(William Walter)에게서도 찾아볼 수 있다. 윌리엄이 타고 있던 배를 나포한 후 싱글턴 일행은 외과의사가 필요하기 때문에 그에게 합류하라고 강요한다. 그는 해적행위와 연관된 어떠한 싸움에도 개입하지 않겠노라 선언하지만, 노획한 물건에 대해 자신의 몫을 요구하며 이후 싱글턴 일행의 해적행위에서 중요한 역할을 자발적으로 떠맡는다. 윌리엄의 자기모순은 흑인 노예 에피소드에서 가장 분명하게 드러난다. 흑인들만 타고 있는 배를 발견한 싱글턴 일행은 흑인들이 백인 선원들의 야만적 행위를 참지 못하고 선상반란을 일으켜 모든 선원을 죽였다는 사실을 알게 된다. 그들은 항해에 대한 지식이 없어서 고향으로 돌아가지 못하고 계속 표류하게 되었다고 말하고, 윌리엄은 그들의 처지에 동정과 연민을 표하고 백인들의 불의에 분노하기도 한다. 그러나 나중에 그는 브라질에 있는 농장주들에게 흑인들을 팔아버린다. 이 부분에서 디포는 퀘이커 교도들의 사업 능력을 풍자하면서(Novak *Economics* 118), 동시에 해적의 자기모순적 특징을 강조한다.

디포가 볼 때 해적들의 가장 큰 문제점은 자신들의 목적이 정확히 무엇인지 모른다는 데 있다. 윌리엄은 자기모순적인 인물이지만, 적어도 금전과 관련된 일에 대해서는 일관된 태도를 보인다. 그는 해적행위의 목적이 금전 취득에 있다면 모든 일은 손익의 관점에서 판단하는 것이 타당하다고 주장한다. 포르투갈 선박과 교전하여 승리한 싱글턴에게 그는 "싸우지 않고 돈을 얻는 것과 돈은 얻을 수 없지만 싸우는 것" 중에 진정한 목적이 무엇인지 물어본다(CS 153). 그는 13명의 사망자, 두 배의 이익, 1/4의 손실처럼 구체적인 수치를 열거하면서 싱글턴에게 방금 이긴 전투의 "이익"과 "손해"를 계산해보라고 말한다(153-54). 이렇게 해적행위를 손익의 관점에서 재인식시키고자 하는 윌리엄의 주장에 싱글턴은 조금씩 설득되는데,[12] 이후 해적행위는 강탈한다는 점을 제외하면 상업적 거래와 비슷한 양상을 보이게 된다.

점차 싱글턴은 손익의 관점에서 계산하는 방식에 익숙해진다. 인도양의 한 섬에서 싱글턴 일행은 원주민의 선제공격을 받는다. 보복 공격을 하는 과정에서 그들은 원주민들이 거주하고 있는 거대한 나무가 난공불락의 요새라는 사실을 알게 되고, 그들을 굴복시키는 것이 불가능하다는 것을 깨닫게 된다. 싱글턴은 섬을 떠나면서, 원주민과의 교전에서 발생한 사상자들과 화약, 시간을 생각해보면, 섬에 기착한 것이 "손실 많은 항해"라고 결론짓는다(214). 이어 제시되는 실론(Ceylon)의 해안가에서 벌어진 전투 에피소드에서 싱글턴은 손익 계산을 이미 내재화한 모습을 보인다.

그러나 선원들은 동료들이 죽고, 부상당했다는 사실에 격분하여 보복 공격을 감행하고자 한다. 이 때 윌리엄이 나서서 돈이 없는 불쌍한 사람들을 이천 혹은 삼천 명을 죽여서 얻는 것이 없다고 선원들을 설득한다. 선원들이 "만족"을 얻을 수 있다고 말하자, 그는 다시 한 번 "당신들의 관심사는 돈"이라고 강변하면서, 돈이 없는 사람들을 죽이는 것은 그저 "살인"일 뿐이라고 역설한다(219). 이어서 그는 복수의 과정에서 또 다시 사상자가 생기면 어떻게 선장에게 변명할 것인가라고 말하면서, 이익은 없고 손해만이 가득한 보복 공격의 문제점을 지적한다. 즉, 윌리엄은 "순수한 이익을 위해서 복수와 폭력의 쾌락에 탐닉할 것을 포기하라"고 선원들을 설득하는 것이다(Mackie 126), 손익 계산을 감정과 행동을 통제하는 핵심적인 원리로 격상한다.

3. 해적의 '상업교육'

싱글턴 뿐만 아니라 해적들 모두가 상인처럼 손익을 따져보며 행동하기 시작했을 때, 디포는 싱글턴의 종교적 회개를 기술한다. 디포는 실론 섬에서 윌리엄이 다른 해적들을 위해서 자신을 희생하고자 한 에피소드를 넣어, 윌리엄이 적어도 싱글턴의 영적인 안내자가 될 자질을 가지고 있다는 점을 드러낸다. 자신은 집도 없고 돌아갈 곳도 없으나 "방랑하며 유람하는 삶"을 좋아하는 것도 아니라고 말하는 싱글턴에게 윌리엄은 계속 해적행위를 하는 한 회개를 할 수 없다고 말하면서 해적행위를 그만두어야 한다고 권고한다(257, 259). 그런데 갑자기 싱글턴이 왜 회개하게 되는지는 알 수 없다. 계속 해적으로 살던 싱글턴이 자신의 과오를 되돌아볼 이유가 전혀 제시되지 않았기 때문이다. 또한 그가 진정으로 참회하는지도 알 수 없다. 그는 죄를 지었다고 말하지만, 재물을 강탈한 것을 제외하면 자신의 죄가 무엇인지 구체적으로 설명하지 않는다. 약탈한 것을 주인에게 돌려주어야 속죄할 수 있다고 말하지만 그는 되찾아줄 방법을 진지하게 생각하는 것도 아니고 속죄를 위한 또 다른 방법을 고민하는 것도 아니다. 오히려 싱글턴과 윌리엄은 자신들이 저지른 범죄의 심각성을 자각한 것이 흡사 과거의 모든 죄를 용서받고 강탈한 재물을 합법적인 부로 인정받을 수 있는 근거인 양 언급한다. 그들은 도적적, 종교적 수사에 기대어 해적행위에 대한 처벌도 면하고 그들의 부를 정당화하려는 것이다.

실제 해적은 온갖 잔인한 방식으로 부를 축적했지만, 디포는 해적행위의 구체적인 측면을 묘사하지 않는다. 싱글턴은 자신과 동행한 윌모트 선장(Captain Wilmot)은 특히나 잔인하였다고 간략히 논평한다. 그렇지만 싱글턴은 "이 부분에 대해서는 당분간 침묵을 지키고자 한다"고 말하면서, 그들의 해적행위가 실제 어떻게 이뤄졌는지를 구체적으로 묘사하지 않는다(142). 또한 그는 자신의 일행이 잔인함으로 매우 악명이 높았다고 말하기도 한다. 그러나 그는 실제 소문의 절반은 사실이 아니라고 간략히 부인할 뿐, 어떤 소문이 어떻게 사실과 다른지는 언급하지 않고, 대신에 기나긴 자신의 항해에 대해서 설명하기 시작한다. 옥스포드판 『선장 싱글턴』을 편집한 쿠마(Shiv K. Kumar)는 이 소설에서 해적과 연관된 "스릴과 흥분"이 없다는 점을 지적하고 있으며(*CS* xiii), 여러 비평가들도 디포가 의도적으로 폭력을 그리지 않고 있다는 점을 지적한다(Schonhorn 388; Blackburn 130). 당대 인기가 많았던 범죄자 전기와 비교해보면, 이 소설에는 주인공이 저지른 죄에 관한 충실하고 정확한 설명이 나오지 않는다(Faller 38-39). 특히 그가 해적에 관해 잘 알고 있었다는 점까지 고려하면, 폭력적이고 잔인한 내용을 소설에서 배제한 것은 그의 의도라고 볼 수 있다.

역사적으로 해적은 폭력적인 무법자였지만, 디포는 자신이 진정으로 원하는 것이 무엇인지, 그러한 욕망을 추구하는 최선의 방법이 무엇인지 잘 모르는 이들로 규정한다. 해적들이 진정 금으로 상징되는 부를 추구한다면, 폭력적이고 비인간적인 행위는 잔인한 본성만을 만족시킬 뿐 원하는 목적을 성취하는 데 아무런 도움이 되지 않는다. 즉, 그들은 자신의 목적 달성을 스스로 방해하고 있지만, 이러한 사실조차 모른다. 그들은 손익 개념을 내재화함으로써 자신들의 문제점을 점차 깨닫게 되고, 항상 성공한다고 보장할 수 없는 습격과 강탈에 의존하기 보다는 손익을 명확히 따져볼 수 있는 상업과 교역을 통하는 것이 낫다는 점을 받아들이게 된다. 약탈 과정에서 발생했을 법한 잔인함과 폭력의 문제를 다루기보다 디포는 자신의 문제점도 모르던 해적이 '상업 교육'을 받아 보다 합리적인 주체로 변화하는 과정을 추적하는데 주안점을 둔다.

소설은 싱글턴과 윌리엄이 해적 일행을 떠나 잉글랜드에서 행복한 삶을 사는 것으로 끝난다. 만약 디포가 소설에서 주인공의 극악하고 비인간적인 모습을 자세히 그렸다면 독자들은 그의 참회에 대해서 어떻게 생각했을까? 아마도 독자들은 싱글턴과 윌리엄의 회개에 공감하기는 어려웠을 것이며, 그들의 변화 과정을 통해 작가가 전하려는 메시지에 대해서도 부정적인 반응을 보였을 것이다. 죄를 범했으나 벌을 받지 않는 결말이 논란거리가 될 수 있지만, 디포가 그들의 성공적 정착으로 소설을 끝맺을 수 있었던 것은 그들의 죄를 추상화했기 때문이다. 디포는 해적 행위를 사실상 거래와 교역과 다름없는 것으로 그리면서 폭력적이고 잔인한 내용을 상술하지 않았으므로 독자들은 그들이 해적이라는 점 외에 구체적으로 어떤 죄를 범했는지 기억하지 못한다.

그렇다면 디포는 해적을 옹호한 것일까? 싱글턴과 윌리엄이 죗값을 치르지 않았다는 점에만 초점을 두면 그렇게 보일 수 있다. 중요한 것은 그들의 해적 행위는 합법적인 상업보다 열등한 수준의 교역으로 규정되었다는 점이다. 앞서 살펴보았듯 윌리엄에게 설득되어 해적들은 점차 손익의 관점에 익숙하게 되면서 교역을 통해 부의 증대를 꾀하는 상인의 면모를 보이게 된다. 즉, 자신의 욕망도 정확하게 이해하지 못하는 우매하고 잔인한 해적은 상업 교육을 받아 손익 계산을 할 수 있게 된 해적이 된 것이다. 그러나 해적은 여전히 강탈에 의존할 수 밖에 없고 때로는 폭력적이고 잔인한 기질을 억누르지 못한다. 이러한 점에서 해적은 여러모로 부족한 점이 많은 상인이며, 디포는 해적 행위를 옹호한다기보다 미숙한 상인인 해적에게 우호적인 시선을 보낸다고 말할 수 있다.

IV.『잭 대령』

1. 신사라는 '기이한' 관념

『잭 대령』에서 디포는 어린 시절부터 많은 죄를 범한 주인공이 신사가 되는 과정을 그린다. 디포 작품 중에서 주인공의 특징과 플롯의 전개가 가장 비슷한 작품으로 평가받는『몰 플랜더스』의 주인공 역시 '숙녀'(gentlewoman)가 되고자 한다.[13] 몰(Moll)은 어린 시절부터 신분 상승의 욕망을 품은 것도 아니고 실제 태생도 그렇지 않다(McBurney 325). 이와 달리 잭(Jack)은 자신이 신사 출신이라고 소설의 서두에서 밝히고 있으며, 신사가 되고자 하는 그의 강렬한 열망은 작품 전체를 관통한다. 이러한 점에서『잭 대령』에 관한 비평이 신사 개념과 신분 상승 욕망을 주요 연구 주제로 삼은 것은 결코 이상하지 않다. 이 작품이 독특한 것은 잭이 '신사되기'가 신사적 자질 계발보다는 신사 개념을 이용하여 자신의 죄 많은 과거와 탈법적인 욕망을 최대한 정당화하려는 시도와 더 깊이 연관된다는 점이다.

어린 시절부터 범죄를 저지르기 시작한 잭은 가난과 교육의 부재를 죄많은 삶을 살게 된 원인으로 지목한다. 보모가 죽은 후 잭은 보모의 아들인 잭 대위(Captain Jack)와 보모가 양육을 맡았던 또 다른 아이인 잭 소령(Major Jack)과 함께 부랑아처럼 살아간다. 이후 그는 소매치기 일당에 가담하면서 상습적인 범죄자가 된다. 그는 적절한 교육을 받지 못해 죄의 길로 들어서게 되었지만, 너무나 어려서 자신이 범했던 죄의 사악함을 이해하지 못했다고 주장한다. 즉, 그는 절박한 상황에서 어쩔 수 없이 죄를 범했지만 그것이 잘못인 줄 몰랐다고 변명하는 셈이다. 이러한 그의 자기 옹호는 언뜻 보기에 합당한 것 같다. 그러나 그는 비교적 오랫동안 한 번도 붙잡히지 않고 자신의 '경력'을 이어갔고, 때로는 자신의 과거 행적을 자랑하듯 기술한다. 그렇다면 그는 궤변으로 죄에 대한 책임에서 벗어나고자 하는 흉악한 죄인일 뿐이다.

잭도 이러한 비판을 예상한 듯 자신의 주장을 다양한 방식으로 설득력 있게 만들고자 노력한다. 디포가 소설에서 별도의 설명을 덧붙인 것은 아니나, 잭이 당대 '노상강도'(a highwayman)에 관한 대중의 상상력을 활용하는 것은 분명하다. 이 작품이 출간된 1720년대에는 범죄 관련 서적이 큰 인기를 얻어 다수 출판되었다.[14] 노상강도의 흉악한 행각을 비판하는 글도 많았지만 노상강도를 일종의 신사로 그리는 경우도 많았다. 몰래 훔치는 것이 아니라 '명예로운 방법'을 이용하는 노상강도의 대중적 이미지는 피해자에게 폭력을 사용하지 않고 정중히 예절을 갖출 뿐만 아니라 사회의 문제를 비판하는 유명 인사의 모습으로 발전한다(Clegg 223). 이러한 노상강도의 유형을 세분화하여 살펴볼 수도 있는데,[15] 중요한 것은 당대의 문화적 담론에서 강도는 악인이라기보다 그럴만한 사연이 있는 일종의 영웅적 인물로 그려진다는 점이다. 신사 출신이지만 범죄 행각을 벌일 수밖에 없었던 자신의 처지를 거듭 언급함으로써 잭은 의도와 관계없이 당대 낭만화된 노상강도의 이미지를 차용한다. 이러한 방식으로 그는 자신이 사악한 범죄자는 아니라는 암시를 독자에게 전한다.

잭은 자신의 신사적 자질을 언급하면서 자신이 타고난 죄인이 아니라 신분에 알맞지 않은 삶을 살 수 밖에 없었던 신사라는 점을 강조하고자 한다. 곤궁한 삶 속에서도 그는 어릴 때부터 그 기원은 알 수 없으나 자신이 신사라는 "기이한 관념"(a strange and original Notion)을 갖고 있었다고 말한다(*CJ* 112).[16] 이어 그는 보모가 죽은 후 부랑아와 다름없는 생활을 할 때에도 매우 정직한 소년으로 좋은 평판을 얻었다고 말하면서 자신이 신사 계급에 합당한 선천적 자질을 갖추고 있었다는 점을 입증하려고 한다. 신사적 자질을 자각한 것이 단순한 인식의 변화가 아니라 행동의 변화를 가져온 여러 에피소드를 언급하면서 잭은 자신의 주장을 더욱 강력하게 뒷받침하고자 한다. 대표적인 예로 보모와 하녀에게서 빼앗았던 돈을 되돌려주었던 에피소드를 생각해볼 수 있다. 이와 같은 그의 행동은 죄를 범했으나 그 행위의 의미를 몰랐기 때문에 죄를 계속 저지를 수밖에 없었고, 신사의 자질을 자각하면서 조금씩 죄에서 벗어나고자 했다는 주장을 입증하기에 충분한 것 같다.

그런데 어린 시절 여러 사건을 살펴보면 잭의 주장을 전적으로 신뢰할 수는 없다. 조금 더 자세히 말하자면 그의 말이 옳은 것 같으나 의심을 완전히 거두기는 힘들고, 그가 거짓을 말한다고 단정할 수도 없다. 잭이 훔친 보석상인의 지갑을 윌(Will)이 되돌려주는 에피소드를 예로 들어보자. 죄를 짓고서도 아무런 벌을 받지 않고 오히려 피해자에게서 보상금을 받아내기 때문에 잭과 윌은 극악한 범죄자라고 볼 수도 있다. 그러나 당대에는 공적인 기소 체계가 없어서 범죄 피해를 피해자들이 입증하고 죄인을 기소해야 했다(Beattie 35). 죄인을 기소하여 유죄판결을 받아 처벌하는 데 도난품 가치의 몇 십 배 많은 비용이 소요될 수 있었기 때문에(Friedman 484), 사화(私和, compounding)는 범죄 피해를 최소화하는 방법으로서 18세기에는 합법이었다. 이와 같은 역사적 맥락을 고려하면 잭과 윌은 당대 법의식에 비춰 과도한 악행을 범한 것은 아니며, 범죄 피해 최소화에 도움을 준 것이다. 이렇게 그들의 선의를 가정해볼 수는 있으나 아무런 조건 없이 지갑을 되돌려준 것은 아니기 때문에 그들이 지갑 속 거액의 어음을 처분할 수 없어 합법적인 수단으로 범죄 수익을 얻어내려고 했다는 의심을 지울 수는 없다.

죄로 가득한 유년 시절에 관한 잭의 주장은 합당한 것 같기도 하고 그렇지 않아 보이기도 하다. 이러한 점을 생각해보면 잭이 왜 거듭하여 자신의 출신과 내면의 신사적 자질을 언급하는지 이해할 수 있다. 그는 죄를 범했지만 그 피해를 굳이 최대화하고자 하지 않았다고 주장하며, 그 동인을 자기 내면의 신사적 자질에서 찾는다. 어린 시절의 죄를 설명하는 과정에서 신사와 관련된 내용을 모두 지워버린다면, 그의 범죄 행적을 우호적으로 해석할 수 있는 가능성도 같이 사라진다. 그는 '선의'는 아직 신사는 아니지만 그에 합당한 자질의 소유자라는 사실이 보증하기 때문이다. 그래서 잭은 항상 태생이 신사였고 그에 합당한 자질을 가지고 있었다는 '메타 서사'를 되뇌듯 말할 수밖에 없다. 그렇지 않다면 그는 양심의 가책 없이 죄를 범하는 것도 부족해서 온갖 변명으로 자신의 죄를 미화하려는 흉악한 죄인으로 보이게 될 것이기 때문이다.

2. 신사의 명예

잭이 신사가 될 수 있었던 것은 우연에 가깝다. 체포의 위험을 피해 스코틀랜드로 도피한 잭 대위와 잭은 입대하여 자신의 신분을 감추고 지낸다. 그들은 곧 전장에 나가게 된다는 소식을 듣고 탈영하게 되고, 한 술집에서 주인이 환대를 받아 대취하여 잠이 든다. 나중에 그들은 식민지 미국으로 가는 배에서 자신들이 하인으로 팔렸다는 사실을 알게 된다. 식민지 미국에서 농장 주인은 가장 어린 죄수에게 정직한 삶을 살아야 한다고 길게 훈계하는데, 이 말을 듣고 잭은 눈물을 흘린다. 농장 주인은 그의 반응을 보고 따로 불러 사정을 들은 다음 그에게 농장 감독 일을 맡긴다. 이후 농장 주인의 후원을 받아 자신의 농장도 따로 운영하게 되면서 잭은 신사로서의 물질적 조건을 갖추게 된다.

잭은 정직한 사람으로 거듭났다고 주장하면서 자신을 신사로 자리매김한다.[17] 이후 그는 개인 교사를 구해 다양한 지식을 배우면서 신사로서 부족하지 않은 학식을 갖추고자 한다. 이러한 잭의 변화는 범죄에 관한 저자의 견해를 반영한다고 볼 수 있다. 많은 독자들은 유배형이 오래된 제도라고 알고 있으나, 당대 유배형법(the Transportation Act)은 1718년에 제정되었다. 몰 플랜더스와 달리 벌을 받은 것은 아니지만, 이후 잭이 새로운 삶의 기회를 찾을 수 있던 곳이 식민지라는 점에서 이 소설은 범죄자 유배형과 계약하인제를 옹호하는 작품으로 볼 수도 있다(Novak *Economics* 147; Backscheider 487-89).

신사가 된 잭은 유럽으로 되돌아간다.[18] 유럽에서 그는 모두 네 번 결혼하는데, 정체불명의 괴한에게 습격당해 범죄의 피해자가 된 첫 번째 결혼을 제외하면 그의 결혼 생활은 범죄에서 자유롭지 않다. 그의 죄는 신사적 명예와 연관지어 살펴볼 수 있는데, 두 번째 결혼 기간 중 그가 저지른 죄는 금지된 결투를 벌여 상대방에게 치명적 상처를 입힌 것이다. 그가 결투를 벌이게 된 것은 명확한 증거 없이 처의 부정을 의심하다가 같은 집에 살고 있던 장교를 모욕했기 때문이다. 이전에 어음 대금 지급을 요구하던 정체불명의 신사가 잭에게 결투 신청을 했을 때, 그는 온갖 모욕을 받고서도 결투에 응하지 않았다. 그런데 이번에는 반대로 명확한 증거가 없는 상황에서 장교를 도발하여 결투에 응하게 만든다. 이와 같은 맥락을 생각해보면 잭의 결투는 명예를 지키기 위해 모욕한 이를 응징하려는 것이 아니라 자신도 결투를 할 수 있다는 것을 입증하는 데 목적이 있는 것처럼 보인다.

잭이 또 다시 죄를 범하게 된 것은 세 번째 처의 지인인 한 선장이 알코올 중독자였던 처에게 술을 의도적으로 권해 음행(淫行)을 저질렀기 때문이다. 선장이 자주 다니던 길에서 기다리다가 그는 선장에게 자신이 행한 일에 대해 책임을 지고 "전함의 선장이라는 이름"을 지키라고 말한다(*CJ* 281). 잭은 결투를 신청한 것인데, 선장은 처에게 책임을 전가하며 결투를 거부한다. 그러자 잭은 그를 일격에 쓰러뜨리고 자비를 갈구하던 선장이 어린애처럼 소리 내어 엉엉 울 때까지 폭행한다. 그 다음 선장의 칼을 뽑아 그의 면전에서 부러뜨리면서 합당한 자격이 있다고 믿는다면 자신을 고발하라고 말한다.

선장을 폭행한 에피소드를 자세히 살펴보면 잭은 신사의 명예를 언급하나 명예 회복은 그의 진정한 목적이 아니다. 자신과 처의 명예 회복을 원한 것이었다면 그는 선장에게 죄를 인정하고 사죄할 것을 요구해야 한다. 그러나 잭은 선장을 분노와 폭력적 기질의 희생양으로 삼을 뿐이다. 무자비한 폭행이 강조된 선장 에피소드에서 놓치지 말아야 할 것은 잭이 '진정한' 신사로 거듭나는 과정이다. 앞서 살펴본 것처럼 잭은 결투를 거부한 선장이 엉엉 울 때까지 폭행하면서 선장을 신사에서 '어린애'로 만들어 버린다. 이어 그는 선장의 면전에서 칼을 부러뜨리는 상징적 행위를 통해 선장에게서 '신사의 자격'을 박탈한다. 잭은 명예를 지킬 가치가 있는 신사가 누구인지 결정할 수 있는 판관(判官)처럼 행동하면서 자신을 명예를 중시하는 신사처럼 그린다. 그는 신사의 미덕을 추구함으로써 신사가 되는 것이 아니라 선장을 비(非)신사로 격하시키는 폭력을 통해서 자신을 진정한 신사로 격상시킨다.

3. '부족한' 신사

잭은 유럽을 떠나 자신의 농장으로 돌아온다. 그런데 그가 유럽에서 범했던 죄는 식민지 농장의 평온한 일상으로 되돌아온 그의 삶을 위협한다. 앞서 살펴본 것처럼 유럽에서 그는 명예를 아는 신사가 되고자 했다. 그가 군문(軍門)에 발을 들이고 이후 자코바이트(Jacobite) 반란에 가담한 것도 그의 독특한 명예 의식 때문이다. 첫 번째 결혼 실패 이후 장교가 되어 유럽의 여러 전투에 참전했을 때 그는 "자신의 천직을 찾게 되었으며, 비로소 신사의 삶을 살게 되었다"고 말한다 (*CJ* 247). 그런데 그의 만족은 군인이 되었다는 데에서 오지 않는다. 아마도 그가 군인으로서 소명의식이나 사명감을 갖고 있었다면, 스코틀랜드에서 사병으로 복무하다가 탈영하지는 않았을 것이다. 그는 장교가 되어 그에 합당한 대우를 받았다는 점에 기뻐한 것인데, 이후 그가 자코바이트 군대에 참여하는 이유도 크게 다르지 않다. 그는 참칭왕(僭稱王)의 환영을 받았고, 다수 전투에 참전했다는 점 때문에 더 큰 영예가 주어졌기 때문이다.

장교로서 좋은 대우를 받는 것이 신사의 명예라고 생각한 잭이 반란의 대의에 무관심한 것은 당연하다. 그래서 그는 반란군에 가담한 사실이 발각될까봐 우려할 때 제일 먼저 재산이 몰수되고 중벌을 받을 것부터 생각한다. 피상적인 명예 관념을 갖고 있는 그가 적극적으로 반란에 기여한 것도 아니다. 네 번째 결혼 생활을 하던 도중 아내 몰래 그는 프레스톤(Preston)에서 벌어진 전투에 참전한다. 외국인 장교로 널리 이름이 알려진 그는 전투에 관해 중요한 의견을 제시하지만, 반란군은 그의 제안을 받아들이지 않는다. 자신이라도 혼자 살아남아야겠다고 생각하여 반란군이 격퇴당할 때 몰래 도망쳐 집으로 돌아온 그가 어떤 명예를 추구한 것인지는 알 수 없다.

자코바이트 반란에 잭이 가담했다는 것은 당대 독자들에게 큰 의미를 갖고 있었을 것 같다. 그러나 디포는 잭이 반란에 가담하여 싸우게 된 것은 좋은 대접을 받았기 때문이며, 명예를 갈구하나 대의보다는 일신의 안위에 더 관심이 많은 '부족한' 신사라는 점을 보이는 데 초점을 둔다. 결국 잭은 사면을 받게 되는데, 사면령에 감복하여 그는 군주에게 충성을 맹세한다. 그는 "엄격한 미덕의 규칙과 명예의 원리"를 행동의 지침으로 삼기로 결심했으므로, "군주의 은혜"로 생명을 다시 하사받은 사람이 다시 군주에게 저항할 수 없다는 것을 "명예의 규칙"으로 삼겠다고 말한다(*CJ* 311). 우스꽝스러울 정도로 장황한 표현으로 군주에 대한 감사를 표하면서 잭은 자신을 명예를 아는 신사로 내세운다.

왕의 사면을 받은 이후 잭은 상인의 삶을 살게 된다. 마지막 부분이 사족(蛇足)과 다름없다고 볼 수도 있겠지만, 디포가 상업을 장려하고 진흥하기 위해 다수의 문학, 비문학 작품을 출간했다는 점을 생각해보면 마지막 부분에서 잭을 상인으로 그린 것은 우연이라고 보기는 어렵다.[19] 당대 많은 이들처럼 디포는 상업이 문명의 중요한 구성요소이며, 상인은 사익과 공공선을 조화시키는 데 기여할 수 있다고 생각하였다(Todd 115). 이러한 그의 견해를 고려하면, 부족한 점이 많으나 신사의 모습을 갖춘 잭이 상인이 된다는 것은 더 나은 신사가 된다는 것으로 볼 수 있다.

그렇지만 잭이 '완벽한' 신사로 거듭나는 것은 아니다. 그는 스페인 식민지 상인과 거래하며 막대한 이윤을 얻게 되었고, 더 큰 이익을 기대하며 다시 한 번 짐을 싣고 스페인 식민지를 향해 떠난다. 그런데 아바나(Havana)와 베라 크루즈(Vera Cruz)에서 교역활동을 하는 것은 영국인과 스페인 식민지인 사이에 직접 교역을 금지하는 스페인의 법률을 위반하는 것이었으므로(Faller 184-85), 두 번째 항해에서 잭은 처음에는 적잖은 이익을 얻었지만 결국에는 스페인 군에게 쫓기는 신세가 된다. 앞서 살펴본 것처럼 잭은 자신의 욕망에 충실한 삶을 살았고, 때로는 불법적인 방식을 이용해서라도 자신의 뜻을 이루고자 했다. 이러한 그의 성향은 더 나은 신사가 된 상황에서도 크게 변하지 않았기에 그는 여전히 부족하고 모자란 신사라고 말할 수 있다.

지금까지 살펴보았듯 잭은 신사가 되고자 하지만, 반대로 신사 관념을 다양하게 활용하여 자신의 삶을 정당화하는데 이용해왔다. 어릴 때 그는 자신이 신사 출신이며 선천적인 신사적 자질의 소유자라는 점을 반복 강조하면서, 죄를 범했지만 처음부터 악인도 아니었고 악의로 가득 차 있었던 사람이 아니었다고 주장한다. 이어 그는 신사의 기초적인 요건을 갖춰 유럽으로 돌아갔지만, 자기 수양과 극기의 방식으로 신사의 덕목을 추구하는 것이 아니라 자신의 여러 감정과 폭력적 성향 표출을 신사의 명예를 지킨다는 명분으로 정당화할 뿐이었다. 그런데 디포는 잭에 대한 비판적 시각을 보이기도 하지만 기본적으로 그의 삶을 부정적으로 바라보지 않는다. 신사가 출생에 따라 결정되는 것이 아니라 추구할 수 있는 것으로 신분적 위계가 변화하는 시기에, 신사가 되겠다고 노력하는 것이 그렇지 않은 것보다 더 낫고, 부족한 신사라도 신사가 되려고 하는 것이 더 좋으며, 그 과정이 불법적이거나 도덕적이지 않아도 신사가 되려는 것이 그렇지 않은 것보다 낫다고 디포는 생각하는 것 같다. 그렇기에 그는 잭의 신분상승 열망을 우호적인 관점에서 바라보고자 한다.

V. 총평

디포는 이후 많은 작가들이 다양하게 활용하는 범죄소설의 여러 특징을 예시하였다. 우선 그는 범죄를 소설의 중심에 두어 독자들의 관심을 유도하면서 개연성 있는 플롯 전개를 위한 요소로 활용한다. 『선장 싱글턴』의 전반부에서 싱글턴 일행의 선상 반란은 그들이 귀환을 위해 아프리카 대륙을 종단하게 된 원인이 된다. 소설의 후반부에서 디포는 잔인한 해적 행위를 상세하게 기술하지는 않는다. 그렇지만 전 세계를 누비는 싱글턴 일행의 항해를 비교적 구체적으로 묘사하여, 가상의 모험담을 더욱 박진감 넘치게 그려내고자 한다. 『잭 대령』에서 디포는 소매치기와 절도 등과 같은 범죄가 어떻게 이뤄지는지 비교적 상세히 기술하여, 범죄의 세계에 관한 독자의 호기심을 충족시키고자 한다. 또한 디포는 윌 일행의 범죄 행각이 잭의 도피로 이어지고, 결국에는 잭이 자신의 뜻과 무관하게 미국으로 가게 되는 과정을 그리면서, 어린 시절 잭의 범죄 이야기에서 신사로서 물질적 기반을 확보하게 되는 내용으로 자연스럽게 플롯을 전개한다.

그 다음으로 디포가 범죄자 주인공의 정체 발각과 체포, 처벌의 위험을 암시하며 극적 긴장감을 높인다는 점을 생각해 볼 수 있다. 『선장 싱글턴』의 후반부에서 서사적 긴장은 과연 싱글턴과 윌리엄이 벌받지 않고 성공적으로 정착할 수 있는지 여부에 관한 독자들의 의문에서 발생하며, 디포는 이러한 긴장감을 소설의 마지막 장까지 이어가고자 한다. 『잭 대령』에서 잭은 여러 번 위기를 겪는데, 디포는 소설의 마지막 부분에서 정체가 발각되어 반란죄로 처벌받을 것을 우려한 잭이 사면령을 받기까지의 과정을 긴장감 있게 서술하여 독자들의 몰

입을 유도한다.

범죄소설사에서 디포의 성취를 평가할 때 가장 중요한 점은 범죄에 관해 이전과 다른 시각을 작품에 담았다는 데 있다. 전술하였듯 그의 시대와 그 이전의 범죄 관련 문헌은 모두 도덕적, 종교적 관점에서 범죄를 해석하고 독자들의 진중한 성찰을 요청한다. 그런데 디포는 새로운 시대의 관점으로 범죄를 그린다. 그의 소설 역시 범죄에 관한 도덕적, 종교적 인식을 담고 있으며, 주인공 역시 무거운 어조로 자신의 과거를 돌아보곤 한다. 그러나 그의 주인공은 세속적 개인으로서 자신의 욕망을 추구하는 데 더 많은 관심을 보인다.

또한 이전 범죄 관련 문헌과 달리 디포는 합리주의적, 낙관론적 인간관을 소설에 담았다. 『선장 싱글턴』에서 해적들은 폭력적이고 비인간적인 행위는 잔인한 본성만을 만족시킬 뿐이라는 점을 잘 모른다. 자신의 처지를 잘 모르는 해적에게 필요한 것은 교육이다. 윌리엄과 같은 이들의 조언과 자기반성을 통해 해적들은 습격과 강탈보다는 손익을 명확히 따져볼 수 있는 상업과 교역이 부를 얻는 더욱 효율적인 방법이라는 점을 자각하게 된다. 『잭 대령』에서는 범죄자들이 적절한 교육을 받지 못했기 때문에 죄를 계속 범하게 된다는 디포와 당대 사람들의 인식을 찾아볼 수 있다. 이 작품에서 디포는 여전히 부족한 점이 많지만 식민지에서 새로운 삶의 계기를 찾은 잭의 사례를 통해 합리적으로 자신의 삶을 되돌아볼 수 있는 기회가 주어지면 범죄자들도 죄를 더 이상 짓지 않을 것이라는 낙관적인 견해를 제시한다.

디포는 사회에 관한 자신의 통찰과 비전을 범죄소설에 담아내면서 범죄소설이 복합적인 의미를 담을 수 있는 길을 제시하였다. 『선장 싱글턴』에서 해적이 상인과 같은 모습을 보이게 된다는 것은 오늘날 독자들에게는 큰 의미가 없을 수도 있다. 그런데 당대에는 해적 행위와 상업의 구분이 모호했으며, 교역 증대는 영국 사회의 변화를 추동하는 강력한 요인 중 하나였다. 이러한 역사적 맥락을 감안하면 디포의 소설은 상업에 관한 당대 독자들의 인식 제고를 요청하면서, 열등한 상인으로서 해적의 본질이 부의 새로운 원천인 해외 식민지 개척 경쟁에 있다는 점을 지적한다고 말할 수 있다. 『잭 대령』에서 디포는 당대 런던과 같은 대도시에서 찾아볼 수 있는 소매치기, 절도, 강도 등의 범행 과정을 비교적 상세히 기술하면서 도시의 발달에 따른 새로운 유형의 범죄를 그린다. 도시가 성장하고 새로운 범죄가 발생한다는 것은 이전과 다른 새로운 사회 질서가 형성되고 있다는 증거이다. 개인의 노력에 따라 사회적 지위를 결정되는 시대에 잭이 자신의 절박한 처지에서 벗어나 신사가 되고자 하는 것은 어쩌면 당연하다. 앞서 살펴보았듯 그의 신사 이해는 매우 피상적이다. 그는 정직(honesty)과 명예를 주요 덕목으로 내세우지만, 옷과 금전, 외양과 같은 가시적인 것에 주로 관심을 보일 뿐이다(Blewett 110). 그는 그저 신사라는 말을 듣고 싶을 뿐이지만(Tinkler 290), 디포는 새로운 시대에 자신의 운명을 개척하려는 노력 그 자체에 대해서는 기본적으로 부정적인 태도를 취하지 않는다.

디포가 출간한 이후 『선장 싱글턴』과 『잭 대령』이 인기를 누리지 못한 것은 아니었다. 그런데 두 작품이 오늘날 많은 독자들에게 관심을 받지 못한 이유는 현재 소설 평가 기준에 알맞지 않기 때문일 것이다. 18세기 소설의 가장 큰 특징은 다수의 여담과 모순적 서술이다. 디포의 소설 역시 플롯 전개와 무관한 다수의 에피소드를 포함하고 있으며, 각각의 내용이 때로는 모순적인 것처럼 보이기도 한다. 이러한 특징은 디포가 소설가로서 한계를 보이는 증거처럼 인식되기도 했다. 그런데 18세기에는 군더더기 없는 매끈한 전개와 일관성 있는 소설

구성이 작품의 가치 판단에서 중요하지 않았다. 당대에는 여러 장르를 활용하고 다양한 내용을 최대한 많이 담는 것이 작가의 미덕이었으며, 독자들 역시 다양한 종류의 이야기를 다채롭게 서술한 작품을 선호하였다는 점을 생각해볼 필요가 있다. 또한 디포가 하나로 통합하여 보기 어려운 이질적인 요소를 소설에 담은 것은 문학적 재현을 통한 세계 이해의 방식을 다각적으로 실험한 결과로 볼 수도 있다. 따라서 디포의 작품을 오늘날의 잣대로 평가하는 것은 그의 소설 세계가 지닌 복합적 특성을 간과하는 결과를 낳을 수 있다는 점을 유념해야 한다.

---

1) 가족 유사성 개념에 의존하여 장르의 특질을 나열하는 방식으로 범죄소설을 정의해 볼 수도 있다. 그런데 벨(Ian A. Bell)이 우려한 바 있듯이 장르의 특징을 강조하면 범죄소설 전체를 의도와 달리 평가절하하게 되는 결과를 낳을 수 있다. 개별 작품은 장르의 핵심적인 요소를 그저 규칙에 따라 재구성한 것으로 밖에 보이지 않기 때문이다(Bell and Daldry ix-x).

2) 글래드펠더(Hal Gladfelder)는 당대 범죄 관련 문헌을 범죄에 관한 상세한 설명(criminal anatomies), 피카레스크와 섭리의 이야기(providential fictions), 뉴스 보도, 사형과 형장 관련 문헌, 재판, 범죄자 전기의 6개 장르로 구분한다(*Criminality and Narrative* 10). 이러한 분류가 일반적인 것은 아니나 당대 범죄 관련 문헌이 하위 장르를 나누어 볼 수 정도로 그 수와 종류가 많았다는 점은 기억할 필요가 있다.

3) 18세기에도 범죄 관련 문헌의 인기는 대단했는데 가장 대표적인 예로 『뉴게이트 일정표』(*The Newgate Calendar*)가 있다. 뉴게이트(Newgate)는 사형선고를 받은 기결수와 사형을 면하는 대신에 신대륙 유배형을 받은 중죄인을 수감했던 런던의 감옥이며, "뉴게이트 일정표"는 처형 일정을 알리는 달력을 의미한다. 이 책은 특정한 도서가 아니라 범죄와 범죄자에 관한 여러 이야기를 수록한 책을 총칭한다. "뉴게이트 일정표"라는 어구는 1774년 이후부터 도서 제목에 등장하며, 관련 도서는 19세기 중반까지 많은 인기를 얻었다.

4) 하위 장르의 분류 및 명칭 사용의 문제점을 보여주는 대표적인 예로 황금시대의 '고전적인 탐정 소설'(classic detective fiction)을 생각해볼 수 있다. 단서를 통해 범인을 찾는다는 의미의 '탐정소설'(whodunnit)이라는 별칭을 지니고 있는

이 장르는 범인이 밝혀진 후 평온한 결말을 맞는다는 점에서 '안온한 소설'(cozy fiction)로 지칭되기도 하며, 범인이 누군지 도저히 알 수 없는 사건을 해결한다는 점에서 '미스테리 소설'(mystery fiction)이라고 불리기도 한다. 그런데 합리적으로 설명하기 어려운 초자연적인 요소가 가미된 작품을 '미스테리 소설'로 지칭하기도 하는데, 이때는 추리 소설과 다른 범죄소설의 하위 장르를 의미한다.

5) 2000년 이후의 연구들은 추리 소설에서 오랫동안 억압되거나 배제된 성과 인종의 문제를 본격적으로 다루고 있다. 성을 중심에 두어 살펴보는 비평은 그 동안 간과되어 왔던 여성과 여성성의 관점으로 추리 소설을 읽고자 한다. 일례로 추리 소설이 남성적인 것만큼 여성적인 측면을 지니고 있으며(Sussex 2), 언뜻 보기에 보수적인 여성 작가들의 관점이 능동적인 여성상을 옹호하는 있다는 점을 밝히는 연구를 생각해 볼 수 있겠다(Hoffman 2-3). 여러 비평서는 흑인 작가와 작품 속 흑인에 관해 별도의 장(章)을 마련해 둔 경우가 많은데, 클로스(Glen S. Close)의 연구는 흑인 외 타인종과 영미권 외 국가로 연구 범위를 확장한 대표적인 사례로서 주목할 만하다.

6) 많은 범죄소설은 범죄자가 아니라 범죄자를 만들어 내는 체제가 문제라고 지적한다. 이러한 관점에서 가장 거대한 관점을 제시하고 있는 비평가로 피치(Linden Peach)를 꼽아볼 수 있다. 그는 범죄성(criminality)을 근대성(modernity)의 실패로 규정하며, 근대사회와 범죄가 필연적으로 연관되어 있다는 점을 입증하고자 한다(174).

7) 그 수가 많지 않은 국내 연구도 비슷한 경향을 보인다. 2012년에 발간된『범죄소설: 그 기원과 매혹』에서 김용언은 19세기 중반 이후 영국의 추리 소설과 20세기 하드보일드 소설을 살펴보았고,『하드보일드 센티멘털리티: 20세기 미국 범죄소설사』에서 김재성은 20세기 미국의 하드보일드 소설을 집중 분석한다. 2018년에 출간된『범죄소설의 계보학』에서 계정민은 19세기의 뉴게이트 소설을 살펴보면서 국내 비평의 지평을 19세기 전반부로 확장했다. 그런데 국내 저자 모두는 19세기 이전의 범죄소설사를 살펴보지는 않는다.

8) 디포는 익명으로 때로는 다양한 필명을 사용하여 수많은 도서를 출판했으며, 이후에 그의 저작으로 밝혀진 책들이 한두 권이 아니다. 무어(J. R. Moore)는 총 572편을 디포의 저술로 추정했는데(Furbank and Owens xx), 1988년에 출간된『디포의 정전화 과정』(*The Canonisation of Daniel Defoe*)에서 퍼뱅크과 오언스(P. N. Furbank and W. R. Owens)는 276편으로 한정하였다.

9) 본문의 3절, "『선장 싱글턴』"은『18세기영문학』제12권 1호에 게재된 논문「다니엘 디포의『선장 싱글턴』: 잔인한 해적과 "양심적인" 제국주의 주체의 등장」의 내용을 수정한 글이다.

10) 다수의 책이 있으나 그 중에서 가장 널리 알려진 도서로는 엑스크믈랭(Alexan-

der Exquemelin)의 『아메리카의 사략선원들』(*De Americaensche Zee-Rover*, 1678) 링로즈(Basil Ringrose)의 『사략선원들』(*Buccaneers*, 1685), 드 뤼상(Raveneau de Lussan)의 『남쪽 바다로 향한 항해의 일지』(*Journal of a Voyage Made into the South Sea*, 1689), 댐피어(William Dampier)의 『새로운 세계 일주 여행』(*A New Voyage Round the World*, 1697), 로저스(Woodes Rogers)의 『세계 항해 여행』(*A Cruising Voyage Round the World*, 1712)이 있다.

11) 본고에서는 쿠마(Shiv K. Kumar)가 편집한 옥스포드 판본을 참고하였다. 이후 인용 시에는 괄호 안에 약자 'CS'과 함께 쪽수를 명기하였다.

12) 소설의 서두에서 싱글턴은 자신이 악한 본성을 지니고 있지 않다고 주장하기도 했지만, 사실 그가 윌리엄의 논변에 설득되는 이유는 명확하지 않다. 이는 아마도 싱글턴이 상업과 교역의 개념에 익숙하기 때문일 것이기도 하다. 소설의 전반부에서 아프리카를 탈출하는 도중에 싱글턴 일행은 교환과 교역을 통해 생필품을 확보한다. 또한 그가 쉽게 손익 개념을 수용하는 것은 그의 생애가 매매 행위와 함께 시작된다는 사실과도 무관하지는 않은 것 같다(Lynch 89). 그가 어머니로 알고 있던 집시 여인은 자신이 생모가 아니라고 알려주며, 어릴 때 그를 12실링에 사왔다고 말한다.

13) 『몰 플랜더스』와 『잭 대령』의 주인공인 몰과 잭은 비슷한 점이 많다. 둘 다 모두 고아로서 결혼을 5번 했으며, 가난에 내몰려 범죄의 세계에 발을 들여 놓았고, 식민지 미국과 유럽을 오간다. 소설 속 삶의 궤적이 비슷하지만, 두 인물은 도덕적 의식에서 큰 차이를 보인다. 글래드펠더가 간략하게 지적했듯이 보호자 없이 어린 시절 죄를 저지르기 시작한 잭과 50살의 미망인으로서 먹여 살려야 할 두 아이가 있는 몰을 동일하게 바라볼 수는 없을 것 같다("Defoe" 73-74). 또 다른 중요한 차이는 서술자의 태도라고 말할 수 있는데, 화자는 몰을 비판하는 듯 하면서도 동시에 옹호하는 듯한 모습을 보인다. 이러한 도덕적 모호함(moral ambiguity)은 신사가 되고자 사는 잭의 이야기에서는 찾아볼 수 없다(Hammond 118).

14) 당대 사람들은 1720년대를 범죄가 창궐했던 시기로 인식했다. 그런데 실제 기소된 죄목 중 강도가 차지하는 비율은 6.8%인데 비해 신문에서 관련 보도 비중은 44.2%에 이른다는 점을 감안하면(Shoemaker 383), 당대 인식은 실제 범죄보다는 매체가 구성한 범죄 담론의 영향을 더 많이 받은 것으로 볼 수 있다.

15) 패린더(Patrick Parrinder)는 노상강도를 다양한 환타지를 구현하는 "귀족적"(aristocratic) 강도, 경제적 목적을 추구하는 "부르주아"(bourgeois) 강도, 사회정의를 실천하려는 "자애로운"(benevolent) 강도로 구분한다(511).

16) 본고에서는 2016년에 출간된 브로드뷰 출판사(Broadview Press) 판본을 이용하였으며, 인용시에는 약자 'CJ와' 함께 괄호 안에 쪽수를 명기하였다.

17) 잭은 죄 많은 과거에서 벗어나 자신이 거듭나게 되었다고 주장하지만, 자신의 과거를 최대한 정당화하려고 한다. 정직의 가치를 찬미하면서도 그는 과거 악행이 외부의 원인 때문이라는 점을 빠뜨리지 않는다. 이러한 자기 정당화의 논변은 참회의 진정성을 의심스럽게 만들고, 그를 신사이되 '부족한' 신사로 만드는 원인이 된다.

18) 17세기 말과 18세기 초에 미국은 악당이나 절박한 처지에 놓인 이들이 가는 곳으로 인식되었으며, 이러한 부정적인 미국의 이미지는 장르에 관계없이 거의 모든 문학 작품에서 나타난다(Mason 109). 이러한 영국인들의 인식을 생각하면, 버지니아에서 사는 것이 "신사의 삶"(the Life of a Gentleman)이 아니라고 그가 생각한 것은 이상하지 않다(CJ 215).

19) 소설의 마지막 부분에 관해서 비평가들은 부정적인 관점을 보인다. 잭은 버지니아의 농장주로서 위험을 무릅쓸 이유가 없는데 왜 스페인 식민지와 교역을 시도하는지는 작품에서 언급되지 않는다. 아마도 소설이 어느 정도의 서사적 일관성을 확보하려면 국왕의 사면을 받은 잭이 처가 있는 농장으로 되돌아가면서 "더 이상 방황하지 않을 것"(never to wander any more)을 결심하는 장면에서 끝났어야 한다(CJ 311). 갑작스럽게 잭이 상인이 된 이유는 아마도 디포가 출판업자에게 약속한 분량을 채우고자 했기 때문일 수도 있는데(Novak *Daniel Defoe* 616), 디포의 다른 소설보다 1실링 더 비쌌던 책의 가격을 고려하면 이러한 추정이 크게 잘못된 것으로 보이지는 않는다(Faller 183-84).

인용문헌

Backscheider, Paula R. *Daniel Defoe: His Life.* Baltimore: Johns Hopkins UP, 1989.

Beattie, John Maurice. *Crime and the Courts in England, 1660-1800.* Princeton: Princeton UP, 1986.

Bell, Ian A. "Eighteenth-Century Crime Writing." *The Cambridge Companion to Crime Fiction.* Ed. Martin Priestman. Cambridge: Cambridge UP, 2003. 7-18.

Bell, Ian A., and Graham Daldry. *Watching the Detectives: Essays on Crime Fiction.* New York: St. Martin's P, 1990.

Blackburn, Timothy C. "The Coherence of Defoe's *Captain Singleton.*" *Huntington Library Quarterly* 41.2 (1978): 119-36.

Blewett, David. *Defoe's Art of Fiction: Robinson Crusoe, Moll Flanders, Colonel Jack & Roxana.* Toronto: U of Toronto P, 1979.

Cervantes, Gabriel. "Episodic or Novelistic? Law in the Atlantic and the Form of Daniel Defoe's *Colonel Jack.*" *Eighteenth-Century Fiction* 24.2 (2011): 247-77.

Clegg, Jeanne. "'Quite Another Vein of Wickedness': Making Sense of Highway Robbery in Defoe's *Colonel Jack.*" *Annali di Ca' Foscari. Serie occidentale* 50 (2016): 219-37.

Close, Glen S. *Contemporary Hispanic Crime Fiction: A Transatlantic Discourse on Urban Violence.* New York: Palgrave Macmillan, 2008.

Defoe, Daniel. *The Complete English Tradesman in Familiar Letters; Directing Him in All the Several Parts and Progressions of Trade. printed for Charles Rivington: London,* 1726.

______. *The Life, Adventures, and Pyracies of the Famous Captain Singleton: Containing an Account of His Being Set on Shore in the Island of Madagascar.* Ed. Shiv Kumar. Oxford: Oxford UP, 1990.

______. *Colonel Jack.* Ed. Gabriel Antonio Cervantes, and Geoffrey M. Sill. Peterborough, ON: Broadview P, 2016.

Faller, Lincoln B. *Crime and Defoe: A New Kind of Writing.* Cambridge:

Cambridge UP, 1993.

Friedman, David D. "Making Sense of English Law Enforcement in the Eighteenth Century." *The University of Chicago Law School Roundtable* 2.2 (1995): 475-505.

Furbank, Philip Nicholas, and W. R. Owens. *The Canonization of Daniel Defoe.* New Haven: Yale UP, 1988.

Gillingham, Lauren. "The Newgate Novel and the Police Casebook." *A Companion to Crime Fiction.* Ed. Charles J. Rzepka and Lee Horsley. Chichester, UK: Wiley-Blackwell, 2010. 93-104.

Gladfelder, Hal. *Criminality and Narrative in Eighteenth-Century England: Beyond the Law.* Baltimore: Johns Hopkins UP, 2001.

______. "Defoe and Criminal Fiction." *The Cambridge Companion to Daniel Defoe.* Ed. John J. Richetti. Cambridge: Cambridge UP, 2008. 64-83.

Hammond, J. R. *A Defoe Companion.* Lanham, MD: Macmillan, 1993.

Hartveit, Lars. "A Chequer-Work of Formulae: A Reading of Defoe's *Colonel Jack.*" *English Studies* 63.2 (1982): 122-33.

Hoffman, Megan. *Gender and Representation in British 'Golden Age' Crime Fiction.* Springer, 2016.

Knight, Stephen. "The Golden Age." *The Cambridge Companion to Crime Fiction.* Ed. Martin Priestman. Cambridge: Cambridge UP, 2003. 77-94.

Lynch, Deidre. "Money and Character in Defoe's Fiction." *The Cambridge Companion to Daniel Defoe.* Ed. John J. Richetti. New York: Cambridge UP, 2008. 84-101.

Mackie, Erin Skye. *Rakes, Highwaymen, and Pirates: The Making of the Modern Gentleman in the Eighteenth Century.* Baltimore: Johns Hopkins UP, 2009.

Mason, Matthew. "Slavery, Servitude, and British Representations of Colonial North America." *Southern Quarterly* 43.4 (2006): 109-25.

McBurney, William H. "*Colonel Jacque*: Defoe's Definition of the Complete English Gentleman." *Studies in English Literature, 1500-1900* 2.3 (1962): 321-36.

Novak, Maximillian E. *Daniel Defoe: Master of Fictions: His Life and Ideas.* Oxford UP, 2001.

______. *Economics and the Fiction of Daniel Defoe*. Berkeley: U of California P, 1962.

Parrinder, Patrick. "Highway Robbery and Property Circulation in Eighteenth-Century English Narratives." *Eighteenth-Century Fiction* 13.4 (2001): 509-28.

Peach, Linden. *Masquerade, Crime and Fiction: Criminal Deceptions*. New York: Palgrave MacMillan, 2006.

Priestman, Martin. "Introduction: Crime Fiction and Detective Fiction." *The Cambridge Companion to Crime Fiction*. Ed. Martin Priestman. Cambridge: Cambridge UP, 2003. 1-7.

Pykett, Lyn. "The Newgate Novel and Sensation Fiction, 1830–1868." *The Cambridge Companion to Crime Fiction*. Ed. Martin Priestman. Cambridge: Cambridge UP, 2003. 19-40.

Rediker, Marcus. *Villains of All Nations: Atlantic Pirates in the Golden Age*. Boston: Beacon P, 2004.

Richetti, John J. *The English Novel in History, 1700-1780*. New York: Routledge, 1999.

Scaggs, John. *Crime Fiction*. New York: Routledge, 2005.

Schonhorn, Manuel R. "Defoe's Pirates: A New Source." *Review of English Studies* 14.56 (1963): 386-89.

Shoemaker, Robert B. "The Street Robber and the Gentleman Highwayman: Changing Representations and Perceptions of Robbery in London, 1690–1800." *Cultural and Social History* 3.4 (2006): 381-405.

Sussex, Lucy. *Women Writers and Detectives in Nineteenth-Century Crime Fiction: The Mothers of the Mystery Genre*. New York: Palgrave Macmillan, 2010.

Tinkler, John. "'A Strange Original Notion … of My Being a Gentleman': The Gentility of Defoe's Rogues." *ESC: English Studies in Canada* 8.3 (1982): 282-95.

Todd, Dennis. *Defoe's America*. Cambridge: Cambridge UP, 2010.

Worthington, Heather. "From *the Newgate Calendar* to Sherlock Holmes." *A Companion to Crime Fiction*. Ed. Charles J. Rzepka and Lee Horsley. Chichester, UK: Wiley-Blackwell, 2010. 13-27.

가정소설: 제인 오스틴의 『오만과 편견』

김진아

I. 가정소설의 특징

영국 소설사를 살펴보면 18세기 중반 이후 여주인공의 성격에 극적인 변화가 나타난다. 17세기 말과 18세기 전반의 소설 여주인공들은 자신의 운명을 스스로 주관하며 경제적 활동에 왕성하게 참여하는 한편, 성적 욕망의 주체로 그려지는 경우가 많았다. 일례로 18세기 초엽에 출간된 디포(Daniel Defoe)의 『몰 플랜더즈』(*Moll Flanders*, 1722)와 『록사나』(*Roxana*, 1724)에는 몸을 팔면서 적극적으로 재산을 일구는 여주인공이 등장한다. 또한 당시 소설계의 여성 트리오로 불리던 벤(Aphra Behn), 맨리(Delariviere Manley)와 헤이우드(Eliza Heywood) 등은 염정 소설(amatory fiction)에서 성적인 모험에 개방적인 여성인물을 다룬다. 반면 리차드슨(Samuel Richardson)의 『파멜라』(*Pamela*, 1740)와 『클래리사』(*Clarissa*, 1748)를 필두로 18세기 후반과 19세기 초반 소설에서는 여주인공의 탈성화(desexualization) 경향이 두드러지게 나타난다. 특히 당대 주요 소설 장르 중 하나였던 '가정소설'(the domestic novel)에서는, 순결하고 정숙한 가정적 여성상이 왕정복고기 코메디나 17세기 말 18세기 초 소설에 등장하는 재치 있고, 능

변이며, 성에 대해 솔직했던 여주인공을 제치고 주인공으로 등장하게 된다. 가정소설을 필두로 여성은 '타락한 이브'에서 벗어나 '도덕의 수호자'로 자리매김하게 되고, 결국 타인의 안위를 자신의 욕망보다 우선시하는 빅토리아 조의 '가정의 천사' 이미지로 나아가게 된다.

본고에서는 18세기 후반의 주요 장르인 가정소설과, 가정소설의 주인공인 '이상적 가정적 여성상'(the ideal domestic woman)의 역사적, 계급적, 경제적, 젠더 이데올로기적인 함의를 살펴볼 것이다. 그 전에 우선 가정소설의 주요 특징에 대해 간략하게 정리해보고자 한다. 가정소설은 주로 여성 작가에 의해 여성 독자를 위해 쓰여진 장르로서, 중간계급 여성을 소설의 중심인물로 삼아 그들의 내면적이고 외부적인 경험을 중점적으로 그려낸다. 그리고 여성의 사회 경제적 지위, 가부장제 사회에서의 여성의 억압, 여성 교육의 문제, 결혼 제도 등 광범한 주제에 관심을 보이며, 여성 독자에게 교훈적인 가르침을 주고자 한다. 대다수의 가정소설은 여주인공이 사교계에 데뷔하는 시점부터 자신이 선택한 구혼자와 행복한 결혼에 이르는 구혼의 시기를 다룬다는 점에서 구혼소설(the courtship novel)의 형식을 띤다. 가정소설과 구혼소설은 엄밀히 구별되지 않으며, '가정적 구혼 소설'(the domestic courtship novel)이라는 표현도 흔히 쓰인다. 18세기에 결혼은 부모들이 점지해주는 배우자와 혼인하는 중매결혼이 아니라 개인의 선택이 된다. 그러므로 가정소설에서는 여주인공이 올바른 배우자를 선택하는 과정이 중요하게 다루어진다. 그리고 결혼은 가문 간의 경제적 교환이 아니라 남녀 간의 사랑과 개인적 선택에 기반을 둔 동반자적 결혼(the companionate marriage)으로 나아간다.

가정소설에서의 사랑은 육욕에 기반한 열정이나 첫눈에 빠지는 운명적 사랑이 아니라 상대방에 대한 합리적 판단과 이해에 기반한 상호 존경과 존중(esteem)에서 온다. 그러므로 가정소설에서는 사랑과 결혼에서 섹슈얼리티의 요소가 사라진다. 제국의 건설과 이국에서의 모험을 다루는 모험 소설이나, 혹은 먼 과거의 역사에 배경을 둔 역사 소설과 달리, 가정소설은 가정이라는 공간에서 일어나는 일상적 삶을 배경으로 하고 있으므로, 여성 작가들이 소설계로 진입하는 관문을 낮추었다. 당대 많은 여성 작가들은 글을 씀으로써 생계를 유지하는 것이 가능해졌고, 소설을 통해 공적인 목소리를 내는 것도 가능해졌다. 18세기 후반에서 19세기 초반에 여성 소설가의 숫자는 남성 소설가보다 압도적으로 많았고 인기도 좋아서, 남성 작가가 여성의 필명을 사용해야 하는 경우도 잦았다.[1)]

무엇보다도 가정소설에서는 중산층 여주인공의 가치화(valorization)가 일어난다. 가정소설에서는 여주인공의 계급적 지위, 출생 신분, 그리고 가문이나 재산보다, 그녀의 성격, 감정, 도덕성 등 내면적 가치가 중요하게 여겨진다. 톰슨(James Thompson)은 당대 구혼 소설에서 외적인 가치(extrinsic value)에서 내적인 가치(intrinsic value)로의 전환이 일어난다고 보며, 구혼 소설은 주인공의 "내면적 가치를 이데올로기적으로 재수립"하는 역할을 한다고 주장한다(21). 당대 가정적 구혼소설은 여주인공의 개인적인 가치를 계급적 지위보다 우위에 놓는다(19-20). 여주인공이 "그녀가 가지고 오는 것"이 아니라, 그녀 자신으로서 가치 있게 여겨지는 과정, 즉 그녀가 단순히 "재산이나 상속의 수단이나 재현"이라기보다 그녀 자체로서 "비할 바 없이 귀중한 보물"이나, "아주 가치 있는 보석"(21)으로 인식되는 과정이 소설에서 다루어진다는 것이다. 이렇게 볼 때 가정소설 담론은 여주인공의 숨겨진 내면적인 가치 찾기의 과정이 된다.

대부분의 가정소설은 '계몽주의 페미니즘'(Enlightenment Feminism)

이라는 주제를 담고 있다. 당대의 계몽주의 철학에서는 남성은 이성, 여성은 감성이라는 등식을 주장하며 감성적인 존재인 여성은 남성의 판단과 의지에 복종해야 한다고 역설한다. 그러나 가정소설은 여성 역시 이성을 갖춘 합리적인 존재이며 시민 사회의 동등한 일원임을 주장한다. 마지막으로 가정소설에서 여주인공이 성취해야 할 가장 중요한 과제이자 인생의 가장 큰 축복은 가정의 행복이다. 여주인공은 가정적 행복을 성취할 자질을 이미 갖고 있는 인물이거나, 그렇지 않을 경우 교육과 성장을 통해서 이상적인 가정적 여성상의 자질을 얻게 된다. 그리고 현모양처가 되어 훌륭한 가정을 이끌고 나갈 수 있는 인물은 행복한 결혼이라는 보상을 받지만, 그렇지 못한 여성 인물, 즉 가정적 여성상의 이상에 부합하지 못하는 인물은 대개 벌을 받게 된다. 한편 여러 가정소설에는 여주인공이 권위적이고 탐욕적인 부모나 후견인, 사악하고 반인륜적인 바람둥이 남성 등에 의해 삶의 어려움을 겪은 후, 고난과 역경을 이겨내고 모범적인 여성의 삶을 살아가는 줄거리가 등장하기도 한다.

가정소설의 대표작에는 다음의 작품이 있다.

새뮤얼 리차드슨(Samuel Richardson): 『파멜라』(*Pamela,* 1740); 『찰스 그랜디슨 경』(*Sir Charles Grandison*, 1753).

메리 콜리어(Mary Collyer): 『펠리시아가 샬롯에게』(*Felicia to Charlotte*, 1744, 1749).

새러 스콧(Sarah Scott): 『코닐리어 이야기』(*The History of Cornelia,* 1750).

일라이자 헤이우드(Eliza Haywood): 『벳시 쏘우트리스 이야기』(*The History of Miss Betsy Thoughtless*, 1751).

샬롯 레녹스(Charlotte Lennox): 『소피아』(*Sophia*, 1762).

프랜시스 브룩(Frances Brook): 『레이디 줄리아 맨드빌 이야기』(*The History of*

Lady Julia Mandeville, 1763).

프랜시스 버니(Frances Burney): 『이블리나』(*Evelina*, 1778); 『세실리아』(*Cecilia*, 1782).

샬롯 스미스(Charlotte Smith): 『에멀린』(*Emmeline*, 1788).

인치볼드 부인(Mrs. Inchbald): 『단순한 이야기』(*A Simple Story*, 1791).

제인 웨스트(Jane West): 『가십 이야기: 전설적인 이야기』(*A Gossip's Story, and A Legendary Tale*, 1796).

마리아 에지워쓰(Maria Edgeworth): 『벨린다』(*Belinda*, 1801).

해나 모어(Hannah More): 『어느 독신자의 아내 찾기』(*Coelebs in Search of a Wife*, 1809).

메리 브런튼(Mary Brunton): 『자기 절제』(*Self-Control*, 1810).

제인 오스틴(Jane Austen): 『노생거 애비』(*Northanger Abbey*, 1818); 『이성과 감성』(*Sense and Sensibility*, 1811); 『오만과 편견』(*Pride and Prejudice*, 1813); 『맨스필드 파크)(*Mansfield Park*, 1814); 『엠마』(*Emma*, 1815); 『설득』(*Persuasion*, 1818).

수잔 페리어(Susan Ferrier); 『결혼』(*Marriage*, 1818).

II. 가정적 여성상의 이데올로기적 함의

울프(Virginia Woolf)는 「여성과 직업」이라는 연설문의 원고에서 가정적 여성상이 "대영 제국, 우리의 식민지, 빅토리아 여왕, 중산층의 성장 등등"과 깊은 관계가 있음을 피력하고 있다(xxx). 울프가 예리하게 지적하듯 가정적 여성상은 여러 이데올로기가 복잡하게 얽혀 있는 개념이다. 이번 섹션에서는 가정소설의 주인공인 이상적인 가정적 여성이 갖는 복합적인 면모에 대해 살펴보고자 한다.

앞서 언급한 대로 18세기 중엽 이후 탈성화되고 도덕적인 가정적 여성상이 칭송받으면서, 문학과 다른 담론에서 여성을 성적인 존재로 비판했던 여성혐오 경향은 가정적 여성상에 대한 예찬(the cult of domestic womanhood)에 자리를 내주게 된다. 이 가정적 여성상의 중심에 자리 잡고 있는 것은 이타적이고 무성적인(sexless) 존재인 어머니로서의 여성이다. 당시 모성애에 대한 예찬과 더불어 어머니와 아이들 사이의 감상적이고 끈끈한 애정 역시 새롭게 문학의 지평에 중요한 주제로 등장하게 된다.[2] 가정소설이나 품행지침서에서는 아이들에 둘러싸여 있는 애정 깊은 어머니를 그린 가족 초상화가 문화적 아이콘으로 종종 등장한다. 에지워쓰의 『벨린다』에는 이상적인 현모양처 퍼시벌(Percival) 부인이 아이들에게 둘러싸여 있는 가족 초상화가 등장한다. 이 초상화는 어머니를 둘러싸고 있는 아이들이 "어머니의 삶의 기쁨이며 자랑"이라는 점과 어머니의 얼굴에 나타난 "자연스러운 애정의 표현"을 보여주면서, 당시 가정소설의 핵심 주제인 가정의 행복을 상징적으로 보여준다(236). 이 초상화는 어머니와 아이들 사이의 따뜻한 애정의 끈을 부각시킴으로써 18세기 중엽 이후 등장한 여성관, 즉 여성은 본성적으로 자비로운 어머니이고 아내이며, 여성의 고유한 장은 가정이라는 이데올로기를 효과적으로 홍보한다. 한편으로 이 초상화는 바르트(Roland Barthes)가 말하는 '신화'(myth)로서, 역사적이고 문화적이고 이데올로기적인 구성물인 가정적 여성상을 여성의 '타고 난 자연스러운 본성'으로 환치하는 역할을 한다. 그럼으로써 가정적 여성상이 실은 당시 영국 사회의 구체적 역사적 맥락에서 구성된 개념이라는 사실을 은폐한다.

당시 영국은 산업혁명에 따른 자본주의 발달 및 제국주의 건설에 따른 인력확충이 필요했고, 인구는 곧 국력이라는 담론이 팽배했다. 그러므로 아이들을 낳고 키우는 어머니의 역할이 강조되면서 모성에 대한 예찬이 유행한다. 페리(Ruth Perry)는 모성에 대한 찬양이 영국의 경제적, 정치적, 제국주의적 필요에 의해 여성의 몸이 식민화되는 과정을 호도한다고 해석한다. 그래서 그녀는 근대에 등장한 모성에 대한 찬양을 영국 내의 인클로저 운동이나, 산업주의, 영국식민지 건설과 관련시켜 비판한다.[3)]

> 근대화 초기에 구성된 모성이라는 개념은 농업의 자본주의화, 제조업의 산업화, 민족국가의 제도화와 유사한 생산중심의 현상 속에서 발생했다. 다시 말해, 가족의 심리적인 성좌의 재배열—어린 시절의 발명과 모성의 발명—은 현존하는 사회체제를 팽창하는 대영제국의 새로운 정치적·경제적 필요에 적응하도록 하기 위한 것이다. (206)

페리는 대영제국의 산업화와 제국주의 건설을 위해 여성의 역할을 어머니 역할로만 묶어 놓는 것은, 여성이 가정의 의무를 위해 자신의 모든 쾌락과 욕망을 포기하도록 만드는 제한적이고 억압적인 성이데올로기를 창출해낸다고 비판한다(206). 많은 비평가들은 페리의 관점에 동의하며 가정적 여성상이 여성을 통제하고 지배하려는 남성 지배 전략의 일환이라고 해석한다. 예를 들어 르게이츠(Marelene Legates)는 새로운 여성상이 남성의 필요에 의해 만들어졌다고 비판하면서 루소의 말을 인용한다. "만약 여성에게 고유한 특성인 소심함, 정숙함, 겸손함이 사회적 발명이라면, 여성이 이런 특질을 획득해야 하는 것은 사회의 이익을 위해서다. 이런 특질이 여성에게서 계발되어야 한다" (39). 이글튼(Terry Eagleton) 역시 여성성에 대한 찬양은 남성 헤게모니를 훼손하는 것이 아니며, 여성을 억압하는 바로 그 체제를 지지하고 있다고 주장한다(15).

오랫동안 많은 비평가들을 괴롭혔던 문제는 어째서 당시 남성 작가뿐 아니라 수없이 많은 여성작가들이 여성을 성적으로 억압하고, 여성의 역할을 단지 현모양처로만 묶어 놓음으로써 가부장제의 이데올로기에 봉사하는 것처럼 보이는 가정적 여성상을 적극적으로 받아들이고 옹호했는가 하는 점이었다. 예를 들어 아그레스(Lynn Agress)는 어째서 여성작가들이 이토록 수동적으로 보이는 여성상을 창조하고 유통하는데 적극 가담했는지 의문을 제기하면서, 이들을 여성 자신의 가장 강력한 적이라고 규정한다(56). 코왈레스키-월러스(Beth Kowaleski-Wallace)는 여성 작가들이 순종적인 딸로서 지배적인 가부장제의 권력을 내면화하면서 이런 여성상을 유포한 것이라고 해석한다. 즉, 이들 여성작가들이 "가부장제 구조와 공모"를 하고 있다는 것이다(10). 이렇듯 아그레스와 코왈레스키-월러스는 여성들이 가정적인 여성상을 고취하는 것은 지배적인 가부장제의 편의를 위한 것으로 해석한다. 그들은 이 여성작가들을 사회와 적극적으로 상호작용하는 주체가 아니라 단순히 가부장제에 종속된 수동적인 객체로 파악한다. 또한 이들은 가정적 여성상이 남성의 이익에 대한 일방적인 반영이라고 해석함으로써 이 여성상이 갖는 다양한 이데올로기적인 함의를 간과한다. 가정적 여성상이 형성된 구체적인 역사적 맥락을 살펴보면, 여성작가들이 이 여성상을 받아들인 것은 단순히 남성이데올로기에 순응한 것이 아니라, 여성작가들 자신의 이익에 대한 적극적인 반영이기 때문이기도 했다는 사실이 밝혀진다. 또한 많은 여성작가들이 이 여성상을 맹목적으로 받아들여 고취시켰던 것이 아니라, 이 여성상에 내재되어 있는 남성지배적이고 억압적인 측면에 대해서 적극적으로 대항한다는 사실도 알 수 있다.

당시 영국 여성작가들은 가부장제 사회에 종속된 일원일 뿐 아니라, 상승하는 중간계급의 일원이자 급속히 팽창하는 식민종주국의 일원이기도 했다. 그러므로 백인 중간계급의 여성으로서 그들의 이해관계는 여성으로서의 이해관계뿐 아니라 계급적, 인종적 이해관계와도 밀접하게 연결된다. 여성작가들의 다양한 사회적 위치만큼이나 당시의 이상적 여성상도 계급, 제국주의, 가부장제 등의 사회적 요소들이 교차하는 매우 모순되고 복잡한 함의를 지닌다. 우선 도덕적으로 고양된 중산층의 가정적 여성상은 귀족여성들의 타락과 성적 방종을 공격하는 이데올로기적 장치 역할을 함으로써 당시 중산층의 헤게모니 투쟁에 일조한다. 그러므로 많은 여성작가들은 상승하는 중간계급의 일원으로서 미덕의 화신인 모범적인 여성상을 고취시켰다. 식민주의 맥락에서 보면, 정숙하고 도덕적인 여주인공들은 경박하고 방탕한 식민지 여성들과 대비됨으로써 영국 제국주의에 도덕적 정당성을 부여하는 역할을 했다. 팽창하는 제국의 수혜자로서 여성 작가들은 식민지에 대한 자신들의 우월함을 이 청순한 여성상을 통해 공고히 하고자 했다. 그러나 다른 한편으로 공적, 사적 영역의 인위적 분리에 기반을 둔 가정적 여성상은, 18세기 후반 이후 새로운 여가와 교육에 의해 여성들이 공적 영역으로 진출함에 따라 전통적인 성 역할이 붕괴해 가는 것에 대한 남성의 불안감이 반영된 인물이기도 하다. 가정적 여성상이 이와 같이 복잡한 함의를 띠고 있기 때문에 당대 여성 작가들이 이 여성상과 맺는 관계 역시 양가적이고 복잡한 양상을 지닌다. 이들은 중간계급 혹은 제국주의의 상징자본으로서의 도덕적인 가정적 여성상을 적극 찬양하는 한편, 남성들의 지배 전략으로서의 이 여성상의 측면에 대해서는 다양한 전복적인 전략을 써서 대항했다. 다음에서는 우선 가정적 여성상의 계급적이고 경제적인 함의를 살펴보고자 한다.

III. 중산층의 상징자본으로서의 가정적 여성상

부르디외(Pierre Bourdieu)는 인위적이고 임의적인 위계적 사회질서를 자연스러운 질서로 정당화시켜 주는 메커니즘을 상징자본이라고 부른다. 상징자본은 경제자본, 문화자본, 사회자본을 정당한 것으로 승인함으로써 인위적이고 자의적인 질서를 오인을 통해 정당화시키는 사회적인 의미관계를 지칭하는 것으로, 미덕, 신용, 명예 등이 여기에 속한다. 의식, 명예, 위신이 상징적 효과로 사회적 관계구성에 영향을 줄 때 이들은 상징자본이 될 수 있다. 상징자본은 다른 자본을 승인하거나 자의적 사회관계에 정당성을 주는 상징적 힘을 갖고 있다. 따라서 상징자본은 경제자본이나 문화자본에 따라 형성된 지배-권력관계를 정당화시키는 기능을 한다. 지배의 정당성을 확보하기 위한 투쟁은 현실에 대한 특정한 해석과 관점을 둘러싸고 일어난다(Harker, Mahar and Wilkes 5, 24). 이런 의미에서 가정적 여성상은 18세기 말에서 19세기 초의 사회현실에 대한 특정 관점을 부각시키는 상징자본의 역할을 한다. 즉, 순결하고 도덕적으로 고양된 가정적 여성상은 중간계급이 귀족과 헤게모니 투쟁을 하는데 일조하면서, 중간계급의 권력을 정당화하는 역할을 했다. 맥키언(Michael McKeon)은 가정소설에 등장하는 가정적 이상이라는 문화적 기제가 출생신분과 개인의 가치를 분리하고 중간계급에 도덕적인 가치(moral valuation)을 부여함으로써 당대의 계급 위계에 저항하는 전복적인 역할을 한다고 본다(309-10). 그리고 켈리(Gary Kelly)는 중간계급의 순결한 여성상은 성적으로 방종한 귀족계급 및 하층계급과 자신의 계급을 구분하는 중간 계급의 '문화혁명'의 일환으로 본다(4).

암스트롱(Nancy Armstrong)은 과연 무엇이 여성을 "바람직한"(desirable) 존재로 만드는가 라는 주제가 가정소설 담론의 핵심이라고 주장한다. 소설담론에서 새롭게 바람직한 존재로 '가치화'되는 중산층 여성은, 귀족계급 여성이 표면적이고 외재적인 가치를 구현하는 것과 달리, 내면적인 자질을 구현하고 있다. "전통적인 신분의 기호"로서 기능했던 귀족계급의 여성이 사회적 지위와, 재산, 혹은 외모 등 물질적이고 "표면"적인 가치를 "전시"(display)한다면, 중산층 여성은 인품, 미덕, 정숙함, 지성 등의 내면적 자질을 고유한 가치로서 갖는다. 이렇듯 귀족여성의 가치를 폄하하면서 중산층 여성이 구현하는 가치를 높이 사는 것은, 소설이라는 장르가 귀족계급에 대항하는 중산층의 문화적이고 상징적인 헤게모니 투쟁을 담당한 담론의 일환이기 때문이기도 하다(*Desire* 2-3, 18-19).

당시 많은 소설가는 중산층의 일원으로서, 이상화된 가정적 여성상이라는 문화적 구성물을 고취시키고 있다. 특히 많은 가정소설에서는 중간계급 출신의 이상적인 여주인공을 방탕한 귀부인과 대비시켜 형상화한다. 오스틴은 『맨스필드 파크』에서 도덕적인 내면적 자질을 갖춘 중간계급 여주인공인 패니 프라이스(Fanny Price)가, 사촌인 남작의 딸들이나 상류층의 메리 크로포드(Mary Crawford)를 제치고 맨스필드 장원의 정신적 여주인이 되는 과정을 그린다. 에지워쓰의 『벨린다』에서는 평민인 벨린다가 방탕한 귀족 들라꾸르(Lady Delacour)부인을 개심시키고, 그녀에게 '참된 가정의 행복'을 가르쳐준다. 페리어(Susan Ferrier)의 『결혼』에는 극도로 이기적이고 낭비벽이 심한 백작의 딸인 줄리아나 부인(Lady Juliana)의 쌍둥이 딸들 이야기가 대비되어 나온다. 쌍둥이 딸 중 하나는 영국의 귀족 집안에서, 다른 하나는 스코틀랜드의 중간계급 집안에서 양육된다. 그 결과 전자는 공작과의 정략결혼을 간통으로 끝내고 국외로 추방되며, 후자는 착하고 따뜻한 가정적 여성이 되어 행복한 결혼에 이른다. 이 소설들은 중간계급 여성의 내면적 가치가 귀족계급 여성의 재산이나 가문보다 훨씬 가치 있다는 점을 그려냄으로써 중간층의 상승을 정당화하는 역할을 담당하고 있다.[4] 가정적 여성상이 이와 같이 중간계급의 정당성 확보의 일환으로 작용하기 때문에, 보수적인 복음주의자 모어(Hannah More)부터 급진적 공화파 울스톤크래프트(Mary Wollstonecraft)에 이르기까지 수많은 여성작가들이 이 여성상을 찬양한다. 마이어스(Mitzi Myers)가 지적하듯, 이 두 작가가 찬양하는 여성상은 근면과, 의무, 그리고 가족을 강조하는 부르조아 이데올로기를 바탕으로 하고 있는데, 이 이데올로기는 당시로서는 기존질서를 찬양하는 것이 아니라, 그것을 비판하는 진보적인 함의를 띠고 있었던 것이다(203).

이제 가정소설에서의 이상적인 가정적 여성상이 경제영역과 맺는 관계를 간략하게 살펴보자. 부르디외는 상징재화, 즉 의복 코드, 표준어, 생활양식, 취미 등은 기본적으로 물질적 이해관계에 바탕을 두고 있지만, 물질적 이해관계와는 무관한 것으로 잘못 인식됨으로써(misrecognition) 사회 지배의 정당성 확보에 일조한다고 본다(183). 가정적 여성상은 물질적인 이해관계와 무관해 보이지만, 실상은 당대의 경제영역과 보다 직접적이고 밀접한 관계를 맺고 있다. 이런 의미에서 가정적 여성상 역시 일종의 상징재화라고 볼 수 있다.

가정이라는 영역은 오랫동안 남성의 공적영역인 경제 영역과 대비되는 사적영역으로서, 남성이 치열한 경쟁의 세계에서 돌아와 쉴 수 있는 휴식처로 해석되어 왔다. 20세기 말까지도 가정은 경제영역과 다른 가치를 제공하고 있다고 여겨졌다. 그리고 경쟁의 논리로 지배되는 경제적 영역에서는 가능하지 않은 피난처 역할을 한다는 견해가 지배적이었다. 예를 들어 1990년에 발표된 『가정적 개인주의』(*Domestic Individualism*)에서 브라운(Gillian Brown)은 시장경제가 급속히 확장되던 당시에 미덕을 갖춘 여성이 관장하는 가정은 변덕스럽고 불안정한 경제영역과 대비되는 안정된 사적 영역을 제공한다고 본다. 그녀는 또한 "변화의 한 가운데서 가정이라는 영역은 항상 개인에게 피난처를 제공한다. 가정은 시장과는 동떨어진 개인성의 사적 영역을 의미하게 된다"라고 주장한다(3). 그러나 많은 역사학자들은 이런 견해에 반대하며, 겉보기에 비물질적인 가치를 구현하는 듯 보이는 가정이 사실은 "화폐의 부족으로 인해 신용에 기반을 두고 돌아가던" 당시 경제에서 핵심적인 역할을 했다는 것을 지적한다(Brewer 206). 개인의 신용(creditworthiness)은 품성(character)과 뗄 수 없이 연결되어 있고, 품성을 보증하는 한 요인은 교외의 큰 저택과 현모양처에 의해 잘 운영되는 조화롭고, 평화로우며, 번성하는 듯 보이는 가계였다. 이런 의미에서 마이클즈(Teresa Michaels)는 우리가 "개인적 품성을 시장에서의 익명성에 대비되는 것으로" 여기는 경향이 있지만, 실제로 이 역사적 시기에 "품성은 시장의 기반을 이루고 있었다"고 주장한다(55). 그러므로 '신용-품성-가정'은 뗄 수 없이 밀접한 항들로서 경제의 핵심에 놓여 있었다. 암스트롱은 당시 조화롭고 번성하는 가계는 "은행에 있는 돈" 만큼이나 신용에 중요한 요소였기 때문에, 전문직종이나 사업에 종사하는 사람들은 잔디밭과 정원이 딸린 런던 교외의 큰 집을 경쟁적으로 사들여 이를 자신의 신용 지표로 삼았다고 설명한다. 또한 암스트롱은 중간 계급에게 가정에서의 행실은 신용에 핵심적이었기 때문에, 18세기 초에 빈번했던 가정폭력이 19세기 초가 되면 많이 사라진다는 사실을 지적한다. 즉 사업에 종사하는 사람들은 평화로운 가정을 유지할 수 있는 품성과 자질을 세상에 보여주어야만 신용을 유지할 수 있었던 것이다. 당시 "문화자본은 [경제] 자본과 실질적으로 구분되지 않으면서" 서로 뗄 수 없이 얽혀 있었다 ("Captivity" 380). 이런 점에서 화목하고 안정된 가정의 이미지를 관리하는 임무를 맡은 가정적 여성상은 그 자체로 경제적 요소로 작용한다(Davidoff and Hall 208).

다른 한편으로 18세기와 19세기 초에는 신용의 그물망에 경제가 의존하고 있었으므로, 빚과 외상 등을 잘 관리하는 것이 사업에 있어서와 마찬가지로 가계에 있어서도 필수적인 일이었다. 그 당시는 역사상 전례 없는 물질적 풍요를 이루고 있던 시기였고, 엄청난 소비자 수요와 더불어 소비 혁명이 일어나고 있던 시대였다(McKendrick 1-3). 그러므로 사치 및 과잉 소비, 과시적 낭비 등이 큰 경제적 이슈로 등장했다. 중산층 가정에서 여성의 덕성은 자본주의 사회에서 남성이 성공하기 위한 덕성과 마찬가지로 근검, 절약, 자기 규율, 의무에의 헌신, 합리성 등이었고, 이상적인 가정관리자로서의 여성이 매우 중요한 의미를 띠게 되었다. 당시 가정소설에서는 종종 알뜰하고 검소하게 집안 살림을 꾸려 가는 중간계급 부인과 집 밖에서 쾌락과 권력을 쫓으며 심한 낭비벽과 과소비로 집안을 망하게 하는 귀족 부인이 대비되어 등장하기도 한다. 『벨린다』에서 귀족인 들라꾸르 부인은 막대한 재산을 경쟁적이고 과시적인 파티나 의상 등에 쏟아 부어 결국 경제적 곤경에 처하게 된다. 『결혼』에서도 귀족인 줄리아나 부인은 극심한 낭비벽으로 인해 남편을 빚쟁이 감옥으로 보낸다. 줄리아나 부인의 남편은 결국 인도에서 외로운 죽음을 맞게 된다. 반면 중간계급 출신의 이상적 여주인공은 '가정 경제'(domestic economy)를 운영하는데 필요한 핵심적인 자질을 갖추고 있는 것으로 그려진다.

소설과 잡지, 품행지침서 등 각종 충고 문학에서의 이상적인 가정적 여성의 형성은 이와같이 계급적, 경제적 맥락과 긴밀히 연결되어 있다. 이런 맥락에서 볼 때, 당시 여성작가들이 여성에게 억압적인 젠더이데올로기처럼 보이는 중간계급의 가정적 여성상을 고취했던 것은 자신이 속한 계급의 경제적 이익과도 밀접한 관계가 있었기 때문이라고 볼 수 있다.

IV. 분리된 영역의 이데올로기와 가정적 여성상

이상적인 가정적 여성상에 대한 문화적, 이데올로기적 구성은 남성의 공적 영역과 여성의 사적 영역의 분리라는 '분리된 영역의 이데올로기'(the ideology of separate spheres)와도 뗄 수 없이 연결되어 있다. 18세기 동안 가정이라는 영역은 정치적, 경제적, 계급적인 여러 측면과 뗄 수 없이 연결되어 있었으나, 남성 충고문학과 품행지침서는 가정이 공적 영역과는 분리되고 고립된 사적 영역이라는 점을 거듭 강조한다. 그리고 여성의 고유한 영역은 가정이므로, 여성은 공적 영역을 넘보지 말고 가정 관리에만 충실해야 한다는 충고를 계속한다. 예를 들어 조나스 한웨이(Jonas Hanway)는 『겸허한 삶의 미덕』(*Virtue in Humble Life*)에서 "자연의 저자(신)는 여성들이 가정적인 일에만 국한되어야 하도록 의도했다."(Leppert 233 재인용)고 주장한다. 애디슨(Joseph Addiosn)과 스틸(Richard Steele)도 집 밖에서 세상의 이목을 집중시키기를 좋아하는 여성을 공격하면서 가정 내에서 기쁨을 찾는 여성을 적극 찬양하고 있다(I: 68-69). 많은 역사학자들은 공적 영역과 사적 영역 사이의 구분은 자본주의 사회가 형성되면서 집과 일터가 분리되자 이전에 남성과 더불어 적극적으로 경제 영역을 담당했던 여성이 집안에만 머물면서 남성경제력의 상징으로 전락한 탓이라고 해석했다. 레퍼트(Richard Leppert)는 이런 관점을 반영하며 "여성은 가정의 벽 안에 실제로도, 은유적으로도 갇혀서 생활을 영위했다. 여성은 결혼하고 애를 낳는 두 가지 과업을 빼고는 남성을 위한 장식품에 지나지 않았다"(30)라고 주장했다.

그러나 다른 역사학자들은 이 당시 여성의 삶이 충고문학에서 그리는 것과는 사뭇 달랐을 것이라고 분석한다. 당시 여성들의 편지, 일기 등을 검토한 역사학자들은 18세기와 19세기에 점점 더 많은 중산층 여성이 교육을 받게 되면서, 여성의 활동에 있어서 공적 영역과 사적 영역의 분리에 심각한 균열이 가기 시작했다고 주장한다. 콜리(Linda Colley)는 여가와 교육, 도시화 등의 덕분으로 ―역사상 처음으로― 많은 중간계급 여성이 문화적, 정치적 활동 등에 적극적으로 참여하기 시작했다고 분석한다. 이 당시 여성들은 프랑스와의 전쟁을 돕기 위한 애국적인 활동, 종교적이고 지역적인 자선활동, 여성을 위한 여러 대의명분을 위한 서명운동, 노예해방운동 등에 참여했고, 정치캠페인, 공적인 이슈에 대한 팜플렛 작성, 문학 활동에도 일조했다(Colley 260-81). 가정소설, 감상소설이나 고딕소설 저자의 많은 수가 여성이었고, 소설의 독자 역시 중산층 여성이 많았다. 또한 여성은 물질적 풍요와 더불어 대중적 소비를 위해 역사적 지평에 처음으로 등장한 "양성 모두를 위한 공공장소"(hetero-social public space)-상점, 극장, 공원, 가면무도회장, 음악회장, 오페라극장 등등―에서 자신만의 쾌락을 자유롭게 추구할 수 있었다(Barker-Benfield xxvi). 이런 역사적 연구와 더불어 가정적인 여성상이라는 것이 실제 여성들의 삶의 반영이 아니라 이데올로기적 요청이었다는 주장이 강하게 제기된다. 즉, 당대에 높이 찬양되는 가정적 여성상의 이면에는 급속히 무너지고 있는 공적영역과 사적영역의 경계에 대한 남성들의 불안감이 반영되고 있다는 것이다. 실제로 품행지침서에는 젊은 여성들이 집에 머물지 않고 밖에 나가 즐길 수 있게 된 "타락한 시대"에 대한 비판과 한탄도 흔히 나타난다(Fordyce iii). 이런 사실을 염두에 두고 빅커리(Amanda Vickery)는 가정적 여성에 대한 찬양은 여성이 공적영역으로 진출하는 데 대한 "남성의 불안감과 공포"를 반영한다고 해석한다(400). 콜리 역시 가정을 여성의 유일한 영역이라고 주장하는 목소리가 높았던 것은, 영국여성들이 점점 더 많이 공적인 영역에 참여함으로써 전통적으로 남성과 여성을 구분하는 경계가 더욱 더 불안정해지고 있다는 사실에 대한 반응이라고 주장한다(250). 특히, 미국 혁명, 프랑스 혁명과 더불어 보편적 남성참정권에 대한 목소리가 높아지면서, 여성들 역시 같은 권리를 주장하는 것을 어떻게 방지할 수 있을지에 대한 문제가 제기된다(Colley 239). 한 가지 대응은 남성과 여성 사이의 신체적, 지적, 정서적, 기능적 차이에 대해 새롭게 강조하는 것이었다. 그 결과 "18세기에는 남성적인 것과 여성적인 것, 공적인 것과 사적인 것, 가정과 '세계' 등이 이항대립의 형태를 띠게 되면서 젠더 이데올로기가 이 대립을 중심으로 형성"되었다(Shevelow 10).

남성과 여성 사이의 근본적 차이를 강조하는 이론은 당시의 여러 담론 분야—철학, 의학, 해부학, 문학, 잡지 기사, 품행지침서—에서 성행했었다. 17세기까지는 남성과 여성은 거의 같은 존재지만, 거대한 존재사슬에서 여성이 남성보다 한 단계 열등한 자리를 차지하고 있다고 믿어졌다. 그러나 18세기 이후 여성에 대한 관점은 남성과의 동일성보다는 근본적인 차이에 대한 강조로 나아간다. 여성을 태생적으로 성적 욕망이 결여된 순결하고 탈성화된 존재로 만드는 젠더 이데올로기도 이와 같은 맥락에서 탄생한다. 인류학자 더글라스(Mary Douglas)는 『순수와 위험』(*Purity and Danger*)에서 사회적인 경계가 불안정해지면, 남성과 여성 사이를 가르는 선을 공고히 하려는 노력과 더불어 처녀성 예찬(the cult of virginity)이 부각 된다고 주장한다(159). 이렇게 보자면 정숙하고 순결한 여성상에 대한 강조 역시 급속한 사회적 변화에 대한 불안감을 반영한다고 볼 수 있겠다. 당시 여성이 여러 다양한 공공장소에서 아버지나 남편의 감독 없이 자유롭게 이성을 만나게 되면서 비밀결혼이나 이혼율도 급격히 높아졌다. 그러므로 남성들이 여성의 공공장소 출입에 대해 갖는 불안감은 한편으로는 여성의 제어되지 않은 성적 욕망에 대한 불안이기도 했다. 특히 프랑스 혁명 이후, 여성의 성적 방종은 가정의 평화를 깨고, 사회적 무질서와 혼란을 가져온다는 주장과 더불어 더욱 더 비판받게 된다. 당시 남성 품행지침서 작가들은 여성의 성을 효과적으로 통제하기 위해 정숙함과 순결함이 여성의 본성에 내재되어 있다는 것을 강조한다. 여성에게 정숙함의 미덕을 강조하는 것은 여성의 자유로운 성을 봉쇄하려는 이데올로기적 전략이다. 레퍼트는 이 점에 대해 다음과 같이 주장한다.

> 이런 글은 자신들이 주장하는 것처럼 여성의 미덕을 보호하는데 관심이 있는 것이 아니다. 오히려 이 글들은 여성의 성[적 방조]에 대한 두려움의 표현이며 통제에 대한 관심을 보여준다. 여성의 잠재된 관능성은[…] 일단 풀려나면 끝이 없이 증가해서 여성을 위험한 괴물로 바꿀 것이라고 이해되었다. (30)

품행지침서 작가들은 여성의 성을 통제하기 위해 여성의 순결을 강조하는 동시에, 여성다운 여성은 남성의 권위와 의지에 복종하고 종속해야 한다고 역설했다. 예를 들어 로드 케임즈(Lord Kames)는 "여성은 그 본성상 복종할 운명을 타고났기 때문에, 어릴 때 불평 없이 불공평함을 참도록 훈련되어야 한다. 남자는 그의 아내의 신체와 행위의 주인이다. 그의 의지야말로 법이다"라고 주장한다(Marshall 191 재인용). 루소 역시 여성다운 순종성과 상냥함을 여성의 핵심적 덕목으로 본다.

> 이러한 습관적인 억제에서 여성이 일생 동안 필요한 순종성이 나온다. 여성은 남자와 그의 판단에 언제나 종속되어야 하고, 그의 판단을 거스르면 안 되기 때문이다. 여성에게 가장 중요한 것은 상냥함이다. 왜냐하면 여성은, 자주 사악해지고 항상 단점으로 가득한 남자라는 불완전한 존재에게 복종하도록 형성되었으므로, 불평 없이 남편이 가하는 부정의에 굴종해야 하고, 그의 부당한 대우를 견뎌내야 하기 때문이다. (370)

이와 같이 남성 충고문학 작가들은 여성의 주체적 자율성과 의지를 규제하면서, 남성에게 순종적인 여성상을 고취시키기 위해 애를 쓴다. 그러나 당대 여성상에 대한 정의 속에 숨어 있는 가부장제 이데올로기에 대해서 여성작가들은 다양한 전략을 써서 대응했다.

V. 가정적 여성상에 대한 여성작가들의 대응

지금까지 살펴보았듯이, 가정적인 여성상은 당시의 다양한 역사적 상황과 이해관계를 반영하는 복합적이고 모순적인 개념이다. 앞서 본 것처럼 많은 여성작가들은 중간계급의 정당성 확보를 위한 상징자본으로써의 도덕적 여성상을 받아들였다. 그러나 중간계급의 이익을 위해 가정적 여성상이라는 중간계급 이데올로기를 고취할 때에도 가정적 여성상에 대한 정의 속에 숨어 있는 가부장제 이데올로기에 대해서는 여러 가지 방법으로 대응했다. 예를 들어 울스톤크래프트(Mary Wollstonecraft)는 방탕하고 성적으로 방종한 귀족부인을 비판하며 덕성 있는 중간계급 부인의 이미지를 받아들이면서, 당시의 중심담론에서 그러하듯 여성에 대한 정의의 핵심에 모성을 놓았다. 그러나 그녀는 여성의 가정적인 정체성이 그녀의 공적 시민으로서의 정체성과 결코 분리될 수 없다는 것을 강조했다. 그녀는 "만일 여성을 이성적 존재로, 자유로운 시민으로 만든다면, 여성은 곧 현모양처가 될 것이다"라고 주장하면서 남성과 여성의 평등하고 동등한 지위야말로 이상적인 가정적 여성상의 전제조건이라고 역설하고 있다(177). 울스톤크래프트는 여성의 가정에서의 역할을 부인하지 않으면서도, 관습적으로 남성의 공적 영역이라고 여겨졌던 부분까지 여성의 영역을 확장시킴으로써 좁고 제한된 여성성에 대한 정의를 확대하려고 애썼다.

『여성의 권리에 대한 옹호』(*The Vindication of the Rights of Woman*)에서 울스톤크래프트는 에지워쓰가 그려낸 퍼시벌 가족의 초상화와 흡사한 가족 초상화를 제시한다. "나는 아이들에 둘러싸여 있는 한 어머니를 본다. [⋯] 그녀의 눈은 아이들의 똘똘한 눈과 만나고, 건강과 순진함이 아이들의 통통한 볼에서 미소짓고 있다"(51). 울스톤크래프트는 모성을 예찬하는 이 초상화에서 어머니를 과부로 상정하고 있다. 이 아름다운 장면의 어머니는 남편 없이 혼자 힘으로 아이들을 키우느라 혼신의 힘을 다하고 있다. 울스톤크래프트는 당시 유행하던 모성적인 여성이라는 이미지를 채택한 뒤, 그것을 출발점으로 삼아서 여성이 훌륭한 어머니가 되기 위해서는, 그리고 여성이 남편을 잃고 난 뒤에도 행복한 가정을 꾸리기 위해서는, 정치적이고 경제적인 영역에서 남성과 똑같은 권리를 행사할 수 있어야 한다고 주장한다. 이 주장은 여성이 남성과 동등한 직업교육 기회와 취업 기회를 가져야 한다는 주장으로 이어진다. 울스톤크래프트는 가정적 여성의 정의에다 현모양처의 이미지뿐 아니라, 적극적인 시민이라는 정의를 포함시키려고 애쓴다. 그래서 수많은 남성 작가들이 사적인 영역에 갇혀 있는 여성상을 고취시키려고 할 때, 좁고 고정된 이미지를 전복하고자 노력하는 것이다.

또한 많은 여성작가들은 외적인 권위에 굴종하는 것을 거부하며 스스로의 주체적 판단에 따르는 적극적인 여주인공을 창조하기도 했다. 가장 두드러진 예가 『오만과 편견』의 주인공인 엘리자베스 베넷(Elizabeth Bennet)이다. 그녀는 레이디 캐서린(Lady Catherine)이 다아시(Darcy)와 절대로 결혼하지 않겠다고 약속하라고 강요할 때 "저는 단지 제 생각에 제가 행복해질 수 있는 방식으로 행동할 작정입니다. 부인이건, 혹은 나와 관계없는 어떤 사람의 의견이건 간에 신경 쓰지 않고요"(273)라고 강하게 응수한다. 이 구절에서 엘리자베스는 어떤 외부의 권위에도 기대지 않고 자신의 의지만으로 결정을 내리겠다고 밝힘으로써 토처트(Ashley Tauchert)가 지적하듯 "자율성에 대한 놀랄 정도의 선언"을 한다(79).

바흐찐(Mikhail M. Bakhin)은 개인화(individuation)가 발생하는 심리적 과정에서, 권위를 가진 언어와 내적인 설득의 언어가 대립하고 갈등한다고 본다. 권위적인 언어는 "종교적, 정치적, 도덕적"인 언어로서 아버지, 성인 그리고 교사의 언어이다. 반면 내적인 언어는 개인으로 하여금 자율적인 존재로 나아가게 만드는 언어로서 "모든 특권을 부인하고, 어떤 권위에 의해서도 지지되지 않는 언어이다"(342). 엘리자베스 베넷의 예에서 볼 수 있듯이 가정소설에서는 권위를 가진 인물의 목소리가 아니라, 주인공인 여성의 내면적 목소리와 판단이 우위에 있다. 그러므로 가진 것도 없고 내세울 것도 없는 여주인공의 권위와 자존심이 중요해지고, 계급이나 재산, 외모 등의 조건을 넘어서서, 이성과 판단력 그리고 내면적인 가치를 지닌 독립된 자율적인 개인으로서의 여주인공이 창조되는 것이다.

앞서 가정소설에서는 중산층 여성의 가치화가 일어난다고 언급했다. 이 중산층 여성의 가치화를 가장 잘 보여주는 작품 중 하나가 오스틴의 『오만과 편견』이다. 『오만과 편견』에서 오스틴은 엘리자베스 베넷이 재산, 미모, 가문 등 외적인 면에서는 아무 것도 내세울 것이 없지만, 그녀가 지성과 내면적인 자질을 갖춘 가치 있는 한 개인이라는 것을 보여준다. 그리고 엘리자베스 역시 어떤 누구와도 대등한 자신의 가치를 충분히 인식하고 있다. 샬롯 루카스(Charlotte Lucas)는 다아시 정도의 사회적 지위와 가문, 재산을 갖춘 사람이라면 충분히 그만한 자존심쯤 내세울만 하다고 말한다. 여기 대해 엘리자베스는 다아시가 나름대로 자부심을 가질 이유는 충분하지만 그렇다고 자신의 자존심을 건드릴 권리는 없다고 응수한다.

> "그분의 오만은, 오만이 흔히 그렇듯이 그렇게 기분 나쁘지는 않아." 루카스 양이 말했다. "왜냐하면 그럴만한 이유가 충분히 있으니까. 가문, 재산, 그리고 모든 것을 다 갖춘 그렇게 멋진 청년이 자신을 높이 평가하는 건 당연하잖아. 이런 말을 해도 된다면 난 그가 오만할 권리가 있다고 생각해." "맞는 말이야." 엘리자베스가 대답했다. "그래서 그 사람이 **내** 자존심(pride)을 해치지 않았더라면, 나도 그의 오만(pride)을 쉽게 용서할 수 있었겠지." (13, 작가의 강조)[5]

그녀는 다아시가 스스로에 대해서 자부심을 느껴서 오만한 것은 상관 없으나, 자신의 자부심과 자존심도 다아시에 못지 않다는 것, 다아시가 외적인 조건이 뛰어나다고 해서 다른 사람의 감정이나 자존심을 상하게 할 권리는 없다는 의견을 편다. 엘리자베스는 사회적 지위, 신분, 재산, 가문, 그리고 성의 차이도 넘어서서, 자신의 개인으로서의 가치가 다아시의 가치와 마찬가지로 중요하다고 주장하는 것이다. 그리고 이 소설은 다아시가 엘리자베스의 열등한 사회적 지위나 가문에도 불구하고 그녀가 진정으로 가치 있는 인물임을 깨달아 가는 과정을 보여준다. 다아시는 자신의 어마어마한 재산도, 훌륭한 가문도, 엘리자베스처럼 가치 있는 여성의 사랑을 얻기에는 충분치 않다는 것을 알게 되며, 그녀의 사랑을 얻기 위해서 자신의 성격과 가치관을 변화시키는 힘든 과정을 거친다. 그는 엘리자베스에게 "당신은 사랑받을 자격이 있는 여성을 기쁘게 하는데 내가 갖춘 자격이 얼마나 불충분한지를 보여주었습니다."(282)라고 고백한다. 변화한 다아시는 엘리자베스의 주장대로 그녀의 자존심도 그의 자존심만큼 중요하다는 것을 분명하게 받아들이게 된 것이다. 이런 상호 인정의 바탕 위에서 두 사람은 진정한 존경심과 평등에 바탕을 둔 동반자적 결혼으로 나아갈 수 있다. 이렇듯 이 소설은 중산층의 여주인공이 더없이 귀중하고 가치 있는 존재로 인식되는 가치화 과정을 훌륭하게 보여주고 있다.

중세의 고정된 신분사회를 벗어나서 근대사회로 넘어오면서 모든 개인은 이론적으로나마 평등한 권리를 갖게 된다. 모든 인간이 이성을 지니고 있다는 전제하에 모든 인간의 이론적인 평등을 주창했던 계몽주의 철학을 기반으로 한 프랑스 혁명과 미국혁명이라는 정치적인 대사건도 발생한다. 그러나 18세기의 계몽주의 철학자들은 이성이 남성에게 귀속된 전유물인 반면 여성은 단지 감성의 존재로 여겼다. 예를 들어 루소를 비롯한 남성 철학자들은 남성만을 이성을 지닌 존재로 규정하고, 여성은 남성에게 상대적인 존재로 남성의 판단만을 묵묵히 따르고 복종하며 남성을 위해 존재하면 된다고 주장한다. 그러나 여성작가들은 여성도 남성과 마찬가지로 판단의 능력을 갖춘 이성적 존재라고 주장한다. 프랑스 혁명에 대한 입장 차이 때문에 대다수의 여성작가들이 급진파와 보수파로 정파적 입장이 나뉘었지만, 모든 여성 작가는 여성이 남성과 마찬가지로 지적이고 이성적인 존재이며, 여성들이 지적 능력을 함양하기 위한 교육을 받아야 한다는 데 대해 이견이 거의 없었다. 일례로 보수적인 해나 모어는 『어느 독신자의 아내 찾기』라는 책의 여주인공 루실라 스탠리(Lucilla Stanley)를 라틴어에도 능통하고 학식이 깊은 이성적이고 합리적인 여성으로 창조한다. 울스톤크래프트는 여성도 남성과 마찬가지로 이성적인 존재라는 것을 역설한다. 그녀는 "이성은 […] 진리를 판별하는 능력이다. 모든 개인은 이 점에서 세계 그 자체이다. 사람에 따라 정도의 차이는 있겠으나 이성의 본질은 모든 이에게서 동일하다."고 주장한다(53). 그리고 "남성이 여성과 이성 사이에 끼어들어" 마치 여성에게는 이성이라는 특질이 허락되지 않은 것처럼 여기는 세태에 대해 문제를 제기한다(53). 울스톤크래프트는 루소가 "여성에게 이성을 부인하고, 그녀를 지식에서 멀어지게 하며, 그러므로 진리로부터 비켜서게 만든다"라고 통렬하게 비판한다(103).

울스톤크래프트는 여성도 남성과 마찬가지로 이성을 갖춘 존재이므로 스스로 판단할 수 있는 능력이 있다고 역설한다. 그녀는 "여성이 남성과 마찬가지로 이성이라는 타고난 재능을 공유한다면, 누가 남성에게 독보적인 판단력을 주었다고 할 수 있겠는가?"라고 반문한다(5). 울스톤크래프트는 여성을 "매혹적인 우아함"을 지닌 존재로 보지 말고 "이성적인 존재"로 대해야 한다고 주장한다(8). 당대 여성 소설가들도 합리적이고 이성적인 여주인공을 그려냄으로써 계몽주의의 남성주의적 관점을 정면으로 비판한다. 대표적인 예로 엘리자베스 베넷은 콜린즈(Collins)에게 자신이 "우아한 여성이 아니라 마음에서 우러나는 진심을 말하는 이성적인 존재(rational creature)"라는 것을 알아달라고 부탁한다(83). 그리고 『설득』의 크로프트(Croft) 부인도 여성은 "우아한 귀부인"이 아니라 "이성적인 존재"라고 말한다(70). 커크햄(Margaret Kirkham)은 오스틴이 소설에서 개진하는 "도덕의 본질, 여성의 지위, 여성 교육, 결혼, 권위, 가족, 그리고 문학에서의 여성의 재현" 등의 '계몽주의 페미니즘' 관점은 "울스톤크래프트가 『여성의 권리에 대한 옹호』에서 개진하는 관점과 놀라울 정도로 닮았다"고 주장한다(xi). 커크햄이 오스틴 소설의 주제라고 일컫는 것들은, 합리적이고 이성적이며 절제된 여주인공을 그려내는 많은 가정소설에서도 공유되는 점이다.[6)]

바넷(Eva Trevor Bannet)은 계몽주의 여성 작가들이 지배적인 관념을 자신들의 목적에 맞게 변형하고 전유하면서, 당대의 가치와 관념을 비판하고 그것을 넘어선다고 주장한다. 그리고 여성작가들은 "특정한 관념, 전제, 목표 등을 남성의 텍스트에서 자신들의 텍스트로 옮기면서" 그것들을 "수정하고 발전시키고 다시 쓰고" 있다고 말한다(6). 암스트롱 역시 계몽주의 페미니스트 작가들은 당대의 이데올로기를 수동적으로 받아들이는 것이 아니라 자신의 정의와 목적에 맞게 변형한다고 본다(*Desire* 6). 당대 가정소설에서는 이상적인 가정적 여성상이라는 문화적인 구성물을 여성의 목적에 맞게 다시 쓰고 있다. 당대 남성작가의 품행지침서에 등장하는 이상적 가정적 여성은 개인적 자아나 개인적 욕망을 결여한 존재로 그려진다. 가정적 여성을 예찬하는 남성 담론은 여성이 남성 욕망의 수동적인 거울이라는 점을 역설하면서 상냥하고 겸손한 여성은 자신의 욕망을 가질 수 없다고 주장한다. 많은 여성 작가들도 여주인공을 정숙하고 겸손한 여성들로 제시한다. 많은 소설의 플롯은 얼핏 보기에 수동적이고 자신을 지우는 이타적인 여주인공을 중심으로 전개된다. 그러나 이 소설들은 이 겸손한 여주인공의 자아와 그녀의 욕망에 대한 집중적인 탐사이기도 하다. 즉, 가정소설은 여주인공을 무엇보다도 욕망의 주체로 재구성해내는 것이다.

가정소설은 여주인공의 사랑과 결혼에 초점을 맞추는 구혼소설의 형식을 갖는다. 구혼소설은 여주인공의 내면적 자아를 집중적으로 보여주고, 사랑하는 이에 대한 사랑과 욕망을 자세하게 서술함으로써 관습적인 여성상, 즉 남성 욕망의 수동적인 대상으로서의 여성상을 전복한다. 게다가 여성 소설가들은 사랑에 빠진 여주인공이 욕망하는 주체이면서 동시에 순수하고 순결한 이상적인 여성상일 수 있다는 것을 보여준다. 『맨스필드 파크』에서 패니 프라이스는 거의 고통스러울 정도로 자신을 내세우지 않는 전형적인 가정적 여성상이다. 그러나 지극히 소극적이고 얌전한 미덕의 화신인 패니도 그녀의 사촌 에드먼드에 대해 숨겨져 있으나 강렬한 욕망을 품고 있고, 숙부 버트램 경이 그녀를 조건이 좋은 헨리 크로포드(Henry Crawford)와 결혼하라고 명령했을 때 확고한 의지와 고집으로 그 명령에 저항한다. 오스틴의 『설득』의 여주인공 앤 엘리엇(Anne Elliot)도 지극히 이타적이고 겸손한 여주인공의 전형이지만, 이 소설 자체는 여주인공의 예전 약혼자에 대한 강렬한 내면적 욕망을 그려냄으로써 욕망 주체로서의 여성상을 확고히 하고 있다. 소설 전체에서 앤은 자신을 전혀 드러내지 않고, 다른 사람의 고통과 고민만을 덜어주고 위로해준다. 그리고 다른 사람들이 춤을 출 때는 반주자로, 아플 때는 간호사로, 싸울 때는 중재자 역할을 하며 타인에게 "유용한" 존재이지만 아무에게도 자신의 내면과 욕망을 이해 받지 못하는 외로운 노처녀의 삶을 영위한다. 그러나 이 소설 전체는 겉보기에 늘 자기를 지우고 희생하고, 자신의 욕망을 완전히 결여한 듯 보이는 여주인공의 강렬한 자아와 내면적 욕망에 대한 세세한 기록이다. 옛 약혼자와의 관계에서, 스쳐 가는 응시, 사소한 접촉, 일상적인 대화는 앤의 욕망을 독자에게 전해주고, 결국 그녀가 그에 대한 사랑을 이룰 수 있다는 가능성에 "정신을 잃을 정도의 환희"(168)를 느낄 때까지 그녀의 심리적, 신체적 반응을 기록한다. 앤이 품행지침서에서 찬양하는 여성성의 전형이라는 사실은, 역설적으로 이상적 여성성과 욕망이 양립할 수 있다는 가능성을 강력하게 시사하는 것이다. 오스틴은 앤이라는 인물을 통해 욕망 대상으로서의 여성 이미지를 욕망 주체로서의 여성 이미지로 전환하는 상징 투쟁의 과정에 일조하고 있다.

VI. 총평

이제까지 살펴보았듯이 가정적 여성상은 여성 억압적 가부장제 이데올로기의 면도 있지만, 급속히 변화하는 역사적 상황 속에서 다양한 여러 이해관계가 중층결정되어 나타나는 지점이다. 여성작가들은 복합적인 가정적 여성상의 이미지를 이용하고 고취하는 한편, 이 문화적 아이콘이 갖고 있는 좁고 한정된 이미지를 깨고 전복시키면서, 역동적으로 이 여성상에 대응한다. 톰슨은 "소설은 초기 근대 주체가 자기 자신, 자신의 삶, 그리고 자신이 어떻게 될 것인가라는 것을 상상하는 방식에서 핵심적인 역할"을 하면서 "개인의 욕망을 텍스트에 그려 넣고, 그래서 우리가 원하는 것이 무엇인지를 우리에게 가르쳐 준다"(12)라고 말한다. 톰슨의 말에 비추어보면 18세기와 19세기의 가정소설은 여성이 단지 남성의 사회관계를 유지하기 위한 교환품이 아니라 독특하고 고유한 가치를 지닌 자율적 개별주체라는 생각을 하게 되도록 돕는 역할을 했다. 소설은 여성이 남성과 동등한 근대적인 주체로서 자기인식을 할 수 있게끔 도와주었을 뿐 아니라, 19세기와 20세기를 거쳐 부단한 여성주의 운동과 더불어 가정과 로맨스의 영역에서 뿐 아니라 경제적, 정치적 영역에서까지 남성과 대등한 주체로 거듭나는 과정의 산파 노릇을 했다고 볼 수 있는 것이다.

버지니아 울프는 『자기만의 방』(*A Room of One's Own*)에서 18세기 말엽에 중산층 여성들이 글을 쓰기 시작한 것이 십자군전쟁이나 장미전쟁보다 더 중요한 역사적 사건이라고 주장한다(62-63). 아마도 이런 글들이 여성의 시각에서 세상을 바라보고 여성의 욕망, 행복, 자존심을 그려내면서 가부장제에 대한 비판, 평등한 남녀 관계의 가능성 등을 제시했기 때문일 것이다. 『설득』의 주인공 앤 엘리엇(Anne Elliot)은 "남자들은 우리에게 자신의 이야기를 하는데 모든 이점을 다 가지고 있지요. 그들은 훨씬 높은 수준의 교육도 받습니다. 그리고 펜도 그들의 손에 있어요"라고 말한다(234). 이렇듯 담론의 권력이 남성의 수중에 있기 때문에 그녀는 여성의 진실에 관해 책을 전거로 드는 데 대해 강력하게 항의한다. 앤 엘리엇은 "그러니까 나는 책이 (여성에 대해서) 어떤 것도 증명하는 걸 허락할 수가 없네요"(234)라고 덧붙인다. 18세기, 19세기 가정소설을 쓴 여성 소설가들은 남성의 전유물이었던 펜을 가져다가 그 동안 책 속에서 배제되었던 여성의 이야기를 그려내면서 여성이 새롭게 "선택하고 기대할 수 있는 모델"(Thompson 12)을 제공하고 있다.

18세기 후반과 19세기 초반 수없이 많은 여성 작가들이 펴낸 가정소설은 여성 중심의 공간에서 여성 중심의 이야기를 재현해내면서 의미 있는 여성적 담론을 만들어냈다. 그리고 그들은 자신의 소설에서 가정적 여성의 이미지를 고취하고 이용함으로써 공적인 목소리를 얻었다. 가정적 여성상은 여성 작가들이 잘 알고 있는 주제를 제공했고, 이들에게 도덕적 수호자로 공적 영역에 진출할 기회를 주었다. 많은 여성들은 가정소설에서 여성의 가정적 의무나 본성을 강조함으로써 작가가 되고 책을 출판했고, 그럼으로써 공적 영역과 사적 영역의 분리를 실제적으로 잠식했다. 이런 의미에서 당대 여성 작가들이 가정적 여성상을 고취했던 것은 수동적이고 맹목적으로 가부장제의 젠더 이데올로기에 동조하는 것이 아니었다. 이들은 이 젠더 이데올로기를 적극적으로 수용, 변형, 전복함으로써 그들이 살았던 사회와 역사 속에서 주체로서의 위상을 확보했던 것이다.

---

1) 이 당시 여성 작가의 수는 엄청나게 늘었다. 1750년에서 18세기 초까지 여성 소설가, 시인, 품행 지침서 작가 등의 수는 매 십년 마다 두 배로 증가했다(Bannet 1).

2) 스테이브즈(Susan Staves)는 1756년에 존 홈(John Home)의 『더글러스』(*Douglas*)라는 작품이 당시로서는 "상대적으로 새로운 감정"인 아이와 어머니의 진한 애정이라는 주제를 그려내서 당시 무대에서 폭발적인 인기를 끌게 된다고 설명한다(53).

3) 당시에는 인구가 국가 건설의 기반이 되므로, 인구가 곧 국력이라는 사고방식이 팽배했고, 제국주의 건설의 인력을 충당하기 위해 고아원이 건립되어 버려진 아이들을 키우기 시작했다. 유아사망률을 줄이기 위해 상류계층 부인도 유모에게 아기를 맡기지 말고 직접 수유를 해야 한다는 주장이 거세게 일어나는데, 이런 논의도 인구가 곧 국력이라는 국가이데올로기와 밀접한 관계가 있다. 당대 가정소설과 의학 서적, 품행지침서 등은 아이에게 수유를 거부하는 어머니는 짐승만도 못한 괴물이라고 주장한다.

4) 18세기 후반에서 19세기 초반 시기는 중간계급이 귀족계급과의 상징 투쟁에서

자신들의 도덕적 우위를 강조했던 시기이므로, 이 당시의 가정소설이나 품행지침서에서는 여성의 다소 추상적인 내면적 특징들, 즉 정숙함, 겸손함, 도덕적 의무감 등이 강조된다. 그러나 빅토리아조 시기로 들어서면서 중간계층이 어느 정도 자리를 잡고, 중간계층 내에서의 미세한 구별짓기가 문제가 되었을 때는, 품행지침서가 아니라, 의복 코드나 미세한 예의범절 등을 자세히 기술하면서 사회적 구별짓기를 가르치는 에티켓 서적들이 수없이 팔려나간다(Langland, "introduction").

5) 영어에서의 pride라는 단어는 우리말로는 '오만, 자만, 자긍심, 자존심, 자부심, 자랑스러움' 등 약간씩 다른 의미로 쓰일 수 있는 여러 가지 말로 표현된다. 위의 인용문에서는 pride를 오만과, 자존심으로 각각 번역했다.

6) 당대 소설의 페미니즘적 목소리는 여성을 이성적 존재라고 주장하는 데서만 그치지는 않는다. 예를 들어 그린은 브룩(Frances Moore Brooke)의『에밀리 몬태규의 이야기』(*The History of Emily Montague*)에서 "당신들[여성들]에게서 시민권을 무례하게 박탈한 우리[영국인]는 야만인들이야. . .나는 여성들이 만드는 데 참여하지 않은 법을 지킬 의무는 없다고 생각한다"(Green 64 재인용)라는 구절을 인용하면서 당대 여성 소설의 직접적인 여성주의적 목소리의 예를 들고 있다.

인용문헌

Addison, Joseph and Richard Steel. *The Spectator*. 5 vols. Ed. Donald F. Bond. Oxford: Clarendon P, 1965.

Agress, Lynn. *Feminine Irony: Women on Women in Early Nineteenth-Century English Literature.* Rutherford, N. J.: Fairleigh Dickinson UP, 1978.

Armstrong, Nancy. *Desire and Domestic Fiction: A Political History of the Novel.* Oxford: Oxford UP, 1987.

______. "Captivity and Cultural Capital in the English Novel." *Novel-A Forum on Fiction* 31.3 (1998): 373-98.

Austen, Jane. *Mansfield Park.* Ed. R. W. Chapman. Oxford: Oxford UP, 1988.

______. *Northanger Abbey.* Ed. Marilyn Butler. London: Penguin Books, 2003.

______. *Persuastion.* Ed. R. W. Chapman. Oxford: Oxford UP, 1988.

______. *Pride and Prejudice.* Ed. James Kinsley. Oxford: Oxford UP, 1990.

Bahktin, Mikhail M. *The Diologic Imagination: Four Essays.* Trans. Caryl Emerson and Michael Holoquist. Austin: U of Texas P, 1981.

Bannet, Eva Trevor. *The Domestic Revolution: Enlightenment Feminisms and the Novel.* Baltimore: Johns Hopkins UP, 2000.

Barker-Benfield, G. J. *The Culture of Sensibility: Sex and Society in Eighteenth-Century Britain.* Chicago: The U of Chicago P, 1991.

Brewer, John. "Commercialization and Politics." *The Birth of a Consumer Society: The Commercialization of Eighteenth-Century England.* Ed. John Brewer, Neil Mckendrick and J. H. Plumb. London: Europa Publications, 1982. 197-262.

Bourdieu, Pierre. *Outline of Theory of Practice*. Trans. Richard Nice. Cambridge: Cambridge UP, 1977.

Brown, Gillian. *Domestic Individualism: Imagining Self in Nineteenth-Century America.* Berkeley: U of California P, 1990.

Colley, Linda. *Britons: Forging the Nation, 1707-1837*. New Haven: Yale UP, 1992.

Davidoff, Leonore and Catherine Hall. *Family Fortunes: Men and Women of the English Middle Class, 1780-1850*. Chicago: U of Chicago P, 1987.

Douglas, Mary. *Purity and Danger: An Analysis of the Concepts of Pollution and Taboo.* London: Routledge, 1966.

Eagleton, Terry. *The Rape of Clarissa: Writing, Sexuality and Class Struggle in Samuel Richardson.* Minneapolis: U of Minnesota P, 1982.

Edgeworth, Maria. *Belinda.* Ed. Kathryn Kirkpatrick. Oxford: Oxford UP, 1994.

Fordyce, James. *Sermons to Young Women, in Two Volumes.* 1776. 10th ed. London, 1786.

Green, Catherine Sobba. *The Courtship Novel 1740-1820: A Feminized Genre.* Lexington, Kentucky: UP of Kentucky, 1991.

Harker, Richard, Cheleen Mahar, and Chris Wilkes, eds. *An Introduction to the Work of Pierre Bourdieu: the Practice of Theory.* New York: St. Martins P, 1990.

Kelly, Gary. *Women, Writing, Revolution, 1790-1827.* Oxford: Clarendon P, 1993.

Kirkham, Margaret. *Jane Austen: Feminism and Fiction.* Sussex: Harvester, 1983.

Kowaleski-Wallace, Beth. *Their Father's Daughters: Hannah More, Maria Edgeworth, and Patriarchal Complicity.* New York: Oxford UP, 1991.

Langland, Elizabeth. *Nobody's Angels: Middle-Class Women and Domestic Ideology in Victorian Culture.* Ithaca: Cornell UP, 1995.

Legates, Marlene. "The Cult of Womanhood in Eighteenth-Century Thought." *Eighteenth-Century Studies* 10 (1976): 21-39.

Leppert, Richard. *Music and Image: Domesticity, Ideology and Socio-Cultural Formation in Eighteenth-Century England.* Cambridge: Cambridge UP, 1988.

Marshall, Rosalind K. *Virgins and Viragos: A History of Women in Scotland from 1080 to 1890.* London: Collins, 1983.

McKendrick, Neil. "Introduction." *The Birth of a Consumer Society: The Commercialization of Eighteenth-Century England.* Ed. John Brewer, Neil Mckendrick and J. H. Plumb. London: Europa Publications, 1982. 1-6.

McKeon, Michael. "Historicizing Patriarchy: The Emergence of Gender Difference in England, 1660-1760." *Eighteenth-Century Studies* 28.3 (1995): 293-322.

Michaels, Teresa. "Commerce and Character in Maria Edgeworth." *Nineteenth-Century Literature* 49.1 (1994): 1-20.

Myers, Mitzi. "Reform or Ruin: A Revolution in Female Manners." *Studies in Eighteenth-Century Culture* 11 (1982): 199-216.

Perry, Ruth. "Colonizing the Breast: Sexuality and Maternity in Eighteenth-Century England." *Journal of the History of Sexuality* 2.2 (1991): 204-34.

Rousseau, Jean Jacques. *Emile*. Trans. Allan Bloom. New York: Basic Books, 1979.

Shevelow, Kathryn. *Women and Print Culture: the Constructions of Femininity in the Early Periodical.* London: Routledge, 1989.

Staves, Susan. "Douglas's Mother." *Brandies Essays in Literature*. Ed. John Hazel Smith. Waltham: Brandies UP, 1983. 51-67.

Tauchert, Ashley. *Romancing Jane Austen: Narrative Realism and the Possibility of a Happy Ending*. Houndmills: Palgrave, 2005.

Thompson, James. *Models of Value: Eighteenth-Century Political Economy and the Novel.* Durham: Duke UP, 1996.

Vickery, Amanda. "Golden Ages to Separate Spheres? A Review of the Categories and Chronology of English Women's History." *Historical Journal* 36.2 (1993): 383-414.

Wollstonecraft, Mary. *The Vindication of the Rights of Woman*. New York: Norton, 1988.

Woolf, Virginia. "Women and Profession." *The Pargiters: The Novel-Essay Portion of the Years.* Ed. Mitchell A Leaska. 1978. xxvii-xliv.

______. *A Room of One's Own.* London: A Triad Grafton Book, 1987.

*** 출처**: 본 논문은 필자의 박사논문인 *Constructing Ambiguity: The Ideal Domestic Women in the works of Jane Austen, Maria Edgeworth and Susan Ferrier*(State University of New York at Buffalo, 2001)과 필자의 박사논문에 기반을 둔 논문 「가정 소설에서 나타난 이상적 여성상의 형성과정: 여성작가들의 양가적 태도를 중심으로」(『영미문학 페미니즘』 10.1: 49-72), 그리고 「엘리자베스 베넷의 가치: 구혼소설로서의 『오만과 편견』과 자율적 여성주체」(『영미문화』 9.2: 69-97)에 담긴 내용을 수정 보완한 것임을 밝혀둔다.

고딕소설:

호러스 월폴의『오트란토 성』

신경숙

I. 고딕소설

캄캄한 밤, 하늘엔 달빛조차 없다. 한밤중쯤 되었을까. 중세(풍)의 고성 다락방 창문을 밝히고 있던 불이 꺼진다. 고성 옆으로는 숲이 길게 뻗어 있다. 성주가 가끔 사냥을 즐기는 이 숲 속에서는 밤이 되면 고라니들의 울음이 사람 소리처럼 들리곤 한다. 얼마간 시간이 흘렀을까, 갑자기 구름 사이로 달빛이 비치면, 장면이 바뀌어, 또 다른 곳이 나타난다. 폐허의 상태로 버려진 수도원의 잔해인가, 군데군데 돌무더기가 보인다. 어디로부터인지, 이 잔해 뒤로 누군가 나타난다. 쌀쌀한 밤, 얇은 망토를 하나 겨우 걸친 채, 돌무더기 앞으로 숨가쁘게 도착하여 겁먹은 얼굴로 주변을 둘러보는 금발의 처녀다. 그녀는 '공포'(terror)에 압도당해 자신이 실내에 있는지 아닌지조차 분간할 수가 없다. 가슴이 두근거리는 소리가 그녀 자신의 귀에 너무 크게 들려, 밖의 소리가 하나도 들리지 않는다. 그녀는 부모를 잃고 고아로 다른 이의 손에 맡겨져 자란 귀족 처녀다. 자신에게 닥쳐온 강제 결혼의 운명을 피하여 달아나는 중이다. 이 때 가톨릭 수사의 복장을 한 어느 남성이 그녀 앞에 나타나 도움의 손길을 내민다. 그 때쯤 그녀가 없어진 것을 알고 숲을 가로질러 그녀를 찾으려고 마구를 준비하는 성주 ….

굳이 무엇을 소개하고 있는지 밝히지 않아도, 문학에 관심이 있는 독자라면 금방 알아차릴 수 있는 일종의 공식과도 같은 요소들을 두서없이 섞어 본 것이다. 이 중 몇 가지는 지금부터 약 250-200여년 전 영국을 풍미했던 고딕소설에서 흔히 보았던 장면이기도 하다. 그녀는 과연 폭군 같은 성주의 추적을 피할 수 있을 것인지, 그녀에게 도움의 손길을 내미는 수사는 과연 믿을만한 사람인지…. 이런 글을 처음 접하여 책장을 넘기는 독자들의 마음은 아슬아슬한 전율을 느낄 수밖에 없다. 특히 지금껏 한 번도 보지 못한 방식의 글이라면 얼마나 무서울까. 그러나 이런 종류의 글에 익숙한 독자라면, 대충 그 결말을 예상할 수 있다. 금발의 처녀는 어느 선량한 젊은이의 도움을 받고 그와 결혼을 하는 행복한 결말을 맞이하거나, 오래 전에 헤어진 가족을 만나거나, 혹은 그렇게 만나는 순간, 불행하게도 죽음을 맞이한다. 독자들에게 긴장을 만들어내면서, 혹은 독자의 심리를 이리저리 조종하듯이, 무서움(horror)과 두려움(terror)을 조성하는 장면들은 소설 내내 종종 반복된다. 예컨대, 벽에 걸린 초상화 속의 인물들이 말을 하거나 한숨을 내 쉰다든지, 갑자기 집 안에 있던 동상의 투구가 떨어져서 결혼식을 기다리던 성주의 아들이 죽고 만다든지, 성의 지하 감방에서 쇠사슬을 끌며 누군가 걷는 소리가 들린다든지, 한밤중이면 피를 흘리는 수녀의 형상이 출몰한다든지, 때론 미소년으로, 때론 예쁜 처녀의 모습으로 위장하는 악마가 수도자를 꼬드긴다든지, 하는 장면들이다. 그 외에도 묘지나 폐허 근처의 고독하고 무서운 밤 풍경, 한 줄기 빛도 찾을 수 없는 지하 터널의 미로는 이와 같은 고딕소설에서 약방의 감초처럼 등장하는 장치이기도 하다.

공포영화가 주요 영화장르 중 하나로 자리 잡고 할로윈(Halloween) 파티의 가짜 공포를 소비하는 데에 익숙한 오늘날의 독자들에게는 이런 장치들이 시시할 수도 있겠다. 그러나 맨 처음 영국에서 고딕소설이 등장했을 때, 이런 소설의 전반적 분위기는 새로운 것이었다. 물론 소설이라고 하는 장르 자체가 상대적으로 역사가 짧았던 장르였던 만큼, 소설에서 구현하는 서사 역시 새로웠고, 또 새로웠던 만큼 낯선 요소들로 서사의 진전을 채우는 일도 얼마든지 가능했을 것이다. 그러나, 책장을 넘길 때마다 "무서움"이나 "두려움"이라는 어휘가 반복되는 독서 경험은 당시로선 새로운 충격이었음에 틀림없다.

우리가 고딕소설이라 부르는 종류의 소설이 영국문학에 처음 등장한 것은 18세기 중반이다. 보통 1764년에 출판된 호러스 월폴(Horace Walpole)의 소설, 『오트란토 성』을 고딕소설의 효시로 꼽는다.[1] 맨 처음 출판 당시, 월폴은 『오트란토 성』을 익명으로 출판했다. 그는 당시 노포크(Nofolk)지방 킹스린(King's Lyn)이라는 지역 인구를 대표하는 국회의원이었고, 수상을 역임(1721-42)한 로버트 월폴(Robert Walpole)의 아들이었다. 의회의원의 신분으로 새로운 글, 그것도 유령이 출몰하는 환상적이고 뜬금없는 요소가 있는 소설을 써서 출판하는 것에 대한 부담 때문이었는지, 아니면 작품의 기원에 신비적 요소를 더하기 위한 장치로 고안된 것인지 정확히 가늠할 수 없으나, 초판의 서문에는 작품의 기원에 대한 허구적 역사가 담겨 있다. 원제목은 『오트란토 성ㅡ이야기 한 편』(*The Castle of Otranto, A Story*)으로서, 이 서문에 의하면, 이 글은 "영국 북부의 유서 깊은 가톨릭 가문의 서재에서 발견되어" 번역된 것이다(3). 원래는 1529년 이탈리아 나폴리에서 그 원고가 처음 발견되고 인쇄되었고, 이 원고가 영국의 명망 있는 집안의 신사 손에 들어가서 영역된 것이라는 것이다. 표지 안쪽에는 "오트란토(Otranto)의 성니콜라스교회(St. Nicholas) 사제인 오누프리오 무랄토(Onuphrio Muralto) 신부의 이탈리아어 원작을 윌리엄 마샬(William Marshall)씨가 영역하였다"(3)라고 되어 있다.[2)] 이탈리아에서 출판된 이 고문서가 영국 사람의 서재에서 발견되었다는 것도 뜬금없거니와 윌리엄 마샬씨가 누구인지도 설명이 없다. 월폴이 허구의 인물인 마샬 행세를 하거나, 아니면 그의 영역본을 대중에게 소개하는 사람인 듯한 제스처인 것이다.

가상의 인물을 창작자와 번역자로 내세워서 실제보다 더 역사가 길고, 기원이 복잡한 작품인 듯, 그 탄생 이야기를 위조한 것을 놓고 여러 가지 해석이 있을 수 있겠다. 그러나 어쨌든 월폴이 고안해낸 이 같은 텍스트적 장치는 이후 고딕의 흥미로운 모델이 되기도 했다. 월폴이 초판을 이처럼 가짜 역사와 모조 기원을 곁들여 출판했으나, 재판(再版)부터는 자신의 이름과 함께 "고딕소설"이라는 전에 없던 부제를 달기 시작했다. 작품을 쓴 지 일 년 만에 월폴은 본인이 『오트란토 성』의 작가임을 밝히면서 이 소설을 '고딕소설'로 명명한 것이다. 아마도 고딕(혹은 중세) 풍의 소설이라는 뜻이겠는데, 월폴은 재판의 부제를 제외하곤 소설의 다른 어떤 부분에서도 '고딕'이란 말을 사용하지도, 설명하지도 않았다.

최초의 고딕소설을 출판한 월폴은 고딕소설의 특징들을 기초한 작가이기도 했다. 고딕소설은 시간적으로는 중세, 공간적으로는 이탈리아나 스페인, 포르투갈처럼 가톨릭 신앙이 지배적인 사회를 배경으로 한다. 주로 초자연적이고 신비한 현상의 묘사가 소설의 초반부터 배치되고, 이 현상을 경험하는 등장인물들의 두려움에 대한 묘사가 작품 서사의 주요 축을 이루는 경우가 많다. 플롯을 따라 흩어져 있는 이 순간의 점들을 이어가다 보면, 작품의 플롯이 등장인물들의 탄생과 기원의 비밀을 풀어가는 방향으로 진행됨을 알 수 있다. 어린 시절 사악하고 탐욕스러운 주변 인물에 의해, 혹은 비운에 의해 자신의 본래 신분을 잃어버린 주인공이 그것을 찾아가는 여정이 이야기 구조에 내재되어 있다.[3] 굳이 그 여정이 오롯이 플롯을 구성한다고 하지 않는 이유는, 이야기 서사의 내용만큼이나 인물들의 공포에 대한 묘사가 주목을 받게 되는 것이 고딕소설의 특징 중 하나이기 때문이다.

본래 고딕이라는 말이 북유럽의 고트(Goth)족과 관련된 형용사라는 것은 모두 아는 사실이다. 로마제국을 침공한 서고트(Visigoth)족들을 지칭하는 말에서 파생되었으니, 서양문화의 원류인 그리스, 로마의 문화를 기술하는 어휘들과 달리, 고딕이라는 말은 "야만성, 미신, 혼란"의 뜻을 내포하곤 했다. 즉, 고도로 발달되어 꽃을 피운 문명과는 다른, 그 문명의 반대되는 개념이었다. "5세기정도까지 거슬러 올라갈 수 있는" 시대적 배경과 함께 연상되었기 때문에, 이미 오래 된 과거, 즉, 무지하고 어두운 미혹의 시대를 의미하기도 했다. 고딕소설이 탄생한 18세기에도 크게 다르지 않아서, 고딕이란 단어는 여전히 "야만적"이라든가 "어두움"에 싸여 있던 중세 시기나 그 시기의 주된 속성과 함께 연상되는 의미를 함축하고 있었다(Clery 21). 이런 의미의 '고딕'은 잘 정제된 규칙과 균형을 중시하던 고전주의적 지향과 방향을 달리한 일군의 사람들에게는 당대 지배적이던 신고전주의적 예술 양식에 대한 작은 대안이기도 하였으므로, 고딕의 예술사적 의미도 간과할 수 없다. 건축에서는 중세교회와 같은 고딕건축 양식의 부흥이 일어났으며, 이 같은 건축양식이 지배적이던 중세시대의 종교적, 사회적 분위기가 건축이라는 가시적 형상으로 환기되었던 것도 사실이다.

월폴 이전에는 고딕소설이라는 말이 거의 쓰이지 않았기 때문에,

월폴이 붙인 부제목은 명명인 동시에 분류가 되었다. 즉, 향후 이와 유사한 구성요소와 장치, 그로 인한 심리적 효과를 묘사하는 소설이 쓰여 지고 출판되면, 그 소설들은 월폴의 소설과 유사한 범주적 이름을 갖게 될 것이었다. 실제로 고딕소설이라는 소설의 세부 장르를 구분하는 이름이 널리 쓰이기 시작한 것은 빅토리아조에서였지만, 어떤 면에서『오트란토 성』은 처음부터 소설의 하위 장르로 자리매김된 셈이다. 초판의 부제는 그저 일반적인 명칭인 '이야기 한 편' 정도로 소설을 명명하고 있으나, 이어지는 서문에서는, 이 이야기를 '로만스'(romance)로 규정함으로써, 중세의 기사 이야기가 그 서사의 주된 구성 요건임을 밝힌 것이다. 중세의 기사 로만스에서 기사가 여정 속에서 만나는 다양한 경험들이 독자들에게 읽을거리로 제공된다면, 월폴의 '로만스'도 십자군 원정 시대를 배경으로 하고 있고, 기사의 경험이 등장한다는 점에서 중세의 로만스와 비슷한 요소를 갖고 있다. 그러나 그의 로만스에서는 주인공인 기사가 겪는 각종 모험이야기가 극대화되지 않는다. 오히려, 기사를 포함하여 인물들이 마주치게 되는 신비하거나 환상적인 경험과 그러한 경험들이 등장인물의 정신이나 심리상태에 각인되고 행동에 영향을 미치는 과정이 주요 묘사 대상이 되고 있다. 월폴의 뒤를 이어 비슷한 종류의 소설, 오늘날 우리가 고딕소설로 부르고 있는 작품들을 출판해낸 18세기 말과 19세기 초의 작가들은 이와 같은 월폴의 서술방식을 따르고 더욱 진전시켰다 해도 과언이 아니다.

월폴의『오트란토 성』이 출판된 후 20-30년 동안, 오늘날 우리가 고딕이라고 부르는 장르로서의 특성은, "소설이나 드라마에서 간헐적으로만" 나타났고(Hogle 1), 고딕소설 양식을 차용해서 작품을 쓴 사람들도 그리 많지는 않았다. 그러나 1790년대에 이르러 고딕소설이 출판시장의 큰 부분을 잠식하기 시작했다. 여성 작가로 클라라 리브(Clara Reeve, 1729-1807)가 일찍부터 고딕소설을 시도했으나, 클라라 리브보다는 앤 래드클리프(Ann Radcliffe, 1764-1823)가 고딕소설가로서 당대 독자들에게 더욱더 잘 알려졌다. 당대 무성한 평을 낳은 『수사』(*The Monk*, 1796)의 작가인 매슈 그레고리 루이스(Matthew Gregory Lewis, 1775-1818), 찰스 매튜린(Charles Robert Maturin, 1780-1824), 윌리엄 벡포드(William Beckford, 1760-1844) 등이 고딕소설을 썼던 작가들이다. 주로 역사소설을 썼던 월터 스콧(Sir Walter Scott, 1771-1832) 역시 당대 고딕소설의 유행의 일부가 되기도 했다. 제인 오스틴(Jane Austin)의 『노생거 애비』(*Nothanger Abbey*, 1810)도 비판적인 입장이기는 하지만 고딕소설에 대한 작가의 자의식을 잘 드러내는 작품이어서, 고딕이라는 장르와 무관치 않고, 그 자체로 하나의 장르를 창조해낸 메리 셸리(Mary Shelley)의 소설 『프랑켄스타인』(*Frankenstein*, 1818) 역시 고딕소설로 분류되기도 한다. 고딕소설이 이처럼 그 나름의 독자를 확보한 소설 양식으로 약 50여 년에 걸쳐 영국에서 인기를 누리고 있었던 당시 현상은 시인들에게도 영향을 주어, 새뮤얼 테일러 코울리지(Samuel Taylor Coleridge, 1772-1834)의 『늙은 선원의 노래』(The Rime of the Ancient Mariner, 1798)역시 그 안에 고딕적인 특징을 갖고 있다. 코울리지보다 후대 시인인 낭만주의 시인 존 키츠(John Keats, 1795-1821)의 시적 로만스라고 할 수 있는 『성아녜스 축일 전야』(*The Eve of St Agnes*, 1820), 『레이미아』(*Lamia*, 1820)도 고딕소설과 유사한 특징을 포함하고 있다. 바이런(George Gordon Lord Byron, 1788-1824)의 『돈 주안』(*Don Juan,* 1819-1824)은 고딕소설이 유행하는 문화를 패러디하는 내용을 일부 포함하고 있다.

월폴의 『오트란토 성』의 출판으로 시작된 고딕소설은 18세기 말인

1790년대에는 대거 유행하였고, 빅토리아시대에도 대중적인 인기를 누렸을 뿐 아니라, 그 범주가 괄목할 만큼 확대되었다. 반짝하는 선정적인 빛을 발하고 문학사의 그늘로 사라진 것이 아니라, 시대를 견디며 그 외연이 확장되고, 내포의 다양성을 확보한 장르로 자리 잡았다는 것이 무척 흥미롭다. 우리가 오늘날 고딕소설이나 영화로 간주하는 대표적인 작품을 생각해보면 고딕의 대중적 인기는 명백해진다. 가령, 존 폴리도리(John Polidori, 1795-1821)와 그가 차용한 동유럽의 전설까지 그 기원이 올라가고, 빅토리아시대의 작가인 브램 스토커(Bram Stoker, 1847-1912)에 의해 널리 대중화되었으며, 『트와이라잇 시리즈』(*Twilight Series,* 2005-08) 등과 같이, 오늘날의 대중문화에서 그 자체로 하나의 장르를 형성한 흡혈(vampirism)을 주제로 하는 수많은 소설이나 영화들 역시 고딕 장르에 속한다. 그런가 하면, 설명이 거의 필요 없는 작품이라 할 수 있는 토니 모리슨(Toni Morrison, 1931-2919)의 『비러비드』(*Beloved,* 1987)처럼, 유럽대륙이 식민지에 가한, 혹은 과거의 역사가 저지른 무도한 정치·경제적, 인식적, 심리적 폭력에 대한 불안, 공포 또는 자각이 유령의 모습으로 현현하는 탈식민적 고딕소설 등도 있고,[4] 구시대의 인습적 야만성이나 한 시대에 만연한 타인에 대한 폭력이 타자의 입장에서 새롭게 성찰되는 방식을 취하는 오늘날의 수많은 공포물들도 있다. 다양한 동기로 촉발된 물리적이고 정신적인 권력의 오용이 '공포'를 야기하는 과정을 집요하게 들여다보고 있다는 점에서, 고딕소설의 확산성과 확장성은 타의 추종을 불허한다고 해도 과언이 아니다. 이 장에서는 영국의 고딕소설의 발생과 특성을 예시하고 있는 『오트란토 성』을 소개하면서, 고딕소설이 근대적 주체가 잠정적으로 봉합한 다양한 종류의 균열들을 노출시키고 있음을 설명하려고 한다.

II. 호러스 월폴과 앤 래드클리프

고딕소설 장르를 창안했다 해도 좋을 월폴은 고딕소설적 미학을 예시한 사람이기도 하다. 그의 작품이 인기를 끌어서 115판까지 출판이 되었지만(Punter 44), 영국 문학사에서 쉽게 정전에 들어간 것은 아니었다. 그러나 작가로서의 그의 위상과 달리, 영국 사회에서의 그의 신분은 선택된 소수의 권력에 아주 가까웠다. 아버지가 유명한 휘그 정치인이자 수상이었고, 그 자신 의회 구성원이었으니, 당대 영국 지배층의 최정점의 권력을 갖고 향유하면서, 그에 걸맞는 풍성한 문화적 식견까지 소유했음이 틀림없다. 서문에서 자의식적으로 셰익스피어(Shakespeare)를 언급하는 것이나, 연극 법칙에 대한 관심을 표현한 것을 보면, 문화적 특권에 대한 그의 연대의식은 자명하다고 하겠다. 당대 영국 상류층의 문화와 그 특권을 충분히 향유하고 있는 사람이 고딕소설과 같은 문화적 표현을 생각해냈다는 것이 놀랍고도 흥미롭다.

『오트란토 성』을 출판하기 전인 1747년, 월폴은 런던 남동부 교회의 트위큰햄(Twickenham) 지역의 대지와 고택을 사들여 중세풍의 고딕 건축물같은 저택을 완공케 했다. 스트로베리힐하우스(Strawberry Hill House)라고 명명된 이 건축물은 고딕 양식의 부흥을 알리는, 새로운 심미적 조형물의 구실을 했다고 해도 과언이 아니다. 스트로베리힐하우스는 1748년부터 유명세를 타고 많은 사람들이 찾는 관광지가 되었다. 이 저택이 그의 소설보다 훨씬 앞서서 완공되었기 때문에, 작품 속의 오트란토 성은 월폴의 저택을 모델로 했다. 월폴 역시 이 저택이 마치 그의 고딕소설의 공간적 배경인 것처럼, 저택을 "나의 작은 오트란토"라고 불렀다고 한다(Reeve 419에서 재인용). 월폴이 애착을 가지고 완성을 본 스트로베리힐하우스는 당대 지배적이던 신고전주의의 규격이 일정한 건축양식에 반하여, "불규칙적인 고딕 스타일"의 건축을 지향했다. 다시 말해 신고전주의 건축양식에 반해 일고 있던 고딕의 부흥이라는 조류에 "동참한" 실천이기도 했다. 월폴의 친구들 존 슈트(John Chute, 1701-1776), 리차드 벤틀리(Richard Bentley, 1708-1772)등과 설계를 맡은 로버트 아담(Robert Adam)등이 "스트로베리 위원회"라는 별명의 동인 모임을 만들어 건축설계를 비롯한 모든 결정을 내렸다고 하니, 스트로베리힐하우스의 설계에 대한 월폴의 결정은 그의 "건축학적 모험의 조건"이었다는 평가를 받을 뿐 아니라, 고딕이라는 문화적 현상에 대한 새로운 안목과 "역사적 관용구"를 만들어낸 과감한 결정이기도 했다(Reeve 411).

이처럼 고딕소설은 "질서"와 "이성"을 중시하던 신고전주의적 예술양식과 거리를 두면서, 오히려 "감정"과 "상상력"을 중시하는 낭만주의 문학의 태동과 시기를 거의 같이 하며 등장했다.[5] 오늘날의 독자 입자에서 보면, 당시 영국에서는 이미 이성이 인간 정신 능력의 정점으로 인정되고, 과학적으로 세계를 설명하려는 노력이 다양한 분야에서 행해지고 있었으므로, 고딕소설에서 주로 묘사하는 초자연적인 현상들은 이성의 시대에 걸맞지 않은 소재의 등장처럼 보인다. 더욱이, 월폴의『오트란토 성』이 출판된 1764년은 제임스 와트(James Watt)가 한창 증기기관 개량 실험에 박차를 가하고 있던 때였다. 증기기관이 근대세계를 구축한 산업혁명을 촉발했음은 이미 하나의 공식처럼 받아들여진다. 과학적으로 세계를 설명하고, 과학적 세계관과 기술의 향상에 힘입어 인간 삶과 노동의 방식이 달라질 수 있다는 믿음이 생기기 시작한 시대에, 유령 이야기에 사람들이 흥미를 보였다는 것은 설명을 요구하는 아이러니기도 하다. 이런 아이러니는 당대의 세

가지 종류의 문학의 특징들을 보면 더 두드러진다. 로버트 흄(Robert Hume)에 따르면, 당대 소설의 경향은 세 가지로 대별되는데, "감상적인 가정소설류"와 "고딕, 그리고 교훈적" 소설들로 분류된다(282). 이 가운데 교훈적 소설은 계몽주의 시대가 요구하는 인간 정신의 향상이라는 목표를 충실히 이행하는 서사인데 반하여, 나머지 두 부류의 소설은 이성의 시대와는 동떨어진 소설적 성취라고 할 수 있다. 어찌 보면, 고딕소설을 처음으로 출판한 월폴은 근대세계의 이단아를 출현시킨 셈이었다. 이처럼 고딕소설은 계몽주의적 담론이 인간을 전근대적 미혹의 세계에서 이성의 세계로 이끌어낸 시기, 당시의 지배적인 예술 및 철학적 담론과 거리를 두면서 등장했다. 바꿔 말해서, 고딕은, 이성의 존중, 산업혁명의 진행과 궤를 같이 하며 출현한 장르로서, 이 둘을 추동한 인간 정신의 속성과 깊은 괴리를 만들어내며 영국의 대중 독서의 장에 등장한 셈이다.

『오트란토 성』이 출판된 이후, 많은 작가들이 그와 유사한 소설을 썼지만, 단연 돋보이는 작가는 앤 래드클리프다. 1790년대에 출판되어 큰 인기를 누린 그녀의 소설 몇 개만 예를 들어도, 『숲의 로만스』(*The Romance of Forests,* 1791), 『우돌포의 신비』(*The Mysteries of Udolpho,* 1794), 『시칠리아 로만스』(A *Sicilian Romance,* 1790), 『이탈리아인, 또는 검은 회개자의 고백』(*The Italian, or the Confessional of Black Penitents,* 1797) 등이 꼽힌다. 래드클리프가 인기 있는 공포소설의 작가였지만, 단순히 공포물이 유행하는 시류에 약삭빠르게 편승해서 글을 출판한 작가라고 보는 것은 그녀에 대한 정당한 평가가 아닐 것이다. 그녀 자신이 고딕이 유발하는 정신적 효과를 천착하고, 실제로 자신의 작품에서 그 효과를 구현하기 위해 공을 들인 흔적이 역력하기 때문이다. 실제로 그녀가 쓴 "무서움"(horror)과 "두려움"(terror)

에 관한 짧은 에세이는 당시 고딕소설의 작가가 공포의 감정을 분류하고 각각의 특징을 설명하려고 한, 일종의 인식론적, 미학적 시도라고 할 수 있다. 래드클리프의 소설을, 월폴의 첫 고딕소설과 비교해보면, 주인공들의 감상적 사랑이야기가 플롯의 중요한 부분을 차지하고 있음을 알 수 있다. 젊은 남녀 주인공의 사랑이 성취 또는 좌절되는 일과 그로 인한 감정의 생산을 그녀는 중요하게 기술한다. 이 특징만 갖고 있다면 흔히 있을 수 있는 연애 이야기로 그칠 것이다. 그러나 그보다도 더 중요한 대별점은 소설에 등장하는 초자연적 현상에 대한 주인공의 심리적, 신체적 반응이 자세히 묘사되고, 초자연적 현상 역시 설명된다는 점(explained supernatural)이다.

초자연적 현상이 설명된다고 하는 말은, 바꿔 말하면, 외관상 신비한 듯 보이는 현상이 알고 보면, 이성적인 설명과 해석이 가능하다는 말이기도 하다. 래드클리프의 소설에서는, 후에 약술하겠으나, 초자연적 현상이 설명되지 않은 채 소설이 끝나는 월폴의 작품과 달리, 무시무시한 현상들이 일어난 까닭이 인물 또는 화자에 의해 설명되거나, 아니면, 지레 겁을 먹은 인물들의 오인에 기인한 경우로 풀이되는 일이 종종 있다. 래드클리프는 신비하고 환상적인 경험도 상세히 기술하지만, 이 경험이 인간에게 인지되고 특정한 신체적 반응을 유발하는 과정 또한 자세히 묘사한다. 왜 그녀가 굳이 초자연적인 것에 대한 설명을 시도하였는지를 정확히 알 수는 없으나, 초자연적 현상에 대한 그녀의 기술은 다른 작가들보다 "훨씬 더 합리적"이라고 간주된다 (McKillop 356). 여성과 감수성이 긴밀하게 함께 연상되는 문화적 맥락 속에서 이성적이고 합리적으로 어떤 현상을 설명하는 화자나 여성 인물을 내세운 래드클리프의 시도는 시사적이다. 래드클리프의 이 같은 시도는 여성이 단순히 무서움과 두려움을 유발하는 텍스트의 수동적인 소비자가 아님을 보여준다. 물론 당시 고딕소설의 독자들 가운데는 여성이 단연 많았을 것이므로, 여성 독자들은 위조된 "두려움"의 주된 소비자였을 것이다. 래드클리프가 고딕의 주요 장치인 초자연적 현상을 소설 속에서 합리적으로 설명하는 서사를 만들어 낸 것은 그녀의 또 다른 성취라 할 수 있다.

래드클리프는 "무서움"을 만들어내는 고딕소설과 "두려움"을 만들어내는 서사를 대별한다. "두려움"과 "무서움"은 서로 대조되는 것으로서, 전자는 영혼을 확장하여 인간 [정신]의 능력을 대단히 확장시키는 반면, 후자는 [인간 정신을] 축소시키고, 동결하며 파괴해버린다"는 것이다(McKillop 357에서 재인용). 래드클리프가 고딕소설이 제공하는 공포가 무서움인가 두려움인가를 판별하고자 했던 것은 자신을 포함한 일군의 작가들의 글이 생산하는 정서가 인간 정신에 어떤 영향을 끼치는가를 스스로 설명하고자 했던 노력으로 보아야 할 것이다. 물론 그녀의 이러한 노력은 당대의 미학 이론이라 할 수 있는 에드먼드 버크(Edmund Burke, 1729-97)의 『숭엄과 아름다움이라는 개념의 기원에 관한 철학적 고찰』(*A Philosophical Enquiry into the Origin of Our Ideas of the Sublime and Beautiful*, 1757)에 상당 부분 빚지고 있다.

1764년에 처음 등장하여 1790년대에 대거 소비되었고 1820년까지 번성했던 고딕소설은 비교적 짧은 시간에 많은 작가들과 독자들을 흡입한 문화적 산물이었다.[6] 이성이 인간의 사유와 도덕적·실천적 판단의 주요 근거가 되었던 시대에, 중세 가톨릭 문화권을 시·공간적인 배경으로 하고, 이미 폐기된 것으로 여겨진 세계관 속에 갇혀 있는 등장인물들과 그들을 둘러싼 상속의 문제와 비밀, 현실에서는 전혀 있을 법하지 않은 유령이야기와 음산한 묘지나 폐허, 인적 없는 해변의 오두막의 장소라는 장치가 주는 공포와 불안 등의 고딕소설의 주요 모티프들의 확산성이 무척 컸다는 것은 놀랍고도 흥미로운 사실이다.

18세기에 등장한 고딕소설의 가장 큰 특징은 그 시간적, 공간적 배경이 중세시대의 가톨릭 문화권이라는 데 있다. 특히 시간적 배경이 중세유럽이라는 점이 18세기 고딕장르에서 가장 핵심적인 특징으로, 텍스트가 기술하고 있는 사건과 현상은 "이탈리아" 등의 "가톨릭교"의 그것이며, "신비하고도, 영국적이지 않은 삶의 방식"이라는 일종의 선언이라고 할 수 있다(Schmitt 853). 계몽주의를 경험한 시대에 종교개혁 이전의 세계와 그 세계에서 사람들이 가질 수 있는 "두려움"의 감정을 대거 경험하고 소비하는 현상을 우리는 어떻게 이해할 수 있을까? 교회가 세상 사람들을 미혹하여 미신적인 죄와 죽음, 구원에 대한 가르침을 강요하고, 신에 대한 미망을 주입하면서 종교적일 뿐 아니라 정치적·법적 권력과 경제적 부의 독점을 행했다고 믿어진 과거시대의 부패한 가톨릭교회 하의 귀족과 성직자와 같은 인물이 등장한 사실은 놀라우면서도 놀랍지 않은 현상이다. 놀라운 이유는 더이상 유효하지 않은 과거의 타문화를 생생하게 묘사하면서 그 문화로부터 공포의 원인을 찾아내기 때문이다. 그러나 동시에, 계몽주의시대가 중세의 '암흑'에 대한 상상을 더욱 쉽게 촉발하고 확산할 수 있었으리라는 것을 생각해보면, 고딕문학이 대중적으로 향유된 현상이 그리 놀랍기만 한 것은 아니다. 비유하자면, 우리가 공포영화를 마음 놓고 즐길 수 있는 공간은, 예컨대, 외딴 곳에 방치된 폐교의 어두운 교실 안이 아니라, 안전한 극장이나, 내 집의 거실처럼, 잘 보호된 공간인 것과 마찬가지다. 즉 고딕소설의 등장이 지시하고 있는 괴리는 이성의 세계와의 괴리, 그 영향력이 증대되어 가던 과학, 기술의 시대와의 괴리였다. 고딕문학은, 과거가 더 이상 반복될 수 없다고 확신하는 시대에, 더이상 나의 것이 될 위협이 없으므로 두려워하지 않아도 되는, 지나간 세계에 대한 고별사이기도 했던 것이다.

그러나 이 고별사를 어떻게 받아들여야 할지는 오늘날의 독자 입장에서 그리 간단하지 않다. 예컨대, 고딕문학의 장르를 이론적으로 해설하려는 시도들이 있는데, 그 중, 프로이트의 "낯익은 기괴함"(The Uncanny)과 줄리아 크리스테바(Julia Kristeva)의 "비체"(the abject)의 개념을 각각 빌어, 고딕을 설명하는 시도를 잠시 인용해보자. 제럴드 호글(Jerrold Hogle)은 고딕문학이 독자에게 야기하는 불안과 공포의 원인들—즉 야만적이고 미신적이며 때로는 폭력적인 특성들—은, 근대적 인간이 탄생하는 과정에서, 근대적 인간의 자아가, 일관되고 동질적인, 다시 말해서, '정상적'(normative)이라 통용되는 정체성을 획득하기 위하여 무의식적으로 억누르고 덮어버린 괴이하고 괴물적인 속성들이라고 말한다(6-9). 페미니스트 철학자인 주디스 버틀러(Judith Butler)식으로 말하자면, 근대적 자아(self)의 수행성은 정상성 내에 포함될 수 없는 이상성과 이성의 통제에 종속될 수 없는 열정이나 야만성, 또 이성이 다스릴 수 없는 공포를 가리고 의식 저변으로 묻어두는 일을 포함하는 일을 동반할 수밖에 없다고 표현할 수도 있겠다. 또한 자기동일성 내에 포섭되지 않을, 정체성 내부의 수많은 균열들과 모순을 감춰야 했을 것이다. 묻혀 있던 인간 의식 저변의 격정, 근대적 인간의 대표적 자질인 이성이 봉합하고 있는 비이성과 폭력, 그로 인한 공포의 강렬한 감정들이 고딕소설 속에서는 통제되지 않은 상태로 드러난다. 그런 점에서 고딕소설은 근본적으로 "주체의 균열"을 지시하는 장르라는 주장을 역사적 맥락을 통해 이론화하려고 하는 로버트 마일즈(Robert Miles)의 노력은 의미가 있다(10). 바꿔 말하면, 근대적 주체의 탄생은 균열을 봉합함으로써 가능해졌다는 것인데, 이렇게 봉합된 주체가 억누른 내적 불안과 공포를 대면하는 순간이 고딕문학으로 포착된다는 말이 될 것이다. 균열의 봉합은 잠정적이고 불완전한 것이었음이 고딕소설을 통해 드러나는 것이다.

사실 고딕소설은 18세기와 19세기 초의 인기를 넘어서 긴 수명을 누리고 있는 장르인데, 그만큼 근대적 매력이 있다는 말이기도 하다. 그 근대적 매력은 바로, 이성의 시대에 다시 들여다보는 과거의 야만성에 대한 성찰 또는 재평가의 기회와 유관할지도 모른다. 즉, 과거에 속한다고 여겨진 인간 내면의 공포가 늘, 어느 덧, 우리 곁에 상존하고 있다는 각성은 그 자체로 두렵고도 유혹적인 각성일지도 모른다. 그렇다면 그 내적 공포는 어떤 형태로 나타나는가? 이제 영국문학사에서 첫 고딕소설로 일컬어지는『오트란토 성』을 자세히 검토하기로 하자.

III.『오트란토 성』

『오트란토 성』의 서문에서 월폴은 이 소설을 두고 "두 가지 다른 종류의 로만스가 섞여 있으니, 옛 로만스와 현대의 로만스가 그것"이라고 규정하고 있다. "옛 로만스에는 상상의 산물로, 있을 법 하지 않은 내용으로 가득하지만, 현대의 로만스는 자연을 충실히 묘사하는 일이 성공을 거두도록 의도되고 또 종종 성공을 거둔다"(7). 풀어서 말하자면 공상적 요소들과, 개연성이 있는 요소들이 적절하게 배합되어 있다는 말이겠는데, 과거의 로만스들은 주인공의 말과 행동이 "부자연스럽고" 플롯 역시 자연스럽지 않다는 말일 것이다. 월폴은 부자연스러운 상상과 자연스러운 사실들이 "성공적"으로 뒤섞여 있는 자신의 소설이 새로운 시도임을 밝힌다(7). 그러나 독자의 입장에서 볼 때, 월폴의 새로운 시도에서 가장 중요한 요소는 소설이 끊임없이 독자들에게 선사하는 '공포'(terror)의 경험이다.

특히 초판의 서문에서 그는 자신이 시도한 이 소설에서 모든 인물들의 말과 행동은 "끔찍한 결말"을 향하도록 되어 있다고 밝힌다. "독자는 잠시도 주의를 놓지 않는다. 공포는 [여기서] 작가의 주 무기로서 소설이 늘어지는 것을 막는 역할을 한다. 종종 연민과 대조되기 때문에 독자의 마음속에서는 끊임없이 흥미로운 열정들이 왕래하게 된다"(4).

월폴이 이 서문에서 자기 작품의 준거로서 아리스토텔레스의 『시학』을 언급하고 있고, 특히 연극의 삼일치 법칙을 크게 벗어나지 않았다고 굳이 밝히고 있는 것으로 보아, 그는 사실상 "새로운" 시도를 감행하면서도 비극을 하나의 전범으로 생각하고 있음이 틀림없다. 이는 위의 인용문이 예시하듯, '공포'(terror)와 '연민'(pity)을 대비시키는 것에서도 드러난다. 전통적 비극에서 주인공들이 대단원의 불행으로 향할 때 관객이 공포와 연민의 감정을 경험하게 되어 있다면, 이 소설은 공포가 독자를 압도함으로써 연민이 틈입해 올 여지가 거의 없다는 말이나 마찬가지인데, 이 발언은 두 가지 점에서 흥미롭다. 첫째, 자신의 소설은 비극적 결말을 담고 있다는 비극과의 유사성에 대한 선언이고, 둘째, 비극이 환기하는 감정 가운데, 공포에 주로 집중한다는 입장의 천명이기 때문이다. 재판의 서문에서도 월폴이 셰익스피어나 볼떼르(Voltaire)같은 작가를 비교하며 언급하고 있는 것을 고려하면, 당시 월폴은 로만스를 쓰면서도 극작품을 자신의 주된 참조의 원천으로 삼았다고 할 수 있다.

셰익스피어나 프랑스의 극작가들이 언급되고 비교의 준거틀이 되는 일은 당시 흔한 현상이었지만, 분명 새로운 것은, 월폴이 자기 작품이 유발할 감정적 효과에 심혈을 기울이고 있고, 그 가운데서, 비극의 주된 효과인 공포를 강조하고 있다는 점이다. 그리고 그는 이 점을 독자가 알아주기를 바라는 것이다.

그의 의도를 명백히 드러낼 요량인 듯, 소설은 첫 부분부터 끔찍한 사건을 묘사함으로써 독자로 하여금 공포에 빠지게 한다. 오트란토 성의 상속자인 콘라드(Conrad)가 원인을 알 수 없이 갑자기 떨어진 거대한 투구에 짓눌려 죽는 것이 이 소설의 시작이다. 콘라드는 성주 만프레드(Manfred)의 외아들이고, 이제 열다섯 살이다. 이사벨라(Isabella)라는 정혼자가 있으나, 병약한 젊은이인 까닭에 그들의 결혼은 미뤄지기 일쑤였는데, 드디어 결혼식 날이 된 것이다. 이 날은 콘라드의 생일이기도 했다. 그런데, 바로 그 날 이런 사고가 일어난 것이다. 어쩌면 소설의 그 어느 부분보다도 끔찍한 부분은 이 같은 사고와 가족들의 반응을 묘사하는 제 1장이라고 해도 과언이 아니다. 이 작품의 많은 요소들을 함축하고 있기도 하고, 소설이 제공하는 "두려움"의 경험이 어떤 것인지 미리 보여주는 부분이기도 하여, 1장을 상세하게 소개하고자 한다.

결혼식을 위한 모든 준비가 완료되고 하객들이 성에 딸린 교회에 모여 있는데도 식장에 나타나지 않는 아들 때문에 만프레드는 말할 수 없이 초조하다. 콘라드를 찾아오라고 보낸 하인이 정신없이 입에 거품을 물고 달려와, 콘라드의 궁을 가리키는 순간, 하객들은 "두려움과 놀라움"(15)으로 꼼짝을 못한다. 만프레드의 부인 히폴리타(Hippolita)는 영문도 모르는 채 실신하여 쓰러지고, 만프레드는 하인을 추궁한다. 하인은 여전히 아무 말도 하지 못 하고, "오, 투구요, 투구요!"라는 말만 반복하며 콘라드 거처의 마당을 가리킨다. 콘라드보다 세 살 많은 열여덟 살의 누이 마틸다(Matilda)와 약혼녀 이사벨라는 어머니인 히폴리타를 돌보며 서있다. 만프레드의 눈에 띈 것은 하인들이 거대한 검은 깃털더미를 치워내려는 모습이다.

> "도대체 무슨 일이냐? 만프레드가 몹시 화가 나서 소리 질렀다. 내 아들은 어디 있느냐? 한 무리의 웅성대는 목소리가 대답했다. 오, 주인님! 왕자님이! 왕자님이! 투구가! 투구가! 이 처참한 소리에 놀라고 알지 못할 두려움에 휩싸여 만프레드가 급히 걸어 나갔다. –아, 그러나 아버지에 눈에 비친 광경이란! 그는 자기 아이가 산산조각이 나다시피 하여 거대한 투구 아래 깔려 있는 것을 보았다. 그 투구란 게 인간을 위한 투구보다 백배 정도 큰 크기였고, 그에 상응할 만큼 어머어마한 양의 검은 깃털이 달려 있었다.
>
> 그 무서운 광경도 놀랍거니와 이런 불행이 일어난 이유가 무엇인지 알 수 없어, 그리고 무엇보다도 자기 앞에 놓인 이 끔찍한 현상을 보며 성주 만프레드는 말을 잃었다. 그러나 그의 침묵은 슬픔으로 인한 침묵이라기엔 너무 길었다. 꿈이기를 바라는 마음으로 눈앞의 상황에 시선을 고정한 만프레드에게 상실로 인한 슬픔은 뒷전이었다. 이 불행을 야기한 거대한 물건에 완전히 정신이 쏠렸다. 그는 거대한 그 투구를 손으로 만지면서 자세히 살펴보았다. 피를 흘리며 심하게 훼손된 어린 왕자의 시신이 바로 그 아래 있음에도, 그는 눈앞에 벌어지고 있는 어떤 전조로부터 눈을 떼지 못하는 것 같았다. 사람들은 만프레드가 왕자를 얼마나 총애했는지 알고 있는 터라 만프레드의 무감각한 태도에 놀라지 않을 수 없었고, 이 마법 같은 투구에 어안이 벙벙할 뿐이었다. 만프레드의 지시가 있기 전에, 사람들이 훼손된 시신을 거실로 옮겨 놓았다. 만프레드는 교회에서 기다리고 있을 여자들에 대해서도 생각할 겨를이 없었다. 오히려, 아내와 딸에 대해서는 일언반구도 없이, 만프레드의 입에서 나온 첫 마디는, 이사벨라를 돌봐 주어라, 였다. […] 이사벨라는 젊은 콘라드의 죽음에 대해서 그리 크게 상심하지 않았다. 가엾다는 느낌은 있었다. 그녀는 자신에게 행복을 가져다 줄 것 같지 않았던 그 결혼으로부터, 정혼자로부터 그리고 만프레드의 혹독한 성격으로부터 놓여 난 것이니 전혀 아쉽지 않았다. 만프레드가 이사벨라를 총애했던 것은 사실이나, 그가 이유 없이 히폴리타나 마틸다에게 무섭게 구는 것을 보며 이사벨라의 정신에는 두려움이 각인되었기 때문이다. (15-16, 17; 필자의 강조)

투구의 크기가 워낙 거대하여 누군가가 일부러 콘라드 위로 떨어뜨렸다고는 도저히 생각할 수 없는 광경이 묘사되고 있다. 만프레드가 이 광경을 바라보며 골똘히 생각에 잠겨 있는 사이, 급히 교회로 달려간 몇몇 사람들이 돌아와, 교회에 있는 선한 알폰소(Alfonso the Good)의 석상에서 투구가 없어졌다며 떠들기 시작했다. 모여 있는 마을 사람들 사이에 처음 보는 젊은이가 한 명 섞여 있었고, 만프레드는 이 젊은이를 공격하기 시작했다. 완력이 있어 보이는 몸집이 전혀 아닌 그를 의심하기엔 콘라드를 죽인 투구가 너무 거대했으므로, 그가 투구를 내리쳐 자기 아들을 죽였다고 차마 생각할 수 없었으나, 만프레드는 이 젊은이가 콘라드를 죽였다고 확신하고 싶었던 것이다. 그도 그럴 것이 이 젊은이는 그 마을에 도착한 지 얼마 되지 않은 낯선 사람이었고, 만프레드는 분노를 쏟아 부울 대상이 필요했다. 무엇보다도 다른 이유, 즉, 누군가의 징벌이나 예언에 의해서 콘라드가 죽었다는 생각을 하고 싶지 않았기 때문이었다. "이 악당아! 괴물! 마법사 놈!"이라고 욕을 퍼부으며 만프레드는 이 젊은이가 마법을 부려 자기 아들을 죽게 했다고 억지를 부린다. 결국 그는 이 젊은이를 집안에 가두고, 자기 방으로 들어가 생각에 잠긴다. 그리고 결심한 것이 며느리인 이사벨라와 재혼하는 것이었다.

며느리감과 재혼이라니, 얼마나 끔찍하고 무도한 생각인가! 아들의 죽음 앞에서 즉시 재혼을 생각한다는 것 자체도 생각할 수 없이 막돼먹은 일이거니와 그 대상이 며느리감이라니! 이쯤 되면 거의 오늘날의 막장드라마와 비견될 만하다. 서문에서, 독자들은 연민을 느낄 새도 없이 엄습해 오는 두려움 때문에 "긴장을 늦출 수 없다"고 월폴이 설명한 이유가 소설의 초반부에 이렇게 드러나고 있다 해도 과언이 아니다. 이사벨라와 재혼하겠다는 만프레드의 선언은 이 소설의 플롯을 지탱하는 매우 중요한 축이 된다. 우선, 첫째, 소설 내내 이사벨라는 만프레드의 탐욕스러운 손아귀에서 벗어나기 위해 도망하고 피신해야 하고, 따라서 플롯의 전개는 그녀의 궤적과 맞물려 있기 때문이다. 둘째, 이사벨라가 피신하는 과정에서 택하는 "어두운 미로"들은 오트란토 성의 지하에 있으나, 그녀가 한 번도 들어가 보지 않은 무서운 곳이다. 즉, 가장 익숙한 곳에 숨겨진 가장 무섭고, 두려움을 일으키는 공간이다. 많은 비평가들은 이 "고전적인 고딕소설적" 장치에 대해(Hogle 7), 가부장제에 의해 "억눌렸던" 여성들의 내면이 공간화되어 나타난 것으로 해석한다. 그리고 마지막으로, 이사벨라에 대한 자신의 욕망을 끊임없이 합법화하고 정당화하고 있는 만프레드의 진의가 과연 무엇인지, 독자들을 밝히고 싶어 하기 때문이다.

물론 만프레드가 이사벨라와 재혼하려면, 아내인 히폴리타와의 혼인을 종료해야 한다. 히폴리타와의 이혼을 승인받고 이사벨라와 결혼하기 위한 그의 계획이 추진되는 과정이 곧, 플롯이 펼쳐지는 과정이다. 자신의 뜻을 알리기 위해서 만프레드는 이사벨라를 부른다.

> 하인들이 이사벨라를 만프레드에게 데리고 오자, 그는 초조하게 복도를 걷고 있다가 깜짝 놀라며, 횃불을 갖고 물러가라고 말하고는 성급히 문을 닫고 벽 앞에 놓은 긴 의자에 몸을 던지듯 앉아 이사벨라를 불러 옆에 앉혔다. 이사벨라가 떨리는 모습으로 그의 명령에 순종하자, 얘야, 내가 너를 불렀다라고 말했다—그리고는 혼란에 빠진 듯이 말을 멈췄다. 오, 저런—그래—내가 중요한 일을 위해 너를 불렀느니라—라고 말을 이었다—눈물을 거둬라, 얘야—그래 신랑을 잃었구나—그래, 잔인한 운명이다, 나도 내 종족의 미래를 잃어버렸다!—하지만 콘라드는 너처럼 아름다운 여인을 만날 만한 놈은 아니었다—아니, 성주님, 이사벨라가 말했다, 제가 충분히 슬퍼하지 않는다고 생각하시나요? 제 임무와 사랑은 늘 한결같았는데요—콘라드는 그만 생각하렴, 만프레드가 그녀의 말을 막았다, 그 놈은 병약하고 볼품없는 애였다. 하늘이 그 애를 데

> 리고 간 것은 그렇게 취약한 놈에게 내 집안의 명예를 걸지 못하게 함인가 한다. 만프레드가는 자손들이 번성해야 하느니라. 내가 그만 그 녀석을 아끼는 마음 때문에 신중하지 못했으나—잘 되었다. 몇 년이 지나면 콘라드의 죽음을 기쁜 일로 생각하게 될 거다. […] 단도직입적으로 말하겠다. 이사벨라, 네게 내 아들을 줄 수 없으니, 나 자신을 주려고 한다—세상에! 이사벨라가 외쳤다. 마치 몽상에서 깨어난 듯, 무슨 말씀이신가요? 성주님은 제 시아버님, 콘라드의 아버님이시잖아요. 게다가 자상하고 덕성스러운 히폴리타의 남편이십니다. 내 말을 들어라, 만프레드가 거만하게 말했다. 히폴리타는 이제 내 아내가 아니야. 이 시간부터 나는 그녀와 이혼한다. 그녀가 오래도록 생산을 하지 못했으니, 내게 저주를 한 셈이지. 난 아들이 있어야만 하는 운명이다. 해서 오늘 밤부터 나는 새로운 희망을 갖기로 한다. 이렇게 말하며 그는 이사벨라의 차가운 손을 덥석 잡았다. 놀라움과 무서움으로 반쯤 정신이 나가 있던 이사벨라가 소스라치게 놀라 비명을 지르면서 일어섰다. 만프레드도 그녀를 쫓아 일어섰다. 그 때, 반대편 창문으로 환한 달빛이 들어오면서, 만프레드 눈에 그 끔찍한 투구의 깃털이 보였다. 깃털은 사납게 앞뒤로 흔들리면서, 거칠게 서걱대는 소리를 내기 시작했다. 이에 용기를 얻어 이사벨라가 말했다. 보세요, 성주님, 하늘도 당신의 불경스러운 생각을 허락하지 않고 있어요!—그녀는 만프레드의 선언에 비하면 그 어느 것도 무섭지 않았다. 천국도 지옥도 내 계획을 막을 수 없다며 만프레드가 이사벨라를 잡으러 성큼 나섰다. (22)

이 부분에서 무서워 벌벌 떠는 인물이 이사벨라만은 아니다. 독자도 덩달아 무서움을 느끼게 된다. 소설이 독자에게 제공하는 공포, 혹은 재미라 해도 좋겠는데, 독자의 입장에서는, 이사벨라의 안위도 걱정스럽고, 만프레드의 결혼계획을 말하는 순간 나타나는 초자연적 현상도 머리가 쭈뼛해지는 순간이기 때문이다.

자신을 두 번째 아내로 맞으려는 만프레드에게서 도망치는 이사벨라는 지하통로에서 우연히 그곳에 있다가 만프레드에게 화를 당한 농부 차림의 젊은이를 만난다. 둘은 미로와도 같은 그 통로를 지나 계단의 통풍문을 찾고 젊은이의 도움으로 그녀는 통풍문을 통해 성을 빠져나가 니콜라스 성당으로 몸을 피한다. 이사벨라의 도피를 알아차린 만프레드는 하인을 풀어 뒤를 쫓지만 농부 차림의 젊은이만 찾을 수 있었을 뿐이고, 이 젊은이를 대신 처벌하려는 만프레드 앞에 제롬 신부가 나타난다. 제롬 신부는 만프레드가 히폴리타와의 이혼에 교회의 동의를 구하기 위해 불렀던 것이다. 상황을 알아차린 신부는, 죄 없는 젊은이가 만프레드의 분노에 희생되는 것을 막고, 또 이사벨라에 대한 만프레드의 야욕을 저지하기 위해 최선을 다한다. 이사벨라를 찾아오라고 보냈던 하인들은 그녀를 찾기는커녕 만프레드에게 성안의 회랑에서 본 거대한 사람 형상의 다리에 대해 무서움에 떨며 보고한다. 그 때, 성 밖에서는 일군의 기사들이 만프레드를 만나기를 요청하고 있다.

한편 농부 차림의 젊은이의 이름은 시오도어(Theodore)였다. 그는 성 밖의 기사들이 이사벨라를 찾기 위해 만프레드가 보낸 사람들인 줄 알고 그 리더 격인 프레드릭(Frederic)과 한 바탕 결투를 벌인다. 결투에서 젊은 시오도어는 프레드릭에게 깊은 상처를 입히고, 비로소 그가 이사벨라의 아버지로, 오래전 십자군 원정을 떠났다 돌아오는 길임을 알게 된다. 경각에 달린 프레드릭의 목숨 때문에 부녀는 재회의 기쁨을 나눌 새도 없다. 이사벨라와 시오도어는 그를 오트란토 성으로 데리고 간다. 다행히 생명에 큰 위협이 없었다. 프레드릭은 히폴리타에게, 자신이 십자군 원정 중, 이사벨라가 위험에 처했다는 꿈을 꾸고 난 후, 그 길로 출발하여 어느 숲에 도착해서 그 곳의 수사에게서 거대한 칼이 묻힌 곳으로 안내되었다는 이야기를 들려준다. 그 칼에 새겨져 있는 예언은 놀라운 것이었다. "이 칼에 어울리는 투구가 발견되는 곳에서 / 그대의 딸이 위험에 처하리니 / 알폰소의 혈통만이 그녀를 구하고 /긴 세월 쉬지 못한 성주의 영혼을 위로하리라 …"(74).

만프레드의 딸인 마틸다와 그녀의 하녀 비앙카(Bianca)는 시오도어를 처음 보았을 때부터 알폰소를 빼닮은 외모에 놀랐다고 서로 고백한다. 시오도어의 외모를 보고 충격을 받은 사람들은 마틸다와 비앙카뿐만이 아니다. 만프레드 역시 그 사실이 마음에 걸렸었다. 오트란토 성의 본래 성주였던 알폰소가 십자군 원정 기간 동안 후사 없이 죽게 되어 그의 유언에 의해 성과 그 부속을 자기 집안의 혈통이 물려받게 되었다는 믿음을 만프레드는 굳건하게 유지하고 싶었으나, 그의 마음속 깊이 자리한 죄의식이 그를 불편하게 하는 것이다. 이사벨라와 억지로라도 혼인하려는 그의 욕망의 저변에는 단순히 오트란토 성을 상속할 장자를 재생산하려는 욕심만 자리 잡고 있었던 것이 아니었다. 이사벨라의 아버지 프레드릭은 현존하는 가장 가까운 알폰소의 친족이었므로, 이사벨라와의 결혼이 성사되면, 만프레드가는 오트란토 성의 명실상부한 소유자가 될 것이라는 계산 또한 작용한 것이다.

치밀하고 침착한 만프레드는 프레드릭이 자기의 딸 마틸다에게 눈독을 들이고 있는 것을 알아차리고, 마틸다와 프레드릭의 결혼을 함께 추진하고자 한다. 일종의 겹사돈 관계를 이루어서 알폰소 집안의 확실한 일원이 되고자 하는 것이다. 그러나 안타깝게도, 마틸다는 시오도어를 처음 본 순간부터 사랑에 빠졌고, 시오도어 역시 마틸다를 만난 첫 순간부터 그녀에게 마음을 빼앗겼다. 둘은 서로 사랑을 고백한 사이였지만, 성주의 딸인 마틸다가 가난한 농부와 결혼하는 일은 그 자체로도 가능한 일이 아니었을 뿐 아니라, 천륜에 어긋나는 만프레드의 계략 때문에도 이뤄질 리가 만무하였다. 이사벨라가 교회묘지에서 밤에 몰래 시오도어를 만나고 있다는 보고를 듣고, 질투의 격정에 사로잡힌 만프레드는 묘지로 찾아가 시오도어와 함께 있는 젊은 여자를 칼로 찌른다. 그가 찌른 여자는 다름 아닌 자신의 딸 마틸다였다! 늘 긍정적이고 선한 마틸다는 자신이 아버지의 칼에 맞은 것을 알고 아버지를 용서하며 숨을 거둔다. 그 후, 오트란토 성에 엄청난 일이 일어난다. 시오도어의 눈앞에서 성이 무너지고, 투구를 쓴 알폰소의 형상이 나타나 말한다. "알폰소와 꼭 닮은 시오도어를 보라!" 그리고 소설 초반에서 제롬 신부의 아들로 밝혀진 시오도어가 알폰소의 외손자임이 밝혀진다. 만프레드는 야욕을 모두 포기하고 성을 시오도어에게 넘긴다. 사랑하는 여인 마틸다를 잃은 시오도어는 이사벨라와 결혼하여 마틸다와 가장 가까운 사이였던 그녀와 평생 마틸다의 추억을 나누며 사는 것으로 소설은 끝난다.

이 글을 읽는 독자들을 위하여 소설을 간략히 소개하면서 제 1장의 특정 부분을 다소 장황하게 인용한 이유는 이 부분이 월폴이 당시 독서계에 새로 선보인 소설 장르의 특징을 명백하게 보여주고 있기 때문이다. 이제 이 특징들을 검토해 보자.

첫째, 이 소설뿐 아니라 당시의 고딕소설을 특징짓는 가장 큰 현상은 인물의 행동과 인지 과정에 초자연적인 현상이 끊임없이 개입한다는 사실이다. 어마어마한 크기의 투구가 이제 막 열다섯 살을 맞은 허약한 소년 위로 떨어져 그의 몸이 형체를 알 수 없이 망가지고, 그 위를 무질서하게 검은 깃털이 덮고 있다는 사실은 소설 어디에서도 설명되지 않는 불가해한 초자연적 현상이다. 이 같은 초자연적인 현상의 등장은 이 부분에서 끝나지 않는다. 설명되지 않은 신음소리가 들린다든지, 교회 안에 서 있는 동상의 투구가 사라졌다든지, 검은 깃털이 요동을 치며 흔들리는 등, 합리성으로는 설명할 수 없는 현상들을 소설 속 등장인물들이 경험하게 된다. 이러한 현상에 가장 쉽게 동요되는 인물들은 무지하여 미신적인 습성을 그대로 노출하는 하인들이나 하녀들이고, 그들이 무서움에 떠는 장면은 사뭇 우스꽝스럽게 묘사된다. 그러나 뭐니 뭐니 해도, 초자연적인 현상들을 가장 민감하게 받아들이는 인물은 성주인 만프레드다. 이런 현상들에 대해 전해 듣거나, 직접 경험할 때마다 도대체 어떤 재앙을 예고하는 전조일까를 그는 골똘히 생각한다. 특히 그 재앙은 자신의 가문과 관련된 재앙일 가능성이 크다. 그가 재앙을 떠올리는 것은 "오트란토 성의 자손이 너무 커져서 집안에 머무를 수 없게 되는 때에, 성과 성주의 권한은 현재의 성주에게서 떠나가리라"는 뜻 모를 예언에 기인한다(14). 그 예언이 그의 은밀한 죄의식을 근본적으로 건드리기 때문이다. 그의 죄의식은, 이 작품을 위시해서 많은 고딕소설 독자들이 보게 될 장르의 특징적 요소들, 즉, 등장인물들이 감추고 있었거나 인지하지 못하고 있던 진짜 신분이나 출생의 비밀들을 암시한다. 이후에 등장한 다른 작가들의 작품에서도, 월폴의 소설에서처럼 플롯의 전개에 따라서, 그리 복잡하지 않은 퍼즐이 맞춰지듯, 고딕소설의 공식과도 같은 요소들이 등장하면서, 텍스트가 그려내고자 하는 그림을 완성한다.

다시 『오트란토 성』으로 돌아가 두 번째 특징을 보자. 두 번째 특징은, 위에서 잠깐 언급한 바 있듯이, 길을 잃고 헤매는 여성 주인공들의 궤적이다. 그들이 쫓기거나 헤매는 곳은 주로 깜깜한 지하 공간 속의 미로거나, 인적 없는 숲속, 묘지 같은 곳들이다. 고딕소설 서사의 시대적 배경을 생각하면 이 여성들은 가부장의 권위와 권력에 종속되어 완벽한 '보호'를 받고 있어야 마땅하다. 이러한 여성 인물들이 그 공간을 벗어나 헤맨다는 것도 흥미롭거니와,[7] 그들이 보호받는 바로 그 집 안에 어둡고 공포를 불러일으키는 비밀스러운 공간이 있어 그들을 위협한다는 사실은 독자들에게 무서움과 두려움을 느끼게 하지만, 매우 시사적이다. 이 공간을 찾아내는 인물들이 주로 여성 인물들이고, 이 공간을 통해 이들이 자신에게 닥친 위험을 헤쳐 나간다는 흥미로운 설정 때문이다. 지하 공간은 여성 인물 내면의 억압되고 감추어진 정신적 공간을 상징하고, "여성의 억압과 타자화"의 과정을 "여성의 입장에서 보여주고 있다"는 해석, 즉, 여성의 "비체화" 과정을 드러내주는 장면으로 주로 해석이 된다(Hogle 10). 설득력 있는 이 해석은 또한, 고딕소설의 장치들이 그 시작부터 근대적 주체가 형성되는 과정에서 일어난 수많은 균열의 잠정적 봉합을 보여준다는 해석을 가능케 한다.

균열을 통해서 독자들에게는 새로운 사실이 드러난다. 근대적 인간이 탄생하면서 형성된 수많은 이항 대립들이 의존하는 대립항들의 경계는 실로 모호하다는 각성이다. 낮과 밤, 남성과 여성, 이성과 감성, 정상적 일상과 일상을 엄습하는 무서움 등은 언뜻 보면 대조되는 현상이지만, 그 속성이 명확하게 구분되지 않음을 독자는 경험한다. 만프레드는 가족을 지키고 보호하는 가부장이고 가족들은 그의 명령을 믿고 따르며 그에게 삶의 모든 결정과 자신의 안위를 의탁한다. 그러나 그는 폭군과도 같은 분노를 시도 때도 없이 드러낼 뿐 아니라, 자신의 아내를 버리려고 하고, 의도치 않은 일이었으나, 결과적으로 딸을 살해한다. 오트란토 성의 내부는 또 어떤가. 분명 환한 대낮인데도, 지하 공간에는 미세한 빛도 들어오지 않는 어둠의 방과 회랑이 있고, 시오도어와 이사벨라는 이 어둠 속 미로를 헤매면서 길을 찾아야 한다. 또, 이성적 존재를 당혹케 하는 예언이나 예언의 실현이 있다. 더욱이 이 작품이 폭로하는 가장 놀라운 사실은, 견고해 보이는 가부장제를 유지하고, 가부장적 혈통보존의 의무를 이행하는 일이 연약해 보이는 여성들(히폴리타, 이사벨라)과 그녀의 자궁에 철저하게 의존한다는 점이다. 『오트란토 성』이 의도하지 않게 노출한, 가부장제의 작동방식일지도 모르겠다.

세 번째 특징은 소설 서사의 전개와 밀접하게 연관되어있는 등장인물들의 과거는 정치적 현재와 과거사이의 연속과 불연속을 동시에 노정한다는 점이다. 만프레드가 오트란토 성을 차지하기까지는 셰익스피어의 『햄릿』(*Hamlet*)에서의 선왕의 독살과 유비될 만한 음모가 있었음이 소설의 결말에서 밝혀진다. 알폰소 휘하의 기사였던 만프레드의 할아버지 리카르도(Ricardo)가 알폰소를 독살하고 유언장을 조작하여 성을 차지한 것이었다. 그러므로 만프레드는 적법한 상속자가 아니었고, 그 비밀을 알고 있는 까닭에 콘라드가 죽는 순간부터 오트란토 성의 적법한 상속인이 나타날까봐 불안해했던 것이다. 만프레드 자신이 저지른 죄가 아니었지만, 과거(조상)의 죄의 대가를 후손이 치른다는 단순한 공식은 독자들의 간담을 서늘케 하는 권선징악적 결론처럼 보인다. 오트란토 성에 일어나는 일은 과거가 전복되고 새롭게 역사를 이어갈 적법한 젊은 성주가 나타난다는, "혁명"을 상기시키는 설정과도 같다.[8] 이 소설에서 두 가지 다른 종류의 로만스를 조합했다는 월폴의 설명과도 부합하는 부분이지만, 정작, 이 소설에서는 현재를 지배하고 있는 과거가 훨씬 더 부각되는 듯하다. 현재 인물들의 운명을 지시하는 것은 그들의 과거의 죄와 그로 인한 죄의식이다. 정서적으로도 현대의 로만스가 지향하는, 개연성이 크고 사실적인, 부분보다는 월폴 자신이 과거 로만스의 특징으로 규정한 상상적 작동들, 즉 있을 법하지 않은 현상들에 의해 등장인물들이 계속 지배되고 있는 현상이다(Punter 44). 꿈에서 계시를 받는다든지, 밑도 끝도 없이 거대한 칼을 발견하고 그 칼에서 두 혈통의 역사가 함축된 글을 읽는다든지 하는 대목들이다.

현재와 과거가 이렇게 느슨한 듯하면서도 복잡하게 얽혀있는 현상은 고딕소설의 정치적 의미를 모호하게 한다. 1780년대 말과 1790년대에 거침없이 출판된 많은 고딕소설들에 대해 프랑스혁명에 대한 특정한 정치적 반응으로 읽는 작업이 가능하다면 그것은 분명 오늘날의 많은 독자들에게 매력적인 일일 것이다. 고딕소설이 대거 출판된 시기가 1780년대 후반부터 1790년대라는 사실, 그리고 고딕소설 작가의 대명사처럼 여겨지고 있는 앤 래드클리프의 작품들이 거의 이 시기에 출판되었다는 사실은 독자들로 하여금 혁명과 고딕소설을 동일한 차원에서 생각하도록 유혹하는 조건이고 그런 점에서 고딕소설의 흥행과 혁명을 연결지어 생각하고자 하는 시도들이 있어왔다.

한 가지 예로,『오트란토 성』을 두고, "초자연적 현상"으로써 월폴이 갖고 있는 본연의 급진적인 사상의 노출을 "차단"하는 텍스트라는 시각도 있다(Bird 192). 앞에서 잠깐 언급했지만, 소설의 주제가 적법한 상속을 둘러싼 비밀과 사실의 폭로라는 점을 고려한다면, 이 작품은 너무도 쉽게 왕권과 그 상속의 문제로 읽힐 수 있기 때문인데, 뜬금없이 하늘에서 떨어지는 투구 같은 설정은 이 텍스트를 "비정치적"으로 보이게 하는데 기여한다는 것이다(Bird 192). 뿐만 아니라 작품 마지막 부분에서 오트란토 성의 적자 상속인인 시오도어가 만프레드에게 보이는 관용의 태도 역시 왕위의 계승과 관련된 월폴의 급진적 생각을 감추는 데 한 몫을 한다(Bird 194).

그러나 독자의 입장에서 우리는 당시의 소설들이 모두 특정하게 일관된 정치적 지향, 특히 진보적 혁명을 믿고 전파한다거나, 아니면 반혁명적이고 유기적인 세계관을 노출한다는 확신에 찬 해석을 할 수도 없고, 또 그렇게 스스로에게 강요해서도 안 된다. 고딕소설이 출판된 동기가 다양하고, 그 가운데에는, 당대 문학시장에서 유행하는 요소들을 조합하여 감상적이면서도 충격적인 효과를 노린 작품들도 있을 것이다. 또, 당시 프랑스혁명을 둘러싼 논쟁이 시사하듯, 혁명이 초래하는 결과를 예측하고 바라보는 시각도 다양했기 때문이다. 하나의 소설 텍스트 내에서도 프랑스혁명에 대한 소설(혹은 작가)의 입장은 절대로 간단하지 않다. 고딕소설과 프랑스혁명의 관계를 설명한 글에서 로널드 폴슨(Ronald Paulson)은 고딕소설을 읽는 독자들은 이 모호한 입장에 독자 자신이 서 있음을 발견한다고 주장하고 있다. 월폴의, 그리고 비슷한 시기의 작가 클라라 리브와 앤 래드클리프같은 작가들의 작품에 남아 있는 "풀리지 않은 신비는 당대 독자들이 프랑스혁명을 읽는 방식"이기도 했다는 것이다(541).

IV. 총평

특정 텍스트가 혁명적인가 반혁명적인가는 그리 중요하지 않다. 하나의 텍스트를 특정한 정치적 이데올로기를 전파하기 위한 장으로 읽거나 문학작품을 정치적 알레고리로 해석하는 일은 그 자체로 유의미할 수는 있으나, 무자비한 환원적 해석을 포함한다. 월폴의 소설이 중세를 기술해 냄으로써 무엇을 정확하게 비판하고 있는지, 또 그가 기술해내고 있는 중세가 과연 역사적으로 충실하게 재현된 중세인지, 아니면 18세기 월폴과 독자들이 상상할 법한 중세인지도 중요하지 않다. 월폴에게 중요한 것은 과거의 과거성, 즉 지나가 버린 과거는 이제 더 이상 존재하지 않는다는 안도감일지도 모른다. 이 점은 고딕의 탄생에서 매우 중요하다. 왜냐하면 고딕이 탄생한 순간은 왕권의 의미와 계승의 문제에 관해 심각한 갈등이 있었던 때였음에도 불구하고, 인간의 정신이 어두운 미망에 사로잡혀 있던 미신적 과거를 벗어났다고 당대 독자들이 생각했을 법한 그런 순간이었던 것이다. 적어도 영국에서는 그랬다. 즉, 고딕소설의 장치로 사용되는, 독자에게 무서움과 두려움을 불러일으키는, 그 요소들은 지나간 시대가 가졌던 망상 정도로 치부될 수 있던 순간이었던 것이다.

고딕소설이 환기하는 것이 과거의 과거성, 바꿔 말해서, 이미 지나간 것에 대한 반추라고 이해할 때, 우리는 당대 고딕소설이 왜 인기가 있었는지 부분적으로 이해할 수 있을 것이다. 앤 래드클리프의 소설에서 주로 발견되는 "초자연적 현상에 대한 [이성적] 설명"(explained supernatural)이 지향하듯, 한때 인간 정신을 구속했던 미신적, 야만적인 현상들은 대부분 이성적으로 설명될 수 있으므로, 더 이상 우리에게 "무서움"이나 "두려움"을 느끼게 하지 못한다는 믿음 역시 고딕 장르의 태동이라는 맥락 속에 담겨 있다. 이것은 고딕의 가장 기본적인 전제가 된다. 그러나 동시에, 완전히 지나가고, 따라서 설명될 수 있다고 믿고 싶은 과거, 그 시간에 속하는 어두움, 미신적 믿음, 야만적 폭력 등이 유령처럼 언젠가 튀어 나올 수 있다는 불안 역시 고딕소설이 품고 가는 요소이기도 하다.

혁명과 반혁명 중 그 어떤 것도 선명하게 지지하지 못하는 정치적 유보성, 이미 지나가 버린 과거의 무지를 보여주면서도 그 과거가 환기하는 두려움으로 독자를 매혹하려고 하는 태도, 낯익은 것들 속에 묻혀 있는 낯선 기괴함의 폭로 등이야 말로 18세기 말 고딕소설의 특성이고, 인간 정신의 '진보'와 사회의 '발전'에 대한 근본적 양가성과, 뿌리 깊이 자리 잡은, 그러나 결코 쉽게 드러나지 않는, 회의가 고딕소설이 오늘날까지 우리의 일상에서도 소비되고 있는 이유일지도 모른다.

1) 고딕소설과 18세기 소설 정전 속의 작가들과의 관련성은 이 글에서 다룰 범위를 넘어가는 것이어서 다루지 않는다. 그러나 데이빗 펀터(David Punter)에 따르면 새뮤얼 리처드슨(Samuel Richardson)의 소설이 보여주는 감정에 대한 집중은 고딕소설에서 강조하는 감정의 분출의 전범으로 볼 만하다. Punter 24쪽 참조.

2) 『오트란토 성』에서의 모든 인용은 Horace Walpole and Henry Mackenzie, *The Castle of Otranto and The Man of Feeling,* Laura Mandell ed. (New York: Pearson, 2007)에 따르며, 괄호 안에 쪽수를 표기한다.

3) 주인공의 신분과 출생의 비밀이 밝혀지는 플롯 구조는 헨리 필딩(Henry Fielding)의 『톰 존스』(*The History of Tom Jones, a Foundling*, 1749) 같은 18세기 소설에서 자주 등장하는 모티프이다.

4) 로라 도일(Laura Doyle)에 의하면 제일 먼저 탈식민주의적 고딕에 관한 언급을 한 비평가는 테리 이글턴(Terry Eagleton)이다. 도일이 제공하는 탈식민주의고딕에 관한 논문들은 Doyle 514쪽, 각주 2번 참조.

5) "고딕적"인 것과 "낭만적"인 것의 관계에 대해서는 로버트 흄(Robert Hume)의 글을 볼 것.

6) 로버트 흄(Robert Hume)은 월폴의 『오트란토 성』이 출판된 1764년과 찰스 매튜린(Charles Maturin)의 『방랑자 멜모스』(*Melmoth the Wanderer*)가 출판된 1820년을 고딕소설 출판의 처음과 번성의 끝으로 간주한다. Hume 282쪽 참조.

7) 엘렌 모어스(Ellen Moers)는 고딕소설 중, 특히 앤 래드클리프의 고딕소설에 등장하는 여성인물들을 "여행하는 여성"들이라고 해석한다. 여성의 움직임이 가정 내부와 교회 정도로 제한되어 있던 시대에, 그녀들의 피신의 여정은 그녀들이 집 밖으로 나가 여행할 수 있는 기회를 제공한다는 것이다. 『오트란토 성』에서도 이사벨라는 성니콜라스교회로 피신하고, 마틸다는 시오도어를 만나러 묘지로 가기도 한다. Moers 126쪽.

8) 이에 대해서는 Bird의 글을 참조.

인용문헌

Bird Benjamin. "Treason and Imagination: The Anxiety of Legitimacy in the Subject of the 1760s." *Romanticism* 12.3 (2006): 189-99.

Clery, E. J. "The genesis of 'Gothic' fiction." *The Cambridge Companion to Gothic Fiction.* Ed. Jerrold E. Hogle. Cambridge: Cambridge UP, 2002. 21-39.

Doyle, Laura. "At World's Edge:Post/Coloniality, Charles Maturin, and the Gothic Wanderer." *Nineteenth-Century Literature* 65.4 (2011): 513-47.

Guillery, Peter. "Strawberry Hill: Building and Site." *Architectural History* 38 (1995): 102-28.

Hogle, Jerrold E. "Introduction: The Gothic in Western Culture." *The Cambridge Companion to Gothic Fiction*. Ed. Jerrold E. Hogle. Cambridge: Cambridge UP, 2002. 1-20.

Hume, Robert. "Gothic vs. Romantic." *PMLA* 84.2 (1986): 282-90.

McKillop, Alan D. "Mrs Radcliffe on the Supernatural in Poetry." *The Journal of English and German Philology* 31.3 (1932): 352-59.

Miles, Robert. *Gothic Writing 1750-1820: A Genealogy*. Manchester and New York: Manchester UP, 2002.

Moers, Ellen. *Literary Women: The Great Writers.* Oxford: Oxford UP, 1977.

Paulson, Ronald. "Gothic Fiction and the French Revolution." *ELH* 48.3 (1981): 532-54.

Punter, David. *The Literature of Terror, A History of Gothic Fictions from 1765 to Present Day.* Harlow: Longman, 1996.

Reeve, Matthew. "Gothic Architecture, Sexuality, and License at Horace Walpole's Strawberry Hill." *The Art Bulletin* 95.3 (2013): 411-39.

Schmitt, Cannon. "Techniques of Terror, Technologies of Nationality: Ann Radcliffe's *The Italian*." *ELH* 61.4 (1994): 853-76.

Silver, Sean. "Visiting Strawberry Hill: Horace Walpole's Gothic Historiography." *Eighteenth Century Fiction* 21.4 (2009): 535-64.

Walpole, Horace, and Henry Mackenzie. *The Castle of Otranto and The Man of Feeling*. Ed. Laura Mandell. New York: Pearson, 2007: 1-102.

교양소설:

D.H. 로렌스의 『아들과 연인』과 『무지개』

최선령

Ⅰ. 교양소설

교양소설이란 무엇인가? 그 명칭만으로는 소위 교양을 쌓는 일과 모종의 관련이 있는 소설로 생각될 수도 있다. 그러나 우리가 일상생활에서 흔히 사용하는 바로서의 교양, 즉 '문화에 대한 폭넓은 지식'으로서의 교양을 생각한다면 교양소설은 그러한 지식을 추구하거나 전달하지 않으며 따라서 교양을 쌓는데 직접적으로 도움이 되는 소설은 아니다. 그렇다고 교양소설이 일상적 의미의 교양과 완전히 무관하다고 할 수도 없는데, '교양'이라는 말의 또 다른 사전적 의미인 '학문, 지식, 사회생활을 바탕으로 이루어지는 품위'라는 뜻을 염두에 둔다면 이는 교양소설의 특징과 일부 맞닿는 면이 있기 때문이다. 교양소설은 세상에 첫발을 내딛는 젊은 주인공이 사회생활을 포함한 다양한 경험을 거치며 자신이 속한 세계에 안착하는 과정, 즉 젊은이의 '사회화'(socialization)에 초점을 맞추는 이야기이다.

교양소설이라는 용어 자체는 1819년 칼 모겐스턴(Karl Morgenstern)이라는 문헌학자가 만들어낸 것으로 알려져 있지만, 이것이 하나의 장르로서 미학적 관점에서 본격적인 주목을 받게 된 계기는 딜타이(Wilhelm Dilthey)의 논의이다. 딜타이는 괴테(Goethe)를 비롯한 몇몇 작가들을 거론하며 다음과 같이 말한다.

> 그들은 모두 자기 시대의 젊은이의 모습을 그려낸다. 즉 젊은이가 어떻게 자신과 비슷한 부류의 영혼을 찾으며 순진하고 행복한 상태에서 삶에 뛰어들어 우정과 사랑을 발견하는지, 어떻게 세상의 험난한 현실에 부딪쳐 씨름하는지, 어떻게 다양한 인생 경험을 통해 성장하여 성숙에 이르며 자신을 발견하고 자신이 세상 속에서 살아가는 목적에 대한 확신을 얻는지를 그려내는 것이다. 괴테의 목적은 활동적인 삶을 위해 스스로 준비하는 한 사람에 관한 이야기였다. (Dilthey 335)

위 인용문에 나온 것처럼 "현실" 속에서 다양한 "경험"을 통해 "성숙"에 이르는 "젊은이"의 이야기라는 말은 교양소설에 대한 최초의 정의라 해도 무방하겠다. 소박하고 포괄적인 언어로 표현하고 있으나 딜타이는 "활동적인 삶"의 경험을 통해 이루어진 젊은이의 "성숙"이 "자신을 발견"하는 인간적인 측면과 "세상 속에서의 자신의 목적에 대한 확신"이라는 사회적 측면을 아우른다고 설명함으로써 사실상 교양소설의 핵심적 쟁점들을 이미 짚어냈다. 딜타이의 이러한 관점은 이후 루카치(Georg Lukács)가 한층 심화된 논의에서 "교양소설의 주제는 이상에 대한 실제 경험을 지침 삼아 문제적 개인이 구체적인 사회 현실과 화해하는 것"(132)이라고 규정할 때에서도 기본적으로 유지되고 있는 것이다.

이런 맥락에서 볼 때 교양소설은 '성장소설'이라는 용어와도 일정하게 구분될 필요가 있다. 교양소설이 '성장소설'의 한 형태로, 혹은 그 반대로 간주됨으로써 두 용어가 혼동되거나 막연히 동일시되는 경우도 빈번하기 때문이다. 그러나 대체로 어린 시절부터 시작해 시간의 흐름을 따라 주인공의 경험을 서술해가는 작품들을 느슨하게 일컫는 말로써 비평적 함의를 거의 포함하지 않는 용어인 '성장소설'과 달리, 교양소설은 개인의 내면적인 성숙이 그의 사회적 성취와 어떻게 조화를 이루거나 갈등을 겪고 최종적으로 어떤 결말에 이르는가에 초점을 맞춘다. 따라서 어떤 작품을 교양소설로 분류한다는 것, 혹은 하나의 작품에 대해 교양소설적 접근을 한다는 것은 작품 속에서 이루어지는 개인의 내적 성숙과 사회적 성취 사이의 '관계'에 초점을 맞춘다는 뜻임을 분명히 할 필요가 있다. 말하자면 교양소설은 한 개인이 진정으로 성숙한 어른이 되는 것은 사회 속에서 의미 있는 일을 찾아 헌신하거나 적극적인 인간관계를 맺는 일과 같은 사회적 활동이나 관계맺음의 성공여부에 좌우되는 사안이라고 보는 것이다.

이러한 관점은 무엇보다 근대적 교양을 지칭하는 독일어인 빌둥(*bildung*) 개념에서 비롯되는 것인 만큼 먼저 이를 짚고 넘어가지 않을 수 없는데, 교양소설을 논할 때는 교양이라는 말의 일상적인 의미로 인한 혼동을 피하기 위해서 빌둥이라는 단어를 그대로 사용할 필요가 있다. 독일 문화 전통에 깊이 뿌리내린 개념인 빌둥은 본래 중세의 신비주의 전통에서 "신이 자신의 형상으로 인간을 창조함"을 뜻했다. 그러나 18세기에 이르러 빌둥은 종교적 의미가 제거된 채 개인의 인성에 대한 '의식적'인 형성 혹은 그러한 과정을 뜻하는 말로 바뀐다. 요컨대 개인의 인성이란 저절로 드러나고 구현되도록 기다리는 것이 아니라 모종의 방식으로 의식적으로 이끌어갈 수 있고 또 그렇게 하는 게 바람직하다는 관점인 것이다(Cocalis 399~404).

그런데 개인의 인성을 '의식적으로' 이끈다는 것은 당연히 누가 어떤 방향으로 이끄는가의 문제를 제기할 수밖에 없고, 이는 루카치가 제시한 "화해"라는 말의 구체적인 뜻과 직결된다. 즉 교양소설에서 이루어지는 "화해"란 결국 주인공이 당대 사회의 주도적 계급이 지향하는 가치관을 수용하는 것을 의미하기 때문이다. 물론 그 과정상의 크고 작은 갈등이나 회의 등은 배제되지 않을 뿐 아니라 오히려 필수적인 요소이지만, 교양소설 장르의 성립에는 그 최종적인 수용 여부가 관건이다. 최초의 교양소설로 불리곤 하는 괴테의 『빌헬름 마이스터의 수업시대』(*Wilhelm Meister's Apprenticeship*, 1795)[1]는 근대적 빌둥 개념을 본격적으로 구현한 작품으로 간주되는데, 이 작품에서 부르주아 계급의 젊은 주인공은 개혁 귀족들의 은밀한 지도 아래 경험을 쌓아가면서 최종적으로 부르주아 세계의 논리를 수용하고 이 계급의 일원으로서 자신에게 부과된 사회적 임무를 떠맡는다. 이것이 교양소설적 "화해"의 고전적 예이다. 독일 문학이지만 교양소설 장르에 관한 어떤 논의도 이 작품을 건너 뛸 수 없는 이유가 여기에 있다.

Ⅱ. 교양소설과 반교양소설(anti-bildungsroman)

『수업시대』에서 부르주아 계급의 젊은이인 주인공 빌헬름(Wilhelm)은 같은 계급에 속한 친구 베르너(Werner)가 "끊임없이 부를 축적하면서 가벼운 마음으로 느긋하게 즐기는" 삶을 원하는 것과 달리 "세계를 경험함으로써 삶과 자기 자신, 그리고 예술에 대한 통찰을 얻고자"(88)한다. 그러나 빌헬름은 "인성을 조화롭게 발전시키고자 하는 억제할 수 없는 욕망"(175)을 실현하는 것은 귀족과 같이 생존 활동에서 자유로운 처지이면서 또 인성의 발전에 도움이 될 다양한 사회적 기회를 부여받는 계급에게나 가능한 일이지, 사업을 통한 부의 축적을 본업으로 삼아야하는 부르주아지에게는 거의 불가능한 일이라고 느낀다. 교양소설의 역사는 빌헬름이 직면한 이 딜레마로부터 시작되었다. 즉 사회가 부르주아 계급 젊은이에게 부과한 임무이자 자신의 생계를 위해서도 요구되는 "끊임없는 부의 축적"을 추구하는 삶이 자신의 가장 깊은 욕망인 "인성의 조화로운 발전"과 양립하기 힘들다는 사실이다. 그리고 이러한 갈등 속에 있는 빌헬름이 받는 "수업"의 내용이란 그로 하여금 근대 부르주아 세계의 작동 원리를 수용하고 그것과 "화해"하게 만드는 과정이다.

그 수업의 주체, 즉 연극과 예술에 경도되어 부르주아 계급으로서의 실용적 삶에 회의를 표하는 빌헬름의 삶을 이끌고 교정하는 역할을 하는 것은 당대 개혁 귀족들의 모임인 "탑의 결사"(Tower Society)이다. 이 단체는 계몽적 이성의 논리에 따르는 삶과 공동체적 활동을 옹호한다는 점에서 근대 시민사회의 이념을 대변한다.

> 세상 속으로 첫발을 내딛는 사람이 자기 자신에 대한 긍지를 지닌 채 스스로 많은 재능을 습득할 능력이 있다고 믿으면서, 가능한 무엇이든 이루어보려 애쓰는 것은 좋은 일이지요. 그러나 그의 교양이 어느 정도 수준에 이르게 되면 한층 큰 집단 속에서 자기 자신을 잊는 것이, 즉 타인을 위해 살며 타인을 위해 의무적인 활동을 하는 가운데 자신을 망각할 줄 아는 것이 더욱 도움 되는 일입니다. 그때야 비로소 그는 자신을 알게 되지요. 활동이야말로 우리를 다른 사람들과 대비시켜주기 때문입니다. (301)

위 인용문은 "탑의 결사"의 일원인 야르노(Jarno)가 빌헬름에게 그의 "수업시대"가 끝났음을 알리며 하는 말이다. 적극적으로 "재능을 습득"하기 위해 "애쓰는 것"을 높이 평가하는 것은 곧 개인의 자기 계발을 독려하는 근대적 계몽주의에 근거하며, 나아가 인간이 자기 "자신을 알게"되는 것이 공동체 속에서의 "의무적인 활동"을 통해서라고 말하는 것은 루카치가 지적하였듯 "인간 영혼의 가장 깊은 요구"에 대한 응답을 "사회구조" 속에서 발견하는 교양소설의 기본 관점을 시사한다(Lukács 133). 이처럼 인간이 사회적 활동을 통해 세계를 이해하고 세계에 기여하면서 더불어 자기실현에 도달할 수 있다는 것은 그 세계가 평균이상의 긍정성을 지닌 곳임을 뜻한다. 그리고 이러한 사실은 근대 부르주아 사회가 본격적으로 형성되어 가던 18세기 서구에서 교양소설이라는 장르를 요청하고 성립시킨 요인이다. 이 시기에는 빌헬름도 인정하듯 상인으로서 경제활동의 일익을 담당하는 것이 기본적으로 한 개인에게 보람을 느끼게 하는 유쾌하고 유용한 일이기도 했다(164). 또한 엄격한 신분질서가 유지되는 가운데에도 개혁적인 성향의 귀족이 존재하고 그들이 부르주아 청년의 '교육'을 담당함으로써 양 계급의 단점이 상호보완 되는 효과를 만들어내기도 했다.

이런 맥락에서 빌둥이란 프랑스혁명의 충격을 겪은 서구 세계가 부르주아 사회를 안정시켜 혁명적 전복을 방지하는 대안적 의미를 품고 있었다는 평가도 가능하다. 그래서 모레띠(Franco Moretti)와 같은 평자는 교양소설적 "화해"의 고전적 예들이란 "프랑스 혁명을 어떻게 피할 수도 있었는지"에 관한 서사라고 표현한 바도 있다(64). 그러나 교양소설 장르에 내포된 이러한 보수적인 측면만큼이나 교양소설의 해결방식이 주어진 세계에 대한 "반대도 아니고 긍정도 아닌" 제 3의 방식이었다는 사실이 중요하다. 루카치의 논의대로 『수업시대』는 주인공 빌헬름이 속한 부르주아 세계의 문제점, 즉 그 "비본질적 성격"뿐만 아니라 빌헬름 개인의 "나약함"을 '동시에' 문제 삼고 있으며 작품의 최종적인 "화해"는 그 둘 모두의 양보에 기반하고 있기 때문이다. 즉 빌헬름을 지도한 개혁 귀족의 존재는 일정하게 교정된 세계를 나타내며 빌헬름 자신이 예술에 대한 지나친 경도를 반성하고 현실의 과업을 받아들이는 것은 "영혼"의 양보인 셈이다. 그리하여 작품 말미를 장식하는 귀족과 부르주아지 사이에 이루어진 네 남녀의 결혼은 세계와 개인 사이의 "화해"를 상징한다. 정확히 여기에 대응하는 영소설이 다시(Darcy)와 엘리자베스(Elizabeth)가 각기 서로의 결함을 수정하면서 행복한 결혼에 이르는 『오만과 편견』(*Pride and Prejudice*, 1813)일 것이다. 두 작품 모두에서 우여곡절과 갈등 및 시련에도 불구하고 최종적으로 양 계급 사이에 성취된 "화해"는 18세기 서유럽 부르주아 사회가 초기에 간직한 건강성 덕분에 가능했다. 그런 의미에서 루카치는 교양소설이 "추상적 이상주의"(abstract idealism)와 "낭만적 환멸"(romanticism of disillusion) 소설 사이에서 "미학적으로나 역사철학적으로 중간"(136)에 위치한 짧은 시기의 산물이라고 말한 것이다.

실제로 이후의 역사를 보면 『수업시대』가 이룩한 것과 같은 "화해"는 드문 예임을 확인할 수 있다. 특히 19세기 이후 유럽 대륙에서 생산된 교양소설들, 예를 들어 스탕달(Stendhal)의 『적과 흑』(*The Red and the Black*, 1830)이라든가 발자크(Balzac)의 『잃어버린 환상』(*Lost Illusions*, 1837)과 같은 작품에서 젊은 주인공은 빌헬름과 같은 "화해"가 아니라 세계에 대한 전적인 부정이나 영합이라는 양극단으로 치닫는다. 교양소설적 "화해"가 매우 지난한 일이 되었다는 점에서 교양소설이 위기에 처한 것이라 할 수 있다. 그럼에도 불구하고 이 작품들은 여전히 교양소설의 범주에 있고 또 교양소설적 관점에서 조명될 근거를 가지고 있다. 왜냐하면 비록 주인공을 둘러싼 '이야기'(story)의 차원에서는 『수업시대』와 같은 "화해"에 도달하지 못하는 게 사실이지만, 화자가 이끌어가는 '담화'(discourse) 차원에서는 여전히 그 이상이 폐기되지 않고 있기 때문이다. 주인공과 일정하게 거리를 유지하며 그들의 실패를 비판적인 관점에서 바라보는 화자, 나아가 작가의 관점이 견지된다는 것이다.

그러나 대략 19세기 중반을 넘기면서 근대 부르주아 세계의 부정성이 압도하고 어떤 대안적 삶에 대한 전망도 사라지는 듯 보이는 시점에 교양소설 장르는 진정한 위기를 맞이한다. 이 위기의 핵심은 부르주아 세계를 전적으로 부인하거나 혹은 거기에 영합하는 주인공이 아니라 그러한 주인공의 관점에 동조하는 화자의 존재에 있다. 그리하여 플로베르(Flaubert)의 『감정교육』(*Sentimental Education*, 1869)에서와 같이 타락한 세계에서 젊은 주인공은 아무런 이상도 품고 있지 않으며 화자 역시 주인공의 무의미하고 세속적인 삶을 보여줄 뿐 분명한 비판적 거리를 두지 않는다. 교양소설의 관점에서 볼 때 젊음이란 세계와의 진정한 "화해"를 통해 "성숙"에 이르고자 하는 힘겨운 여정을 앞두고 있는 까닭에 가치를 지녔으나 그 가능성을 부인하는 플로베르의 세계에서 젊음은 의미를 상실한다. 따라서 젊은이는 그저 물리적 나이를 먹을 뿐, 아무리 나이가 들더라도 결코 "성숙"은 오지 않는다. 이른바 "연장된 젊음"(*protracted* youth)인 것이다(Moretti 177). 이런 관점에서 본다면 엄밀한 의미에서 '반교양소설'(anti-builungsroman)이라는 명칭은 단순히 주인공이 "화해"에 실패한다는 사실에 근거해서가 아니라, 『감정교육』처럼 화자가 끌고 가는 작품 자체가 그 전망을 부정하는 경우에 붙여져야 할 것이다.

Ⅲ. 반교양소설로서의 『무명의 주드』

한편으로 플로베르와는 다른 방식으로 교양소설에 종언을 고한 작품이 있는데, 영소설 전통에 있는 하디(Thomas Hardy)의 『무명의 주드』(*Jude the Obscure,* 1895)[2)]가 그 예이다. 플로베르식의 반교양소설, 즉 주인공이 자신의 이상과 세계 모두를 수정하려는 시도는 전혀 하지 않은 채 현실의 논리를 그대로 추종하는 가운데 상상 속에서의 자기실현을 꿈꾸고 화자 역시 그러한 주인공에 대해 딱히 비판적 거리를 드러내지 않는 방식과 달리, 『무명의 주드』는 주인공과 화자 모두 "화해"의 이상을 거부하는 직설적인 형태의 반교양소설이다. 주인공 주드(Jude)는 세계 속에서 자신을 실현하려는 힘겨운 시도들을 거듭한다는 점에서 처음부터 교양소설적 과제를 회피하는 프레데릭과는 다른 유형으로 출발한다. 그러나 조금도 수정될 기미가 보이지 않는 세계에서 주드의 시도는 모두 실패로 귀결되고 화자 역시 주드의 자기실현은 불가능할 뿐 아니라 전적으로 무의미하다는 선언을 한다. 교양소설적 "화해"가 불가능한 삶의 조건이라는 현실 진단에 있어서는 하디 역시 플로베르와 같은 관점을 지녔지만, 하디는 플로베르처럼 상상의 세계라는 대안으로 나아가지 않고 실패 그 자체를 끝까지 밀고 나가는 쪽이다.

하디가 교양소설의 가능성을 부정한 이러한 방식은 영소설의 기본적 특징과 관련된 측면도 없지 않은데, 그런 의미에서 비록 반교양소설의 형태이지만 『무명의 주드』는 대륙과 구별되는 영국 교양소설의 전통에 관해 몇 가지 시사점을 던지는 작품이다. 우선 거의 19세기가 끝나가는 시점에 『무명의 주드』 같은 작품이 나왔다는 사실은 영국 교양소설이 대륙에 비해 상대적으로 교양소설 장르를 더 오랫동안 유지해왔음을 반증한다. 『감정교육』이 나온 때와 비슷한 19세기 중반의 영국에서는 여전히 『위대한 유산』(*Great Expectations*, 1860)과 같은 교양소설이 가능했다. 모레띠가 영국 교양소설을 폄하하며 지적한 특징이기는 하지만 대륙과 비교할 때 영국 소설들이 종종 '동화'와 같은 권선징악의 보수적인 구도를 보인다는 것, 그리고 "화해"가 더욱 빈번하게 성취되었음은 분명한 사실이라 할 수 있다(Moretti 181-188). 그런 관점에서 볼 때『무명의 주드』는 기본적으로 보수적이고 낙관적인 영소설 전통 속에서 반교양소설의 출현 역시 그만큼 지연되었음을 시사하는 작품이다.

더불어 이러한 '지체' 현상은『위대한 유산』이 그러하듯이 교양소설에 새롭게 도입된 주체인 노동계급 주인공의 사회화에 관한 시도가 대륙에 비해 영소설에서 한층 지속적으로 시도되었음을 의미하기도 한다. 프레데릭과 같은 부르주아 계급에게서는 고갈되어가는 사회적 역동성의 새로운 담지자라 할 노동계급 젊은이에 관한 이야기가 디킨즈(Charles Dickens)에서 하디로 이어지고, 또 하디의 철저한 부정에도 불구하고 로렌스(D. H. Lawrence)를 통해 되살아나기도 한 것은 영소설 특유의 흐름이다. 그런가 하면 주인공 주드의 경험을 전달하고 평가하는 화자의 악명 높은 비관주의 역시 권선징악의 보수적 구도를 지닌 영소설의 특징이 타락한 세계에 대해 더욱 정면으로 맞선 결과인 측면도 있다. 교양소설의 핵심 요소인 사회 현실 속에서의 자기실현 대신 상상의 세계로 물러선 플로베르와 달리 하디는 "화해"의 실패와 그 암울한 전망까지 집요하게 응시했다는 의미에서 그러하다.

작품 초반의 설정을 보면『무명의 주드』는 전형적인 교양소설의 구도와 분위기를 지니고 있다. 마치 디킨즈 소설 속 어린 주인공처럼 누추하고 작은 시골마을에 사는 가난한 어린 고아 소년 주드의 처지를 보고 독자로서는 장차 주드가 핍(Pip)처럼 누군가 조력자를 만나 도움을 받기도 하며 세상 속에서 자신의 길을 찾아가지 않을까 기대할 법하다. 또 교양소설 주인공답게 주드는 자신의 내면적 가치를 실현시키고자 하는 이상을 지니고 있다. 고단한 생업을 이어가면서도 고전 시를 암송하는 주드의 모습은(33) 학문에 대한 그의 열망이 상당 부분 인성을 발전시키고자하는 욕구, 곧 빌둥의 이상에서 비롯된 것임을 시사한다. 그의 이상은 학문에 대한 동경으로 구체화되는데, 이런 의미에서 크라이스트민스터(Christminster)는 주드에게 사회적 성취와 인간적 성장을 위한 세계를 대변한다. 그러나 주요한 플롯이 전개됨과 동시에 『무명의 주드』는 이내 급격하게 실패의 드라마로 선회하여, 애러벨라(Arabella)나 쑤우(Sue)와의 남녀관계는 실패할 뿐 아니라 부르주아 사회의 근간인 결혼제도 자체에 대한 부정으로까지 나아간다. 크라이스트민스터라는 세계 역시 주드를 전적으로 거부함으로써 그는 교양소설적 "화해"에 완전히 실패한 주인공이 되는 것이다.

그런데 더욱 중요한 문제는 주드의 실패 자체가 아니라 그의 이야기를 바라보고 전달하는 화자의 관점이 주드의 선택과 시도들을 궁극적으로 무의미한 것으로 규정하는 허무주의를 드러낸다는 사실이다. 예를 들어 『적과 흑』 역시 주인공이 부르주아 사회에 진입하고자 하는 야망을 실현시키지 못한 채 비극적 파멸을 맞이하는 실패의 드라마이다. 그럼에도 불구하고 작품 자체는 그러한 실패에 이른 주인공의 개인적인 특성, 혹은 크고 작은 선택에 내포된 문제점을 짚어보게 만드는 쪽이다. 화자는 주인공과 일정한 거리를 유지하는 가운데 주인공의 실패를 일차적으로 쥴리앙(Julian)이라는 특정 개인의 실패로 간주한다. 그것을 일반화하여 당대의 사회적 성취에 대한 근본적인 회의나 부정으로 나아가지 않는다는 뜻이다.

반대로 『무명의 주드』는 주드의 실패를 빌어 부르주아 사회를 살아가는 모든 노동계급 젊은이의 사회화, 즉 교양소설적 "화해"나 "성숙" 자체를 부정하고 무화시킨다. 단지 19세기말 노동계급 젊은이들의 미래에 대한 암울한 전망에 그치는 것만도 아닌데, 한발 더 나아가 『무명의 주드』는 마치 인간적 삶의 역사에 대한 근본적인 회의마저 담고 있는 듯 보인다. 리틀 파더 타임(Little Father Time)이 동생들과 함께 죽기를 선택한 참담한 사건(336)이라든가 애초에 자신이 태어난 것마저 저주하며 비탄 속에 죽어가는 주드의 최후는(403) 삶에 대한 극단적인 허무와 절망으로 보이기 때문이다. 이 작품에서 하디의 악명 높은 비관주의는 정점을 찍었고 하디는 이 작품을 끝으로 더 이상 소설을 쓰지 않았다.

다분히 개인적인 것이었지만 『무명의 주드』를 끝으로 소설 장르를 포기한 하디의 선택은 교양소설의 위기가 곧 소설 자체의 위기임을 반증하기도 한다. 서구 근대를 대표하는 장르인 소설의 전성기라 할 18세기 중엽에서 19세기 중엽까지의 시기가 곧 교양소설 장르의 전성기이기도 했다는 사실은 근대 소설이 기본적으로 부르주아 세계에 대한 긍정 위에서 성립된 장르였음을 의미한다. 교양소설이 부르주아 계급 젊은이의 사회화에 관한 것이고 "화해"의 주요한 내용은 구 지배세력인 귀족계급과 부르주아지 사이의 결합이었기 때문이다. 그러나 자본주의의 진행과 더불어 부르주아 사회의 부정성은 더욱 심화되고 19세기 중반을 넘기며 이제 세계와 개인 사이의 상호양보를 거친 "화해"는 사라지고, 『감정교육』의 예가 보여주듯 주인공이 돈과 쾌락의 논리에 투항함으로써 교양소설 역시 위기에 처했다. 그리고 다시 한 세대가 지나 『무명의 주드』에 이르러 교양소설 장르는 또 다른 방식으로 종결되는데, 이 작품은 단지 교양소설에 그치지 않고 소설적 서사 자체의 종말까지 암시하는 것이다.

한편으로 하디의 이러한 철저한 부정은 그 나름의 긍정적인 기능도 없지 않다. 플로베르 역시 하디와 마찬가지로 자신이 살던 동시대 부르주아 세계의 현실을 깊이 증오했고 삶에 대한 깊은 절망감을 느끼는 작가였다(Brombert 3). 그러나 『감정교육』의 프레데릭이 상상 속에서의 자기실현이라는 일종의 대안을 구축했듯, 작가 플로베르는 문학 작품이라는 예술 속에서 "모든 삶을 살아봄으로써" 자신의 현실적 절망감과 무기력을 보상했던 것이기도 하다(Bourdieu 155). 반면 하디에게 소설과 현실은 서로 대체될 수 있는 무엇이 아니라 긴밀하게 맞물린 것인 까닭에, 현실에 대한 철저한 절망은 곧 소설적 서사의 불가능으로 이어질 수밖에 없다. 이와 같이 현실과 경험에 깊이 뿌리 내린 영국 소설의 특징이랄까 '촌스러움'은 그 나름의 미덕도 지닌다. 무엇보다 『무명의 주드』가 제기한 핵심적인 문제들이 로렌스로 하여금 노동계급 젊은이의 "성숙"의 드라마에 새롭게 도전하게 만든 원동력이었다는 사실을 보더라도 주드의 실패는 물론 하디의 비관주의마저도 영소설 전통 속에서 하나의 자산으로 작용하고 있기 때문이다.

Ⅳ. 교양소설 다시 쓰기—『아들과 연인』

로렌스가 『토마스 하디 연구』(*Study of Thomas Hardy*)에서 주드의 학구열을 두고 "자신의 피 속에서 감지하는 것에 대한 의식적인 표현을 찾으려는"(112) 열망이라고 표현했듯이 주드는 좁은 의미의 사회적 성취에 얽매이지 않는 깊이와 진정성을 지닌 인물이었다. 작품이 보여주듯 그의 '비타협적' 성품은 결과적으로 부당한 세계 질서는 고스란히 남겨둔 채 개인의 참담한 실패만을 초래했지만 다른 한편 그러한 인물에게 실패를 안긴 당대 세계의 부정성을 더욱 예리하게 부각시켜 놓기도 했다. 이것이 심각한 비관주의로 이어진 것은 하디 개인의 선택인 동시에 당대의 삶이 그만큼 심각한 어려움에 처한 증거이기도 하다. 그런데 상대적으로 그 허상과 한계를 쉽게 드러낸 크라이스트민스터의 부정성에 비해 주드와 쑤우 사이의 남녀관계가 만들어낸 불행은 작품의 비관주의에 못을 박은 결정적 요소라 할 수 있다. 깊은 교감과 애정을 나누었던 쑤우가 결국 필롯슨(Phillotson)에게 돌아가는 왜곡된 선택을 한 것은 주드로 하여금 삶에 대한 희망을 완전히 잃게 만든 치명타였기 때문이다. 사실『무명의 주드』는 주드 만큼이나 쑤우에 관한 드라마이기도 하고, 교양소설에서 이루어지는 주인공의 "성숙"과 "화해"란『수업시대』가 보여주듯 처음부터 남녀관계의 실현, 곧 결혼과 직결된 것이었다. 따라서 남녀관계의 육체적 충족을 회피하려하고 결혼을 통한 최종적 결합의 의미를 극도로 불신하는 쑤우라는 인물의 존재는 곧 교양소설에 대한 거부와 동의어인 셈이다.

이처럼『무명의 주드』가 반교양소설이 되고 하디의 비관주의가 극에 달한 사정의 근원에는 남녀관계의 실패가 놓여 있다. 따라서 만약『무명의 주드』이후 교양소설적 추구가 재개된다면 그러한 시도의 궁극적인 성공은 인간적 열정의 핵심적인 발현이자 다양한 사회관계의 투영이며 작품이 증명하듯 당대에 심각한 위기에 처한 남녀관계의 진정한 실현 여부에 달려있다고 말할 수 있다. 이러한 관점에서 본다면 로렌스는 서구 근대의 삶에서 개인의 자기실현을 위태롭게 만드는 핵심 요인인 남녀관계의 문제점을 탐색하는 가운데,『아들과 연인』(*Sons and Lovers*, 1913)[3)]을 통해 교양소설을 재개했고『무지개』(*The Rainbow*, 1926)[4)]의 어슐라(Ursula) 부분에서는 그 나름의 새로운 교양소설을 쓴 것이라고 평가할 수 있다. 그런 의미에서 로렌스의 소설적 작업이 하디의 작품과 인물들에 대한 평가와 함께 본격화되었다는 사실은 교양소설적 관점에서도 의미심장하다.『토마스 하디 연구』에서 로렌스는 육체와 성을 억압하고 이상주의에 경도되는 쑤우의 특징은 단지 그녀 개인에 국한된 것이 아니라 서구 역사의 진행과 더불어 심화되어온 고질적 문제로서 근본적으로 주드, 나아가 작가 하디에게도 뿌리 깊게 자리 잡은 것이라고 진단한다. 그렇기에 주드는 쑤우의 문제점을 충분히 파악하거나 극복할 수 없었고 하디 역시 비관적 전망에서 벗어날 수 없었다는 것이다.

실제로 로렌스의 교양소설은『무명의 주드』와는 꽤 다른 느낌을 선사한다. 부정적으로 그려진 애러벨라를 제외하고는 인물들이 대체로 사고와 판단의 차원에서 번민하거나 갈등을 겪음으로써 전반적으로 메마르고 삭막한 느낌을 자아내는『무명의 주드』와 달리『아들과 연인』에서는 활력과 생생함이 느껴진다. 특히 월터 모렐(Walter Morel)의 육체적 활기가 강하게 발산되는 모렐가의 분위기와 그 속에서 성장하는 아이들의 모습을 다룬 작품 전반부가 만들어내는 긴장감이 인상적이다. 그리고 이것은 물론 구체적인 양상에서는 다르지만『수업시대』에서 빌헬름의 장래를 둘러싸고 펼쳐지는 갈등이 작품에 불러일으키는 활력과 유사한 성격의 긴장감을 조성한다. 생산적인 갈등으로서 독자로 하여금 과연 주인공이 어디에서 어떻게 해결의 실마리를 찾아갈지 기대하게 만든다는 뜻에서 그러하다.『아들과 연인』이 지닌 활력은『감정교육』의 무기력한 분위기와 다르며, 또 현실과 예술을 구분하는 가운데 교양소설에 대한 거부로 나아가는 작품인 조이스(James Joyce)의『젊은 예술가의 초상』(*A Portrait of the Artist as a Young Man*, 1916)과 비교해도 분명하게 드러나는 차이이다.

이미 반교양소설이 대세가 된 20세기 초반이라는 시기에『아들과 연인』이 이처럼 고전적 교양소설을 연상시키는 적극적인 분위기로 출발할 수 있었던 사정에는 육체와 육체성에 주목한 작가 로렌스의 기본적 특성이 영향을 미쳤고 이는 곧 주인공 폴(Paul)의 형상화에도 반영된다. 우선 폴은 노동계급 출신으로서 프레데릭이나 스티븐

(Stephen)과 달리 자연을 직접적인 삶의 장으로 접한 경험을 지녔고 무엇보다 부모의 육체노동을 가까이에서 보고 자란 인물이다. 단지 노동계급으로서의 입지 자체가 핵심은 아니다. 그렇다면 주드에게도 그러한 활력이 충분히 갖춰져 있어야 했다. 물론 주드와 폴의 인물됨이 두 사람의 행로를 갈라놓은 중요한 요소이긴 하지만, 그에 못지않게 의미심장한 차이점은 처음부터 와해된 가정에서 홀로 자란 주드와 달리 폴은 육체적 활력과 끈끈한 유대감을 지닌 가정에서 자랐다는 사실, 거기에 모렐 부인(Mrs. Morel)이라는 부르주아계급 출신의 어머니가 존재했다는 사실이다. 이러한 조건은 폴의 사회적 성취를 적극적으로 자극할만한 요인이다. 자식들이 좀 더 나은 사회적 성취를 하기 바라는 모렐 부인의 상승욕—계급적이고 물질적인 향상심뿐만 아니라 한층 깊은 의미에서 '더 나은 삶'에 대한 열망이 함께 섞인 욕망—이 없었더라면 모렐 집안의 활력이 그렇게 생산적인 긴장감으로 이어지기 어려웠을 것이기 때문이다.

결국 『아들과 연인』이 당대에 드물게 이룩한 교양소설적 "화해"는 기본적으로 모렐 부부의 계급적 차이에서 비롯된 조건, 즉 육체적 활력을 결여하지 않고 더불어 물질적으로나 정서적으로 더 나은 삶을 향한 강한 향상심이 살아 있는 특별한 배경 속에서 이루어졌다. 그러나 이렇게 두 계급 사이에서 두 개의 가치가 공존하고 갈등하는 가운데 성장하는 폴의 조건은 그의 자기 정체성의 정립을 그만큼 복잡한 문제로 만들기도 했다. 예를 들어 폴은 어머니와의 대화에서 자신이 "평범한 사람들", 곧 "서민"에 속하며 그들 속에서 생명력과 온기를 발견하고 자신이 그 일원인 것을 기꺼이 받아들인다고 말한다. 그러나 어머니의 지적처럼 폴은 진짜 "서민"에 속하는 노동계급의 아버지나 아버지 동료들에 대해서는 상당한 이질감을 느낀다. 또 그는 노동계급과 더불어 육체적 활력을 나누지만 "생각"은 중산계급으로부터 얻는다고 말하는가 하면 "신사"란 사회적 계급이 아니라 오직 자기 자신에 근거하는 것이라고 주장한다(298). 이러한 폴의 상황은 윌리엄즈(Raymond Williams)가 지적한 하디 소설 주인공들, 즉 "교육과 계급간의 제 관계"에 있어서 위기에 봉착한 이른바 "접경지대"(117)의 인물이 처한 상황과 동일하다.

폴에게 있어서 더욱 중요한 점은 "접경지대"에 있다는 사실 자체라기보다 그가 교육을 통한 계급 상승에 큰 의미를 두거나 그런 의미의 사회적 성취를 통해 자기실현을 하려는 인물이 아니라는데 있다. 결과적으로 부르주아 사회로의 편입에 좌절한 뒤 절망으로 치달아간 주드와 달리 폴은 그것을 자기 삶의 핵심적인 목표로 간주하지 않는다. 노동계급 출신으로서 부르주아 세계가 마련해 놓은 상승의 계단을 무비판적으로 올라가는 것은 정신적인 죽음이 될 만큼 위험하기 때문이다. 최악의 경우 그것이 실제 죽음으로 이어질 수도 있음을 『아들과 연인』은 윌리엄(William)의 행로를 통해 단적으로 보여준다. 따라서 폴이 일시적으로나마 집안의 실질적 요구에 부응하여 회사에 들어가 사회적 경험을 성공적으로 해냈다 하더라도 그것이 폴의 최종적인 성취가 될 수 없다. 그렇다고 그가 아버지와 같은 노동계급으로 살아가는 것을 상상하기도 어렵다. 결국 폴로서는 어떤 계급으로서 자신을 정립하여 '행복'한 삶에 안착하는 것이 아닌 그 나름의 새로운 길을 개척하지 않을 수 없는 입장이다. 그러나 폴은 다만 그런 사실을 의식할 뿐 구체적인 방향에서는 아직 모색의 단계에 있으며 작품은 그것이 사회적인 것에 국한되지 않는 한층 근본적인 차원의 삶에 대한 열망임을 암시하는 정도에 그친다.

그런데 폴에게 이처럼 사회적 활동이나 성취 너머의, 혹은 한층 근본적인 차원의 삶에 대한 의식을 일깨운 데는 그의 남녀관계가 결정적인 역할을 했다. 주드와 쑤우가 그러했듯이 폴과 미리엄(Miriam) 역시 힘겨운 관계를 지속하며 서로의 에너지를 고갈시켜가지만 폴은 주드와 달리 미리엄과의 관계에 매몰되지는 않고 클라라(Clara)를 통해 남녀관계의 또 다른 가능성을 탐색한다. 그러나 교양소설 주인공으로서 폴의 더욱 의미심장한 탁월성은 오히려 그가 클라라와 함께 경험한 충족감에 마냥 안주하지 않았다는 사실에 있다. 폴은 클라라와의 육체적 관계를 통해 여자와 더불어 "삶의 흐름에 자기 자신을 그대로 내맡길 수 있게 하는" 남다른 경험을 하지만 이러한 모종의 "비개성적" 충족감이 자기 영혼 깊은 곳에서의 진정한 충만감으로 연결되지는 못했음을 직시하기 때문이다(398).

이처럼 육체적 충족감의 의미와 중요성을 실감하면서도 단지 그것이 감각적이고 상투적인 차원에 머무는 것을 경계할 뿐 아니라 무엇보다 남녀관계를 통해 자기 존재의 최상의 성취에 다가서려는 폴의 남다른 열망은 20세기 초반 교양소설에서 드물게 발견되는 특징이다. 19세기 중반에 이미 프레데릭은 남녀관계의 진정한 만족감이란 오직 환상 속에만 가능한 것으로 간주했는가 하면 『무명의 주드』가 보여주듯 남녀관계의 실패는 교양소설을 진정한 종말로 이끈 요인이었음을 기억하면, 폴은 남녀관계의 한층 심오한 의미들을 발견해내는 가운데 교양소설적 "성숙"을 넘어서는 하나의 도약을 시도한 인물이라 할 수 있다.

『아들과 연인』은 장르의 종말이 선언된 이후인 20세기 초반 교양소설의 매우 드문 예이지만, 그 사실 못지않게 중요한 것은 이 작품에서 폴이 만들어내는 "화해"가 괴테나 오스틴(Jane Austen) 소설에서 성취된 고전적 예와 매우 다르다는 점이다. 어둠과 혼돈 속에서 방황하다가 작품의 거의 끝에 이르러서야 세계를 긍정할 한 가닥 실마리를 발견해내는 폴의 모습은 귀족과 부르주아지 사이의 '행복한' 결혼으로 마무리되는 『수업시대』나 『오만과 편견』의 결말과는 완전히 다른 분위기와 함의를 지닌다. 우선 『아들과 연인』의 대단원은 어둠의 이미지가 지배할 뿐 아니라 주인공의 미래에 대한 구체적인 예측도 허용하지 않는다. 폴의 "화해"는 사회적 활동이나 관계에 대한 긍정이 아니라 그야말로 자신의 존재 자체에 대한 미약한 희망에 기대어 힘겹게 성취된 위태로운 것이기 때문이다.

> 사방에서 거대한 검은 침묵이 그토록 조그만 반점인 자신을 짓눌러 없애려는 듯 보였지만 그럼에도 불구하고, 거의 아무것도 아닌 존재이지만 그는 소멸할 수 없었다. 모든 것을 삼켜버리는 밤이 별들과 해를 넘어서 어둠의 장막을 펼쳐가고 있었다. 별들과 해는 몇 개의 빛나는 낟알처럼, 그들 모두를 앞질러 그들을 왜소하고 겁에 질린 채로 내버려두고 가는 그 어둠 속에서 공포에 질린 채 빙빙 돌면서 서로를 부둥켜안고 있었다. 그와 마찬가지로 그 자신도 지극히 작으며 핵심에서는 아무 것도 아닌 존재였다. 그렇지만 아무 것도 아니라고 할 수는 없었다. (464)

이 대목은 어머니의 죽음으로 인한 깊은 상실감으로 캄캄한 어둠 속을 헤매던 폴이 마침내 공포와 죽음을 떨쳐내기 직전의 순간을 묘사한 것인데, 여기서 폴은 인간세계는 물론이고 해와 별과 같은 천체마저 공포에 질리게 만드는 막강한 "어둠의 장막"에 압도된 채 자신의 존재에 관해 겨우 "아무 것도 아니라고는 할 수 없었다"는 정도의 긍정에 도달할 뿐이다. 작품의 말미에서 "도시의 불빛"을 향해 돌아서는 선택을 하기 직전에 폴이 위와 같이 우주적 "거대한 검은 침묵"을 배경으로 자기 존재를 인식하고 사유한 것은 그가 좁은 의미의 사회적 성취가 아닌 한층 근본적인 삶의 경험으로 향하고 있음을 알려준다.

이와 같이 『아들과 연인』은 비교적 전통적인 소설 형식과 갈등 구조에 의거해 출발했고 전형적인 교양소설적 경험들을 다루기도 하지만 한편으로 교양소설이 관습적으로 다뤄온 것과는 다른 국면에서 개인의 경험과 자아실현의 문제를 검토해야만 하는 상황을 발생시키면서 끝나는 작품이다. 교양소설이 근대 부르주아 세계에서의 사회적 활동과 관계맺음이 개인의 내면적 성숙에 결정적으로 기여하는 요소라는 전제 아래 출발한 것이라고 할 때, 그러한 사회적 관계를 '넘어서는' 차원의 추구로 나아가려는 폴의 마지막 모습은 교양소설의 한계에 도달한 것이라고 할 수 있다. 그런 의미에서 폴은 교양소설의 경계에 선 인물이라고 하겠다. 말하자면 죽음에의 충동을 극복하고 "도시의 불빛"을 향하는 몸짓이 상징하듯이 폴은 동시대 사회를 자기 삶의 터전으로 받아들임으로써 세계와의 "화해"라는 형식 자체는 지키지만, 그러면서도 사회적 활동과 성취가 더 이상 개인의 진정한 자기실현의 길이 될 수 없음을 깨달으며 그 너머로의 방향전환을 시도하려는 주인공이기 때문이다. 물론 그의 새로운 삶이 구체적으로 어떤 모습으로 펼쳐질지는 알 수 없으며 이는 20세기 초반 어렵사리 성취된 교양소설로서 『아들과 연인』이 지닌 그 경계적인 특성에 상응하는 면모이기도 하다.

Ⅴ. 교양소설을 넘어서—『무지개』

『아들과 연인』이 20세기 초반 교양소설로서 지닌 의미를 인정한다 하더라도 이 작품이 작가 로렌스가 교양소설 장르에 관해 이룬 최대의 성과라고 할 수는 없다. 일단 폴의 구체적인 사회적 경험도 조던(Jordan)회사와 같이 아직 전근대적 인간관계의 자취가 사라지지 않은 곳을 배경으로 펼쳐진 만큼 근대 특유의 것이라 하기에는 아쉬운 점이 있다. 또 남녀관계의 온전한 실현이 힘겨워진 모습을 그려내며 근대적 개인의 진정한 자아실현이 큰 위기에 처했음을 암시하지만, 이 역시 아직 하나의 문제제기일 뿐 그에 관한 심도 깊은 검토는 숙제로 남겨놓았다. 이처럼『아들과 연인』에서 이룩된 성취를 바탕으로 하지만 더불어 이 작품이 남긴 문제들을 본격적으로 다루면서 한층 전형적이고 치열한 근대적 경험을 그려낸 것이『무지개』의 어슐라 부분이다.

전체적으로 볼 때『무지개』는 무엇보다 한 개인의 삶이 조상들의 창조적이거나 부정적인 삶의 유산과 깊숙이 연결되어 있음을 깨닫게 만드는 작품이다. 조상들로부터 내려오는 특유의 흐름을 이어받으면서 개인은 또한 자신이 살아가는 당대 세계와 그 나름의 관계맺음을 모색하는 가운데 자기 고유의 존재를 실현해내려 애쓰는 것이다. 그런데 마지막 세대인 어슐라가 보이는 삶에 대한 적극적인 도전의 태도는 브랑웬(Brangwen) 집안의 이전 세대들이 성취시키거나 못다 이룬 열망이 그녀에게 이어지고 발현된 것이면서도, 근대세계가 지속적으로 고취시켜온 자기실현의 요청에 부응한 결과인 측면이 다른 세대들에 비해 훨씬 강하다는 특징이 있다. 교양소설의 화두가 전근대와는 근본적으로 달라진 세계에서 젊은이의 자기실현이 어떻게 가능할 것인지를 모색하는 것이라면『무지개』의 어슐라 부분은 이 문제를 역사적인 맥락에서, 그리고『아들과 연인』의 폴이 마지막 대목에서 사유했던 바인 근본적인 존재의 층위에서 검토하는 작품이다.

어슐라는 부모 세대, 즉 균형 잡힌 관계의 성취에 실패한 채 각자의 삶의 모험을 제대로 시도하지 못한 윌(Will)과 애너(Anna)로부터의 영향뿐 아니라 조부모인 톰(Tom)과 리디아(Lydia)의 충만한 삶이 남긴 유산을 함께 이어받았다. 그래서 그녀는 세계 속에 적극 뛰어들어 자기를 실현하려는 의욕적인 태도와 대결의식에 있어서 동시대 다른 교양소설 주인공들은 물론『아들과 연인』의 폴에 비추어서도 유달리 강렬한 데가 있는 인물이다. 다른 한편 그녀는 세상에 발을 내딛기 전부터 자기 안의 "미지의 자아(unknown self)"를 의식하고 그것을 실현시키고자 하는 강한 열망도 지니고 있다. 그리하여 그녀 앞에는 사회적 자아라 할 "평균적 자아"(average self)와 "미지의 자아"(252) 사이의 힘겨운 싸움이 예고되어 있는데, 이 전투는 단지 자기 자신과 바깥세상, 혹은 타인에 대항에서 치러져야 할 것만이 아니다. "평균적 자아"로 전락하지 않으려는 자아 내부의 투쟁도 포함한다는 점에서 그녀가 싸워야 할 상대는 세계에 만큼이나 그녀 자신 안에 존재한다.

『무지개』는 그러한 양면적인 싸움을 세세히 그려내는 동시에 이 두 가지가 얼마나 서로 얽힌 문제인지를 드러낸다. 어슐라의 교사 경험이라든가 그녀와 스크레빈스키(Skrebensky) 사이의 관계가 전개되는 양상은 단지 사회적 성취나 남녀관계에서의 충족감을 통한 개인의 자아실현이 힘겨워졌다는 사실을 드러내는데서 그치지 않는다. 그러한 위기는 이미 19세기 중반부터 분명해진 것이고,『무지개』는 개인의 자아실현이 왜 실패하는지가 아니라 애초에 그런 의미의 '자아'가 어떤 것인지를 질문한다. 이는 곧 교양소설의 핵심인 계몽주의적 합리성에 기초한 빌둥 개념에 대한 회의이다. 애초에 빌둥이 의미하는 "조화로운 인간적 발전"이란 대체적으로 일정한 통합성을 이루는 단일한 자아가 있고 이것이 교육이나 지도를 통한 지속적인 발전을 거쳐 예견된 목표에 도달할 수 있다는 전제하에 시도된 것이었다. 물론 그러한 개념상의 정의와 구체적인 작품 사이에는 괴리가 있고, 실제로『수업시대』의 곳곳에는 계몽주의적 빌둥 개념에 대한 크고 작은 회의들을 제기되어 있다. 그럼에도 불구하고 그 기본 전제에 대한 일말의 신뢰가 유지되었다는 것인데,『무지개』에 이르면 그것이 근본적으로 흔들린다. 단적인 증거로서 어슐라가 두려워하는 "평균적 자아"와 그녀가 추구하는 "미지의 자아", 혹은 스크레벤스키와의 관계를 통해 "최대로 확장된 자아"(281)라든가 그녀의 "벌거벗은 자아"(296), "일상의 따뜻한 자아"(299)라는 많은 표현들은 기존의 단일하고 안정된 자아 개념으로는 설명할 수 없는 것들이다. 그러나 작품은 그러한 여러 층위의 자아들이 각각의 논리를 따라 성장하고 쇠퇴하는 모습을 보여주는데, 이런 사실은 이성과 합리성에 근거한 자아 개념 및 자아실현의 이상이 더 이상 유지될 수 없음을 시사한다.

전통적 빌둥 개념과 더불어『무지개』라는 작품이 의미심장한 해체 작업을 가하는 또 하나는 바로 교양소설이 설정하는 개인과 세계의 이분법이다. 세계 속에서의 자기실현이 곧 타락이라는 사실이 확고해진 20세기에는 그 둘 사이의 괴리나 적대관계를 오히려 당연한 것으로 전제하기도 했지만『무지개』는 그것이 기본적으로 서로 분리될 수 없는 관계임을 사유한다. 사실 어슐라 역시 처음에는 세계에 대한 적대감과 소외에 시달리는 20세기 교양소설 주인공들의 일반적인 특징을 지녔기에, 그녀에게는 세계와 타인들을 자아에 대한 일종의 위협으로 느끼며 과도한 방어태세와 독립 의지를 다지는 태도가 일찌감치 완고한 것으로 자리 잡아 있었다. 그러나 어슐라는 자신의 교사 경험이나 스크레벤스키와의 관계를 통해 겉으로 보이는 그의 독자성뿐 아니라 그녀 자신의 과도한 도전의식과 투쟁의지 역시 실은 세계 속에서 고립된, 혹은 세계와 분리된 개인이라는 허위의식을 의지적으로 밀고나간 결과임을 깨닫는다.

그녀는 교사로서 집단적이고 강제적인 교육 현장에서 일하면서 사회적 경험이라는 것이 결국 개인을 전체 체제에 맞춰 길들이는 과정일 뿐임을 실감하고 "고통과 상처, 치욕"에 휩싸인다. 그럼에도 불구하고 그녀는 이 경험을 회피하거나 포기하지 않는다. 프레데릭처럼 세상의 논리에 영합 하는 것도 아니고 스크레빈스키처럼 공허하게 추수하는 것도 아니며 그렇다고 어쩔 수 없이 받아들이는 게 아니라, 어슐라는 "굴복하지 않고" 끝까지 가서 "그에 관해 알아내고 거기에 봉사하고 그리하여 그것을 파괴해내려는"(378) 의지에 불탄다. 이처럼 교사로서의 사회적 활동에 적극 뛰어들어 좌절하면서도 끝내 그것을 극복해내는 어슐라의 모습은 빌헬름의 힘겨운 분투와 다름없는, 어떤 면에서 훨씬 더 치열한 싸움이다. 그럼에도 불구하고 학교의 체제는 조금도 바뀌지 않았다는 점에서 어슐라가 빌헬름과 같은 "화해"를 성취한 것은 아니다. 그렇다고 학교라는 기존의 세계에 자신을 적응시키는 그녀의 모습이 부정적 세계에 무기력하게 투항한 것이라 볼 수도 없다.

어슐라의 교사 체험은 그녀 특유의 "화해"이다. 이 경험을 통해 어슐라가 자신도 "전체 일꾼 중 한사람이 되어서 남자가 짓고 있는 건물에 자신의 조그만 벽돌 하나를 올려놓았다"(394)고 느끼는 대목은 한편으로 20세기 초반이 지나서야 좁은 의미의 사회적 활동에 뛰어들 수 있게 된 여성으로서의 시차를 의미하기도 한다. 그런 의미에서 어슐라가 올린 "벽돌 하나"는 일차적으로 '보람'의 표현이다. 그러나 동시에 그녀는 자신 역시 세계의 일부를 구성하는 기계적이고 무의미한 부속품일 수밖에 없음을 뼈아프게 인식한다. 어슐라는 20세기 초반의 여성 주인공으로서 "남자의 세계"(328)에서 사회적 활동에 참여하는 동시에 그 활동의 본질에 대한 예리한 인식을 해낸 것이다. 말하자면 어슐라 식의 "화해"란 부정성이 만연한 세계이나마 거기에 봉사하여 철두철미 그것을 "알아내고" 그럼으로써 적어도 그녀 자신에게 있어서는 그 부정성을 파괴시키는 것을 의미한다.

현실과 정면으로 맞서는 가운데 그 본모습을 파악하면서 한편으로 자신의 허위의식 또한 인식하는 어슐라의 태도를 예를 들어 삼촌 톰(Tom)이나 위니프레드(Winifred)의 태도와 비교해본다면 어슐라의 미덕은 더욱 뚜렷해진다. 탄광이라는 "거대한 기계"를 단죄하고 비판하면서도 그 "거대한 기계"를 바랄뿐만 아니라 그것을 섬기는 순간에 비로소 행복과 자유를 느끼는 톰과 위니프레드의 모습(324) 역시 개인과 세계의 이분법이 적절한 구분이 아님을 시사한다. 실은 기계적 현실을 즐기고 기꺼이 받아들이면서도 냉소적인 비판과 거리두기로 위장을 하고 있는 두 사람은 허위의식 속에서 자기들의 '순수한' 자아가 부정적인 세계와 대립하고 있다고 믿기 때문이다. 이들의 모습을 통해 어슐라는 현실에 대한 비판 뒤에 그에 대한 동조와 공모가 숨어 있음을 발견한다. 이처럼 『무지개』는 어슐라의 깨달음과 비판적 시각을 통해 근대적 개인 내부에서 심화되는 세계와 개인이 이분법이 그럴만한 타당한 이유만큼이나 인간 자신의 허위의식에서 비롯됨을 거듭 드러낸다.

그러나 무엇보다 스크레벤스키와의 관계와 그 파탄에서 얻어진 것이야말로 이러한 깨달음의 핵심이다. 어슐라는 세상에 대한 적대감에서 비롯된 도전의식과 성취욕의 상당부분을 스크레벤스키를 매개로 하여 키워갔던 탓에 그와의 부정적인 관계는 또한 그녀 자신의 부정성을 더욱 심화시키는 것이었다. 스크레벤스키가 전쟁이라는 세상의 부조리에 역시나 "벽돌 한 개"로서의 역할을 하기 위해 두말없이 복종해 들어가는 모습을 보는 순간 어슐라는 이미 세계에 대한 환멸과 분노를 느끼고 좌절했다. 이를 계기로 어슐라는 스크레벤스키를 처음 만났을 때 그녀를 매료시켰던 그의 독자성은 진정한 개별성의 표현이 아니라 다만 사회가 자신에게 부과한 역할을 할 뿐 세계와의 진정한 관계맺음은 오히려 포기한 결과라는 뜻에서 차라리 소외에 가까운 것이었음을 깨닫는다.

스스로 상처 입으면서도 스크레벤스키의 공허한 자아를 짓밟아 파괴하는 과정, 또 쉽게 극복하지 못하는 그녀 자신의 허위의식으로 인해 맞는 큰 시련들을 거치면서 어슐라는 자신과 스크레벤스키 모두의 낡은 자아를 파괴하는 동시에 그러한 자아를 길러놓은 토양인 낡은 세계를 부정한다. 결과적으로 어슐라는 교사로서의 사회적 지위에 안착하지 못하고 스크레벤스키와의 관계에도 실패한다. 그러나 부정적인 현실의 모습을 제대로 알아내는 것만도 쉽지 않고, 알아냈다 하더라도 그것을 파괴하려는 의지를 다지는 것 역시 큰 용기와 건강성 없이는 불가능한 일임을 생각할 때 어슐라의 성과는 결코 작지 않다. 학교 경험을 끝까지 해내고 스크레벤스키를 한계까지 몰아붙임으로써 그의 부정성과 허위의식을 드러내 깨뜨렸듯이 어슐라의 깨달음은 언제나 현실과의 정면승부를 통해 이루어졌다.

부분적인 교정만으로는 그 압도적인 부정성을 깨뜨릴 수 없는 세계라면 그 속에서 취할 수 있는 최선의 태도는 오히려 거기에 끝까지 참여하여 그 논리를 속속들이 알아내고 파괴하려는 의지를 다지는 것일지 모른다. 『아들과 연인』의 폴 역시 근대 세계에서의 자아실현이 진정한 삶의 추구와 멀어진 현실을 직시하고 그에 저항했지만, 현실의 부정성과 대면함에 있어서 어슐라의 경험은 폴에 비해 훨씬 전면적이고 치열한 것이었다. 그런 만큼 거기서 얻은 깨달음도 한층 심오한데, 그런 이유로 어슐라는 근대세계의 부정성을 폴보다 더욱 근본적인 차원에서 단호하게 선언한다. 따라서 어슐라에게는 폴처럼 "돌아서"는 것이 아니라 현실을 딛고서 다른 어떤 삶을 향해 나아가는 선택만이 남아있다.

그 다른 삶을 상징하는 것이 작품의 말미에 등장하는 무지개의 비젼이다. 하지만 무지개는 어슐라가 살아갈 삶의 창조성과 신비를 표상하면서도 어쩔 수 없이 일시적이고 위태로운 성격을 의미하는 만큼, 작품 『무지개』는 어슐라의 창조적 삶이 이루어질 것으로 '약속'하고 있지 않다. 교양소설적 관점에서 볼 때 이 무지개의 비전은 고전적 "화해"와 다름은 물론이고 도시를 향한 폴의 돌아섬과도 다르다. 그것은 근대적 현실을 넘어서려는 열망의 상징인데, 『무지개』는 이러한 열망을 확인하기까지의 과정에서 한편으로 빌둥과 인성 개념, 세계와 개인의 이분법과 같은 교양소설의 중심항목들을 해체하는 성과를 냈다. 그리고 이는 궁극적으로 사회적 경험과 사회적 관계를 주축으로 삼는 교양소설 장르의 틀을 깨뜨리는 결과로 이어졌다.

VI. 맺음말

전례 없는 사회적 유동성 속에서 개인의 정체성을 확립해야 하는 과제, 소유에 입각한 삶의 방식이 인간 본연의 존재 실현에 가하는 위협, 그리고 개인의 자기실현에 대한 자유로운 추구를 고무하면서도 전체 사회 질서를 유지하고 평등 또한 실현시킨다는 근대적 기획에 내포된 딜레마, 교양소설은 이와 같은 근대 부르주아 사회의 근본적인 갈등 위에서 탄생한 장르이자 이를 "화해"로써 해결하려는 문학적 시도였다. 그러나 18세기 말 이후 근대 세계의 진행은 이러한 갈등을 급격히 심화시켰고, 교양소설은 그 출발부터 내포되었던 균열들을 이내 뚜렷이 드러내며 위기에 시달리는 상황에 처했다. 특히 1차대전이라는 중대한 계기를 포함하고 있는 20세기 초반의 현실은 교양소설적 "화해"로는 더 이상 진정한 공동체의 구현이나 자아실현의 이상이 제대로 실현되기 어렵다는 심각한 회의를 낳는다.

그러나 현실과 경험을 중시하는 영소설 전통은 대륙에 비해 상대적으로 오랫동안 "화해"를 이어가는가 하면 하디의 『무명의 주드』는 "화해"에 대한 거부에 있어서도 한결 직설적이고 단호한 태도를 보인다. 이러한 전통 속에서 로렌스는 20세기 초반의 현실을 배경으로 드물게 『아들과 연인』이라는 교양소설을 생산해냈다. 그리고 『무지개』의 어슐라 부분에서 한층 본격적인 교양소설적 탐색을 시도하지만 결국 그 틀을 벗어날 수밖에 없는 필연적 요구에 직면한다. 『무지개』의 시도를 통해 당대의 현실을 전제로는 더 이상 창조적 삶의 실현이 불가능하다는 판단이 내려진 것이다. 설사 공동체 속에서의 자기실현이라는 교양소설의 기본 정신을 부정하지 않는다 하더라도, 이제 "화해" 원리에 입각한 교양소설 장르로서 그러한 삶이 '실현'되는 모습을 포착할 수는 없게 되었다. 따라서 서구 근대세계의 진행에 어떤 근본적인 변화가 없는 한 『무지개』 이후 최고 수준의 문학적 성취가 교양소설 형식으로 탄생할 수 없다는 결론에 도달한다.

그렇다고 해서 20세기 중반 이후로는 교양소설이 완전히 불가능해졌다거나 아예 생산되지 않았다는 뜻은 아니다. 루시디(Salman Rushdie)의 『한밤의 아이들』(*Midnight's Children*, 1981)과 같이 서구가 아닌 제3세계의 현실, 특히 20세기 초반 근현대사에서 커다란 역사적 변동을 겪어낸 민족의 현실을 배경으로 교양소설은 강한 호소력을 지니고 있기 때문이다. 또 어슐라의 교사 경험에 관한 부분에서 지적하였듯 20세기 초반 이후에야 본격적으로 사회적 활동의 장에 들어서기 시작한 여성 주인공에게 교양소설적 "화해"의 가능성은 여전히 열려있다. 그러나 그와 같은 새로운 장(場)과 주체의 등장이 장르적 한계에 이른 교양소설의 명맥을 이어가는 원동력의 전부는 아니다. 소설의 대표적 장르로서의 위치를 잃었음에도 불구하고 교양소설이 지속적으로 생산되고 그에 대한 요구가 사라지지 않는 데는 다른 이유도 있다. 즉 개인이 자기가 속한 세계와 적극적인 관계를 맺으며 그 안에서 자기실현에 이르는 성숙의 드라마는 그것이 실제 현실에서 이루어지든 소설 속에서 형상화되든, 인간적 욕구 깊은 곳에 자리한 요청이 구현된 모습으로서 깊은 만족감을 가져다주기 때문이다. "화해"가 불가능해진 현실이지만 교양소설이 지닌 매력이나 호소력이 쉽게 사라지지 않는 더욱 근본적인 이유는 여기에 있을 것이다.

---

1) Johann Wolfgang von Goethe. *Wilhelm Meister's Apprenticeship*. 이하 『수업시대』로 줄여 표기하고 소설의 본문 인용은 이 책에 의거하여 면수만 표기함.

2) Thomas Hardy. *Jude the Obscure*. 소설의 본문 인용은 이 책에 의거하여 면수만 표기함.

3) D. H. Lawrence. *Sons and Lovers*. 소설의 본문 인용은 이 책에 의거하여 면수만 표기함.

4) D. H. Lawrence. *The Rainbow*. 소설의 본문 인용은 이 책에 의거하여 면수만 표기함.

인용문헌

Bourdieu, Pierre. *The Field of Cultural Production: Essays on Art and Literature.* Cambridge: Polity Press, 1993.

Brombert, Victor. *The Novels of Flaubert: A Study of Themes and Techniques*. New Jersey: Princeton UP, 1966.

Cocalis, Susan L. "The Transformation of *Bildung* from an Image to Ideal." *Monatshefte* 70(1978): 399-414.

Goethe, Johann Wolfgang von. *Wilhelm Meister's Apprenticeship*. Ed. & Trans. Eric A. Blackall. New Jersey: Princeton UP, 1995.

Dilthey, Wilhelm. *Poetry and Experience*. Ed. Rudolf A. Markkreel. New Jersey: Princeton UP, 1985.

Hardy, Thomas. *Jude the Obscure*. Harmondsworth: Penguin, 1998.

Lawrence, D. H. *The Rainbow.* Harmondsworth: Penguin, 1995.

______. *Sons and Lovers*. Ed. Helen Baron and Carl Baron. Harmondsworth: Penguin, 1994.

______. *Study of Thomas Hardy and Other Essays*. Ed. Bruce Steele. Cambridge: Cambridge UP, 1985.

Lukács, Georg. *The Theory of Novel*. Trans. Anna Bostock. London: Merlin, 1970.

Moretti, Franco. *The Way of the World: The Bildungsroman in European Culture*. London: Verso, 1983.

Williams, Raymond. *The English Novel from Dickens to Lawrence.* London: Chatto and Windus, 1971.

* **출처**: 이 글은 저자의 박사학위논문인 『20세기 초반 교양소설(*Bildungsroman*) 연구: D. H. Lawrence와 James Joyce, Thomas Mann의 작품을 중심으로』 (서울대학교, 2002)를 참고하여 전체적으로 수정·보완했고, 〈I. 교양소설〉은 새로 썼다.

사회소설:

찰스 디킨즈의 『어려운 시절』과 『황량한 집』

문상화

I. 사회소설

사회소설은 빅토리아 시대 소설 중에서 1830년대부터 1860년대에 출간된 소설을 가리키는 것으로 산업혁명 이후 중기 빅토리아 시대에 이르기까지 영국사회가 직면하고 있던 사회적, 경제적, 정치적 문제에 초점을 맞추는 소설을 의미한다. 사회소설이라는 용어가 산업소설(industrial novel)과 가끔씩 혼용되고 있지만, 엄밀히 말해서 사회소설은 농업기반사회에서 산업기반사회로의 변천과정에서 일어나는 사회적 문제를 다루고 있다는 점에서 산업소설과는 차이점을 보인다. 따라서 사회소설은 "배고픈 40년대"에 발생했던 실업, 도시빈민문제, 산업자본자들에 의한 노동자의 착취, 노동자계급의 소요, 그리고 차티즘(Chartism) 같은 정치적 개혁에 관한 문제를 다룬다. 또한 대부분의 사회소설은 사회적, 도덕적 그리고 종교적으로 교훈적인 성격을 띠는데, 이는 대중에게서 토론을 이끌어내고, 종국적으로는 경제적, 정치적 개혁을 목포로 하기 때문이다.

이런 목적을 위해서 많은 사회소설은 당시의 신문기록, 의회보고서 그리고 통계 같은 것을 사용해서 사실성을 강조한다. 약간의 예외가 있기는 하지만, 사회소설은 1860년대가 되면 그 인기가 시들해져, 점차 쇠퇴하기 시작한다. 이 쇠퇴에는 여러 가지 요인이 복합적으로 작용한다. 크림전쟁(Crimean War, 1854-6)의 발발과 인도폭동(Indian Mutiny, 1857)같은 제국의 위기를 경험하면서, 많은 빅토리아시기의 영국인들은 그들의 관심사를 국내문제에 한정시키기 보다는 국제적 맥락에서 이해하려는 노력을 시작했기 때문이다. 또 다른 요인으로는 1840년부터 50년대까지 개정된 공장법(Factory Acts), 특히 여성과 어린이의 노동시간을 10시간으로 제한하기 위해 1847년에 제정된 10시간 노동법(Ten Hours Act)이 공장에서 노동자에 대한 최악의 착취환경을 개선시켰기 때문이다. 1867년에 디즈레일리(Disraeli)가 주도한 2차 선거법개정(Reform Bill)은 남성이 도시지역에서 재산을 소유하거나 집을 임대하고 있다면 선거권을 주는 방식으로 유권자의 수를 혁신적으로 증가시켜서 개혁에 대한 대중들의 요구를 만족시켰기 때문에 사회적 혼란이 크게 줄었다. 거기에다가 빅토리아 시기 초기의 경제적 어려움이 사라지고 빅토리아 중기를 특징지우는 경제적 번영과 제국의 확장에 대한 당시 영국인들의 자긍심이 어우러져 사회적 불만이 크게 줄었고 이는 사회소설에 대한 수요를 격감시키는 요인이 되었다.

사회소설의 특성을 한마디로 규정하기에는 모순적 요인들이 있다. 예를 들어 대부분의 사회소설은 변화와 개혁을 지지하고 있는 동시에 보수적인 성향을 가지고 있다. 다른 말로 하면 사회소설은 빅토리아 시대의 질서에 의문을 제기하고 있는 동시에 급진적인 변화를 옹호하고 있지 않다. 따라서 많은 사회소설은 노동자들의 폭력적 시위 같은 폭동에 깊은 우려를 표현하고 있다. 사회소설이 가지는 이러한 경향은 사회소설의 저자들이 노동자들의 삶을 그들이 제시한 정치적 문제들을 텍스트 안에서만 제한적으로 만들어내기 때문이다. 개스켈(Gaskell)은 『메리 바통』(*Mary Barton*)에서 가난한 사람들이 직면하고 있는 어려움에 공감을 표하고 있지만 당시 영국의 산업혁명 과정에서 발생하는 빈곤과 불행을 묵인하는 듯한 모습을 보인다. 개스켈이 노동자들의 집안을 묘사하면서 굶주리는 남편과 죽은, 혹은 죽어가는 아이를 안고 있는 부인에 초점을 맞추어 주인공의 절망적인 모습을 그리고 있지만 동시에 주인공에 의해 재현되는 교육받지 못한 대중을 프랑켄슈타인으로 묘사하기도 한다. 프랑켄슈타인은 빅토리아 산업자본주의자들에 대항해서 소요를 일으킬 수 있는 괴물같은 폭력적인 노동계급을 암시하는 것으로 개스켈이 등장인물 존 바통(John Barton)을 프랑켄슈타인으로 부르는 것은 노동계층에 대한 작가의 태도를 드러내는 것이다. 따라서 개스켈은 사회적 문제와 부정의를 자신의 작품에서 드러내는 동시에, 사회적 소요를 일으키는 계층에 대한 비판적 시각을 가지고 있다고 말할 수 있다.

디킨즈(Dickens)는 개스켈과는 다른 각도에서 사회소설을 다루고 있다. 『올리버 트위스트』(*Oliver Twist*, 1837)는 디킨즈의 가장 대표적인 사회소설로 좀 더 혁신적인 개혁을 위해서 쓰여진 소설이다. 디킨즈의 초반 걸작에 해당하는 『올리버 트위스트』는 개정 구빈법(Poor Law Amendment Act, 1834)이 야기한 사회적 어려움을 다루고 있다. 이 소설은 구빈원(workhouse)의 열악한 환경, 아동학대, 소매치기, 강도, 매춘부로 가득한 사회하층계층을 다루면서 디킨즈의 눈에 비친 당시의 사회상을 소설을 통해 고발하고 있는 것이다. 하지만 소설의 주인공 올리버는 이러한 사회악에 물들지 않고 오히려 자신의 숨겨졌던 출생에 따라 건전한 중산층으로의 신분상승을 획득함으로해서 디킨즈가 가지는 사회비판적 성격이 보수적임을 나타낸다.

다른 작가들은 디킨즈보다 훨씬 직접적으로 자본계급에 의한 노동계급의 착취를 다룬다. 프랜시스 트롤롭(Frances Trollope)의 『마이클 암스트롱: 소년 노동자』(*Michael Armstrong: The Factory Boy*, 1839), 샬롯 토나(Charlotte Tonna)의 『헬렌 프리트우드』(*Helen Fleetwood*, 1839), 그리고 폴 핌리코(Paul Pimlico)의 『소녀 노동자』(*The Factory Girl*, 1849)같은 작품들은 우리에게는 비교적 덜 알려져 있지만 빅토리아 시기 초반에 행해졌던 공장노동자들의 신산했던 삶을 날카롭게 묘사하고 있다. 또한 목사이자 아마추어 과학자 그리고 소설가인 킹즐리(Charles Kingsley)는 『알턴 로크』(*Alton Locke*, 1850)에서 당시의 가장 뜨거웠던 노동자들의 참정권에 관한 문제를 차티스트 운동(Chartist Movement)에 참가하는 주인공을 통해 선거권을 둘러싸고 진행되었던 일촉즉발의 상황을 묘사하고 있다.

위에서 언급한 작가들과는 다르게 지역간의 갈등을 다룬 작가도 있다. 디즈레일리(Disraeli)는 『시빌: 혹은 두 개의 국가』(*Sybil: or the Two Nations*, 1845)에서 부자와 빈자로 양분된 당시의 영국을 묘사하면서 산업화가 진행되는 과정에서 생기는 사회적 모순을 지적하고, 사회적 통합을 위한 귀족계급의 노력을 요구하고 있다. 개스켈의 『북과 남』(*North and South*, 1855), 디킨즈의 『황량한 집』(*Bleak House,* 1853)도 같은 범주에 드는 사회소설이다.

빅토리아 시기의 초중반에 상당한 영향력을 끼쳤던 사회소설은 당시의 영국사회가 겪고 있던 사회적 갈등을 다루고 있다는 점에서 공통점을 가진다. 하지만 초기의 고발성 문학작품과는 달리 시간이 지나면서 등장하는 작품들은 사회개혁이나 노동자들의 열악한 환경에 대해 급진적인 주장을 펼치는 대신 다소 보수적이고 체제순응적인 해결책을 제시하고 있다. 우리에게 잘 알려진 디즈레일리, 킹즐리, 개스켈 그리고 디킨즈 같은 작가들이 여기에 속하는데 이는 작가 자신들이 속한 사회적 계층이 안정을 추구하는 중산층에 포함되기 때문이다. 그들에게 자신들이 살고 있는 빅토리아 시대는 많은 모순을 안고 있기는 하나, 그 해결책이 급진적이고 폭력적이기 보다는 합리적이고 점진적인 개혁을 통해 이루어져야 한다고 그들은 믿고 있었다.

II. 디킨즈(Charles Dickens)

찰스 디킨즈는 해군 경리국 하급관리 존 디킨즈(John Dickens)의 10남매 중 큰아들로 포츠머스(Portsmouth)에서 1812년 2월 7일 출생했다. 디킨즈의 소설에 자주 등장하는 경제 감각이 없는 호인을 아버지로 둔 덕분에 어려서부터 경제적 어려움을 겪었고 1824년 부채로 인해 가족들이 감옥에 수감되고 자신은 구두약 공장에서 일해야 하는 아픔을 겪었는데 『데이비드 코퍼필드』(*David Copperfield*, 1850)에서 디킨즈의 당시의 모습과 심정을 생생하게 그리고 있다. 같은 해 친척으로부터 받은 유산으로 해서 감옥에서 풀려난 가족은 디킨즈를 런던의 웰링턴 기숙학교(Wellington House Academy)로 보낼 정도로 경제적 어려움이 해소되었지만 곧 예전의 상태로 돌아가 디킨즈를 변호사사무실의 수습사원으로 보낼 수 밖에 없었다. 법에 대한 흥미를 가질 수 없었던 디킨즈는 속기술을 배워 의회에서 일어나는 토론을 프리랜서로 보즈(Boz)라는 필명으로 신문에 기고함으로써 작가로서의 기반을 다지기 시작한다. 이후 그가 신문에 기고했던 글은 『보즈의 스케치』(*Sketches by Boz*)라는 이름으로 1836년에 출간했는데 이 책의 출간으로 디킨즈는 명성을 얻게 되었다. 이듬해 디킨즈는 보즈라는 필명을 버리고 자신의 이름으로 된 『피크윅 페이퍼즈』(*Pickwick Papers*)를 연재하기 시작했다. 런던 주변의 마을을 돌면서 그 곳의 기담이나 일화를 창작의 형식으로 소개하는 이 소설은 처음에는 별 주목을 받지 못했으나 샘 웰러(Sam Weller)라는 인물의 출현으로 폭발적인 인기를 끌었다. 디킨즈라는 작가가 처음 세상에 나온 순간이었다. 1837년에 디킨즈는 『올리버 트위스트』(*Oliver Twist*)를 출간했는데 이 소설의 성공으로 디킨즈는 일약 인기작가로 발돋움하게 되었다. 올리버 트위스트라는 고아를 통해 당시 영국사회가 겪고 있던 구빈법, 구빈원, 빈부격차 같은 사회적 모순을 그려내고 있는 『올리버 트위스트』는 초기 디킨즈 소설의 가장 성공작으로 평가 받는다.

이후 『니콜라스 니클비』(*Nicholas Nickleby*), 에세이 모음집 『험프리 주인님의 시계』(*Master Humphrey' Clock*), 역사소설 『버나비 로지』(*Barnaby Rudge*) 그리고 미국여행기 『미국기행』(*American Notes*) 등을 출간했다. 이 기간 동안에 디킨즈는 크리스마스 시즌에 즈음해서 크리스마스에 관한 단편들을 정기적으로 출간한 후 『크리스마스 캐롤』(*Christmas Carol*)과 이후 『크리스마스 이야기』(*Christmas Stories*)에 그 것들을 수록했다. 디킨즈하면 떠오르는 대표적인 이미지 스크루지(Scrooge)에 관한 이야기가 『크리스마스 캐롤』에 실려있다.

디킨즈 소설의 중기에 접어들면 작가가 이전보다 더 사회문제에 좀 더 관심을 가지고 있다는 사실이 작품을 통해 나타난다. 전기에 발표된 작품에서 디킨즈가 인물묘사 중심의 이야기를 전개했다면 점차 플롯에 관심을 가진 작품으로 전향하는 모습을 보인다. 『돔비 부자 상사』(*Dombey And Son*, 1847)는 가부장적 가치관의 모순과 당시 확장하는 제국의 모습이 훌륭하게 묘사되고 있고, 『황량한 집』(*Bleak House*, 1853)은 적절한 상속자 없이 사망한 부호의 재산을 둘러싸고 진행되는 법제도와 그 주변인물들을 통해 사법제도의 모순과 계급간의 갈등을 그리고 있다. 『어려운 시절』(*Hard Times*. 1854)은 코크타운(Coketown)이라는 가명의 산업도시를 배경으로 노사간의 갈등과 그 사회가 갖는 모순을 그리고 있다. 이 기간 동안에 디킨즈의 결혼생활도 순탄치 않아서 부인과 별거하고 아이들과의 관계도 순탄치 않은 경험을 하게 된다.

1859년에 프랑스 혁명을 배경으로 한 『두 도시 이야기』(*A Tale of Two Cities*), 1861년에는 디킨즈 최고의 걸작으로 평가받는 『막대한 유산』(*Great Expectations*)을 발표한 디킨즈는 이제 명실상부하게 빅토리아 시기를 대표하는 소설가로 자리매김한다. 『우리 상호간의 친구』(*Our Mutual Friend*, 1865)에서는 경제에 관한 문제를 그리고 그의 미완성 유작이 된 『에드윈 드루드 미스테리』(*Edwin Drood Mystery*, 1870)에서는 추리소설의 형태로 인종의 문제를 다루고 있다. 1870년 디킨즈는 과로로 인한 뇌졸중으로 사망할 때까지 14편의 장편소설과 다수의 중단편집을 남겼다.

III. 디킨즈 사회소설의 성격

디킨즈가 쓴 사회소설의 상당부분은 그가 경험했던 것을 기초로 하고 있다. 어려서부터 경제적 문제로 어려움을 겪으면서 다양한 직업을 전전하고, 또 출판사에 기고하기도 하고 직접 『일년 내내』(*All the*

Year Round), 『귀에 익은 말들』(*Household Words*)같은 출판사를 경영하면서 독자의 취향을 예리하게 파악하는 능력을 가졌던 디킨즈는 이야기를 만들어내는데 타고난 재능 가지고 있었다. 특히 이스트 엔드(East End)에 살고 있는 노동자들의 삶에 관심이 많았던 디킨즈는 노동자들을 질곡으로 몰아넣는 사회를 변혁할 필요를 느낄 수 밖에 없었다.

디킨즈의 사회소설이 여타의 사회소설 작가와 다른 근본적인 것은 그가 휴머니즘의 시각을 가지고 있다는 점이다. 예를 들어 『어려운 시절』에서 노동자와 산업자본가의 갈등을 그리는 부분에서 블랙풀(Blackpool)이 자신의 결혼생활 문제를 고용주 번더비(Bunderby)에게 상의하는 과정은 사회적 약자의 위치를 옹호하고 해결책을 제시하는 것보다는 둘의 성격을 극적으로 드러내는데 초점을 맞춘다. 이혼을 할 수 없는 노동자의 사회적, 법률적 문제보다는 수전노와 무골호인의 대화를 통해 디킨즈가 가지는 특성을 드러내고 있는 것이다.

또 디킨즈 사회소설의 또 다른 특징은 그의 소설 속에 구체적인 사실이 부족하다는 것이다. 사회소설은 당시의 영국사회가 겪고 있는 구조적인 문제를 파헤치고 대안을 제공하는 면이 있어야 한다면 디킨즈의 사회소설은 이러한 기준에 미흡하다고 할 수 있다. 대표적인 사회소설 『올리버 트위스트』에서 올리버를 구하는 것은 사회정의라기보다는 주변 인물들의 도움이고 올리버가 실제로는 중산층에 속한다는 것 또한 디킨즈가 대안으로 제시하기에 부족한 면이다. 디킨즈는 소설을 구상함에 있어 플롯이나 주제에 앞서 인물에 대한 묘사에 초점을 맞추는 편이다. 따라서 디킨즈의 소설에서 독자들이 주로 기억하는 것은 독특한 성격이나 외모를 가진 등장인물이지 작품 전체가 제시하는 주제가 아니다. 이것은 디킨즈의 소설이 일정기간 주간지나 격주간지를 통해 발표되면서 독자들의 반응을 살피고 그에 따라 스토리텔링을 전개해 왔기 때문이다. 또 『데이비드 코퍼필드』(*David Copperfield*)에서 언급한 것처럼 그가 진정으로 원했던 것은 연극배우이지 작가가 아니라는 사실도 그의 소설이 유난히 등장인물의 성격을 드러내는데 관심을 기울이고 있는 이유이기도 하다.

디킨즈의 사회소설은 그가 속했던 사회에 대한 비판적 시각을 드러냄으로써 독자들이 사회문제에 관심을 가질 수 있게 하는데 중요한 기여를 한 것이 사실이다. 그럼에도 불구하고 그의 소설에 등장하는 사회적 문제에 대해 작가로서의 구체적이고 포괄적인 대안을 제시하지 못하고 있다는 점에서 아쉬움이 남는다. 디킨즈가 당시의 영국인들이 겪고 있는 문제를 제시하고 독자들의 관심을 끌었다는 점에서 긍정적인 평가를 받을 수 있겠으나 자신이 추구하는 세계를 구체적으로 드러내지 못함으로 그가 가지는 사회소설의 한계를 보여준다.

IV. 작품분석

1. 『어려운 시절』(*Hard Times*): 스티븐 블랙풀의 비극[1)]

『어려운 시절』(*Hard Times*)은 디킨즈(Charles Dickens)가 쓴 소설 중에서 당시의 사회상에 대한 비판이 가장 강하게 담겨있는 작품이다. 이 소설에서 디킨즈는 산업화로 고통을 겪는 가상의 도시 코크타운(Coketown)을 통해 산업화의 폐해를 지적하고, 인간이 추구해야 할 행복의 조건과 사회가 유지해야 할 건강한 조건들을 제시하고 있다. 그럼에도 불구하고, 여러 비평가들은 디킨즈의 제안이 당시의 문제를 해결하기에는 부족하다는 비판을 꾸준히 제기해 왔다. 디킨즈가 『어려운 시절』의 구상을 위해 당시 소요를 겪고 있던 프레스톤(Preston)을 방문한 것은 사실이지만, 그가 그 곳에서 얻은 노동자들에 관한 인상이 피상적이고 단편적이라는 것이라는 지적은 이 소설이 출판된 이래 여러 평자들에 의해 꾸준히 제기되어 왔다. 이러한 비판에도 불구하고 『어려운 시절』은 당시의 영국사회가 겪고 있던 산업화의 모습을 생동감 있게 그리고 있는 것도 사실이며, 디킨즈가 『어려운 시절』에서 자신의 해결책을 제시하려 했던 것도 부인할 수 없는 사실이다.

소설에서 코크타운에서 노동자와 사용자간의 갈등이 지금 막 시작하려 한다는 점에 주의할 필요가 있다. 산업화가 진행될수록 노동자와 사용자라는 상반되는 힘의 갈등이 고조되는 것은 일반적인 현상인데 디킨즈는 이 갈등을 해소할 역할을 스티븐 블랙풀(Stephen Blackpool)에게 부여하고 그를 통해 자신이 생각하는 해결책을 제시하려 하고 있다. 따라서 『어려운 시절』을 바라보는 올바른 시각은 그랫그라인드의 공리주의적 교육방식과 자유방임을 통한 번더비(Bounderby)의 신분상승에 초점을 맞추는 것이 아니라 두 개의 갈등하는 힘을 치유하고 싶었던 블랙풀의 역할에 초점을 맞추는 것이 더욱 적절하다.

『어려운 시절』에 등장하는 인물들은 하나같이 불행하다. 이 소설의 한 축을 이루는 그랫그라인드 집안의 가족 누구도 행복한 결말을 맞이하지 못하고, 그랫그라인드와 협력관계인 번더비 또한 행복하지 않다. 그리고 노동자를 대표하는 레이첼(Rachael)과 블랙풀도 행복한 결말을 맞았다고 보기 어렵다. 『어려운 시절』에서 그나마 자족한 삶을 유지하는 인물들은 이 도시의 영향권 밖에 존재하는 쓰리어리의 써커스단 정도이다. 이 소설의 제목이 암시하고 있는 것처럼 코크타운에 존재하는 대부분의 인물들은 힘든 시간(hard times)을 지내고 있는 중이다.

그들이 힘든 시간을 지내는 가장 중요한 이유는 코크타운이라는 산업도시의 속성에 제대로 적응하지 못하기 때문이다. 소설의 제5장 「주음」(The Key-Note)에서 묘사되고 있는 것처럼 코크타운은 효율과 복종을 강요하는 거대한 산업도시이며, 기계의 일부분 같이 반복적 일상을 지내는 노동자들과, 그들의 노동을 통해 자신의 부를 구축하는 것이 정당하다고 믿는 자본가들로 이루어진 도시이다. 일반적으로 산업도시가 형성되는 초기에는 산업자본가의 힘이 강력하기 때문에 노동자의 불만이 겉으로 드러나지 않지만, 산업도시가 점차 완성되어 갈수록 노동자들은 스스로의 목소리를 점차 높이게 된다. 그리고 이들 노동자들의 목소리는 개별화의 단계를 거쳐 점차 조직화되어서, 사용자에 대해 뚜렷한 자기주장을 가하는 단계까지 이르게 된다(Bossche, 1-6).

『어려운 시절』에서 블랙풀은 코크타운에 거주하는 "일손"(hands) 중의 한 명이다. 그는 부인의 알코올 중독 습관 때문에 정상적인 가정을 유지하지 못하고 있으며, 이혼을 통해 그녀와 헤어지려 하고 있다. 또 레이첼이라는 동료 여성과의 결혼을 통해 행복한 가정을 꾸리기를 원하지만 법은 블랙풀에게 이혼을 허락하지 않고 있다. 뿐만 아니라 노조결성을 둘러싸고 발생한 이견 때문에 직장에서 따돌림을 받게 되어 코크타운에서 추방되었다가 자신에게 씌워진 누명을 벗기 위해 돌아오다가 사망에 이르는 인물로 묘사되고 있다.

이런 블랙풀이라는 주변부의 인물이 『어려운 시절』을 이해하는 데 중요한 것은 그가 노동자와 사용자라는 두 개의 갈등 어느 편에도 속하지 않고, 그 둘에 대해 스스로 중간자 혹은 중재자의 역할을 자임하기 때문이다. 노조의 시위현장에서 블랙풀은 시위가 옳다고 생각하지 않기 때문에 시위에 참가하지 않으며(*HT* 109-10), 자신의 고용주 번더비를 찾아가서는 자신이 처한 문제를 예로 들며 대다수의 동료 노동자들이 겪는 어려움의 해결책을 찾으려 한다(*HT* 115-17). 노동자와 사용자 어느 쪽에도 속하지 못하는 블랙풀은 바로 그 이유 때문에 중재자의 역할을 자임하게 되지만, 그의 비극적 죽음으로 자신의 역할이 설득력이 없었다는 사실을 증명한다.

블랙풀이 설득력 있는 대안을 제시하지 못하는 이유는 그의 정신구조에 있다. 그가 번더비를 설득하기보다 조언과 도움을 청한다는 사실에서 블랙풀의 정신구조가 산업사회 이전의 상태에 머물러 있다는 것을 알 수 있다. 즉, 번더비을 향한 블랙풀의 태도는 예속농민은 영주를 위해서 일하고, 영주는 그들의 생명과 재산을 보호하는 근대 이전의 사회에서나 가능한 것이다. 블랙풀이 노조에 반대하는 장면 또한 같은 맥락에서 이해될 수 있다. 역사적으로 보면 산업화가 진행될수록 노사의 갈등은 피할 수 없게 된다. 산업화가 진행될수록 교육을 통한 노동자의 의식화가 진행되며, 자신의 이익을 공고히 하려는 사용자의 법적, 행정적 제재가 노동자에게 구체화되기 때문이다. 따라서 이윤을 극대화시키려는 사용자와 자신의 권리를 주장하는 노동자의 갈등은 당연한 현상이며(Gallagher 10-21), 자유방임 경제체제와 공리주의 철학을 가진 소설 속의 도시 코크타운에서도 번더비와 노동자들 간의 갈등 또한 당연한 현상이다. 최대한의 이익을 추구하는 산업자본주의와 자신의 권리를 추구하는 노동자는 서로 상충하는 목표를 가지고 있기 때문이다. 따라서 개인의 불만을 집단화하는 노조의 결성은 순리적인 현상임에도 불구하고 블랙풀은 다음과 같은 말로 노동자들에 대한 부정적인 생각을 드러낸다. "번더비 공장의 일손들

중 제안된 규정에 가담하지 않은 유일한 일손이 바로 나요. 나는 가담할 수 없소. 친구들! 그게 여러분에게 무슨 도움이 될지 모르겠소. 해가 될 뿐이요.” 위의 대화는 블랙풀의 성격이 점차 성숙해하고 있는 노동계와 노조의 본질을 이해하지 못하고 있다는 것을 보여준다, 역사적으로 노동자들은 자신의 이익을 위해 개별직종의 조직화에서 시작하여 점차 전 직종의 조직화를 통해 자신들의 이익을 보호하고 있고, 이러한 과정에서 노조의 출현은 자연스러운 과정이지만 위의 대화에서 보이는 것처럼 블랙풀은 이런 현상을 이해하지 못하고 있다.

따라서 이러한 사고방식을 가진 블랙풀이 중재자로서의 현실적인 해결책을 제공하는 것은 불가능한 일이다. 자신의 고용자에게 수동적 태도로 일관했지만 뚜렷한 해결책을 얻지도 못하고, 노조에 반대하지만 그들을 설득할 만한 대안을 제공하지도 못한다는 점에서 중재자로서의 블랙풀은 실패자이다. 블랙풀은 과거의 가치에 함몰된 이상주의자에 불과할 뿐이지, 현재의 어려운 상황을 타개할 해결책을 가지지 못한 무능한 중재자라는 점에서 그의 불행은 당연한 귀결로 연결된다. 블랙풀의 추방을 바라보면서 이 소설에서 우리가 주목해야 할 점은『어려운 시절』이 의미 있는 대안을 제시하는 소설이 되기 위해서는 특별한 개인이나 조직에 초점을 맞추는 것이 아니라 좀 더 포괄적인 것에 초점을 맞추는 사회비평적 성격을 가져야 한다는 것이다.

이러한 것을 고려할 때 블랙풀의 생각은 산업사회의 분석이라기보다는, 영주와 예속농민 관계를 연상시키는 근대 이전 사회에 대한 향수로 읽힐 수 있다. 이러한 블랙풀의 불행에 대해 윌리엄즈는『어려운 시절』이 산업주의를 당시의 상황으로 받아들이고 산업사회의 개혁에 대한 대안을 제시하지 못하는 개인을 그리고 있다고 주장한다(94-95). 이는『어려운 시절』에서 디킨즈가 블랙풀이라는 중재자를 내세웠지만, 산업사회의 갈등을 해결할 수 있는 대안을 제시하지 못했음을 의미한다.

따라서 우리는 다음과 같은 질문을 떠 올린다. 왜 블랙풀은 객관적으로 사물을 볼 수 있는 중재자로서의 위치에도 불구하고 구체적이고 현실적인 대안을 제시할 수 없었을까? 왜 디킨즈는 단순히 감상적인 결말을 그릴 수 밖에 없었을까? 이러한 질문에 답하기 위해 우리는 디킨즈가 당시의 영국사회에서 누구를 블랙풀의 모델로 삼았는지 살펴볼 필요가 있다.

『어려운 시절』은 디킨즈가 자신의 정신적 멘토였던 칼라일(Carlyle)에게 헌정한 책이다. 디킨즈가 이 소설을 칼라일에게 헌정했다는 사실은 그가 당시의 영국사회가 가지는 문제에 대해 칼라일과 얼마나 유사한 관점을 가지고 있었는지를 여실히 보여주는 것이다. 칼라일은 주지하다시피 물질적 가치보다 정신적 가치를 우위에 둔 당대의 영향력 있는 문필가이다. 칼라일은 그의 저작의 상당부분에서 산업화되어 가고 있는 영국의 물질적 속성에 날선 비판을 가하고 있으며 전통적으로 유지되는 영국적 가치가 훼손되어 가고 있음을 안타깝게 여기고 있다. 그에게 물질적인 것은 언제나 유한한 것이고, 정신적인 것은 영원한 것이기 때문에, 후자에 가치를 두고 보존하는 것이야말로 당시의 영국인들이 가져야 할 덕목으로 여겼다. 그는 『시대의 표상』(*Signs of the Times*)에서 당시 사회를 다음과 같이 지적하고 있다. "우리 시대를 한 마디의 경구로 요약해보라면, 영웅의, 헌신의, 철학의, 혹은 도덕의 시대가 아니라, 다른 무엇보다도 기계적인 시대로 부르고 싶을 것이다. 그 단어의 의미가 어떠하든 우리의 시대는 기계의 시대이다."

칼라일이 이러한 생각을 하게 된 기저에는 당시의 영국이 지나치게 기계에 의존하고 있다고 믿었기 때문이다. 그가 보기에 전통적인 영국적 가치가 산업화를 겪고 있는 기계라는 물질에 의존하여 본래의 가치들이 훼손당하고 있다고 믿었다(*TC* 67). 기계에 의존하기 때문에 정신적 가치의 숭고성을 파악하지 못하고, 그 숭고성을 파악하지 못하기 때문에 당시의 문화가 저급해질 수밖에 없는 것이다(*TC* 77). 칼라일은 정신적 가치를 우위에 두지 못하는 당시의 모습을 다음과 같이 설파하고 있다. "사실은, 사람들이 보이지 않는 것에 대한 믿음을 상실하고, 보이는 것만을 희망하고 그 것을 위해 일한다. … 무한하고 완벽한 미덕은 유한하고 조건적인 것에 자리를 내주었다. 더 이상 미와 선을 숭배하지 않는다. 이익만이 돌아다니고 있다." 이러한 토마스 칼라일의 주장은 『어려운 시절』의 기저가 되어 등장인물의 형태로 의인화된다. 공리주의를 대표하는 그랫그라인드, 자유방임을 숭배하는 번더비, 정치를 상징하는 하트하우스(Harthouse) 그리고 노조를 상징하는 슬랙브릿지 모두 그러한 인물로서, 칼라일이 기계(Machinery)라고 부르는 극복의 대상이다(*TC* 65).

여기에 반대되는 성격의 인물이 씨시와 블랙풀이다. 씨시는 도시 밖에 존재하는, 보이지 않는 것을 상징하는 인물이며, 블랙풀은 노동자와 사용자 어느 편에도 속하지 않는, "사회 전체에 깊게 뿌리박힌 갈등"과 "새로운 것과 오래된 것의 끝없는 갈등"을 해결할 인물이다(*TC* 84). 이 두 사람이 그러한 능력을 갖는 것은 두 개의 갈등 어느 곳에도 속하지 않는 중재자의 성격을 가졌기 때문이며, 디킨즈는 이들이 산업사회의 갈등을 해결하기에 적절한 능력을 가졌다고 생각한다.

칼라일에게 중요한 것은 기존의 가치를 수용하고 양심과 상식에 따라 저속한 문화를 청산하는 것이었다. 이러한 태도는 블랙풀을 통해서도 드러나는데, 산업화된 영국의 문제를 치료할 수 없는 블랙풀이 말하는 방식은 칼라일이 말하는 방식과 그대로 닮아 있다. 블랙풀이 "이 도시의 노동자들의 문제에 관해 그 신사분께 잘 말씀드릴 수가 없어요"(*HT* 115)라고 말할 때, 칼라일이 "시민의 반란에 대한 격한 반응은 위험한 병이니까 피해야만 하는 것이다"라고 말하는(*PP* 22) 장면을 떠올리지 않을 수 없다. 또한, 자유방임 정부의 수동성을 슬퍼하는 칼라일이 "자유방임과 많은 것들이 죽고 나서, 얼마나 많은 불가능한 것들이 가능하게 되었는지(*PP* 185)라고 비탄에 잠겨 말할 때, 블랙풀도 "혼자서는 아무 것도 되지 않을거야."(*HT* 114)라고 말한다. "계층이 인성을 분리시키는 것을 슬퍼하는" 칼라일처럼(*PP* 157), 블랙풀도 "사람들을 가까이 모으지 않으면 태양이 얼음처럼 차가와 질 때까지 아무 일도 없을 겁니다"(*HT* 114)라고 말한다. 그리고 "무엇보다도, 권력이 하는 것처럼 사람들을 분류하고, 그들을 기계적인 규정만으로 처리한다면 신법이 행해질 때까지 아무 일도 일어나지 않을 겁니다"(*HT* 114-15)라고 말하는 블랙풀처럼, 칼라일도 "세상을 개혁하고 국가를 개혁하기 위해서 … 바보들도 아는 것처럼 멀고, 확실한 개혁은 느린 개혁을 통해서 스스로를 변화시키고 스스로를 완벽하게 해야 한다는 사실"이라고 강조한다(*TC* 85).

또 한 가지 우리가 칼라일에게서 발견하는 흥미 있는 사실은 당시 영국의 어려움을 극복할 방법에 대해 그는 추상적인 제안만을 하고 있다는 것이다. "체제의 전체적인 변화, 체질의 변화 그리고 모든 중심부에 이러한 것들이 자리 잡는 것"(*PP* 41)이 바로 그것이다. 더욱이 칼라일은 자신이 요구하는 전체적인 변혁의 세세한 부분을 처방할 수 있는 자신의 능력을 반복해서 강조하지만 자신의 그런 능력을 상찬하는 수준에 머물 뿐 해법을 제시하지 못하고 있다. 『어려운 시절』을 집필하기 전에 디킨즈가 코크타운을 방문해서 노동자들에 대한 피상적인 정보만을 얻은 것처럼, 칼라일도 사회전체에 대한 구체적인 해결책을 제시하지 않고 있다는 것이다. 구체적인 책임을 다른 사람들에게 미루고 있다는 점에서 블랙풀과 칼라일은 유사점이 많다. 『어려운 시절』에서 행동하는 영웅의 존재는 드러나지 않는다.

실제로 이 소설에서 번더비나 그랫그라인드 말고는 대안이 없다는 사실에 주목할 필요가 있다. 사회를 이끌어가고 개혁을 시도하는 것은 쓰리어리의 써커스단도, 하트하우스 같은 정치인도 슬랙브리지 같은 사회운동가도 아니다. 성공하지 못했다 하더라도, 또 디킨즈가 그들에 대해 심각한 반감을 가지고 있다는 사실을 인정한다 하더라도, 사회를 개혁하는 것은 교육에서 구체적 방법론을 가지고 있는 그랫그라인드와 산업에서 생산성을 강조하는 번더비의 공장이다. 번더비처럼 "어떤 자본가든지 그는 6펜스로 60파운드를 만드는 사람이며, 왜 6만 명 가까운 일손들이 누구도 6펜스로 60파운드를 못 만드는지를 이해할 수 없다고 솔직하게 이야기하는 사람"이다(*HT* 90). 문제는 번더비의 구체적 대안은 기존의 가치와 지나치게 상반되는 것이 많기 때문에 조정이 필요할 뿐이다.

『어려운 시절』에서 디킨즈가 재현하고 싶은 산업사회는 칼라일 같은 문필가가 영웅적인 행위로 산업 자본가들의 개선을 이끌어 내는 사회가 아니라, 사용자와 노동자들이 서로간의 이익을 위해서 협력해서 노력하는 사회이다. 그리고 그러한 노력은 상반된 가치구조를 가진 조직들을 조정할 수 있는 중재자에 의해 행해져야 한다. 스티븐 블랙풀은 이러한 기준에 비추어 보면 비교적 적합한 위치에 있지만 실제 조정능력과는 상당한 거리가 있다. 블랙풀 자신의 순수한 성정과 상관없이 자신이 스스로에게 부과하려 했던 중재자로서의 역할을 통해 대안을 제시하지 못한다는 점에서 올바르게 수행되지 못했고, 노조와 사용자에 대한 태도는 산업화의 특성을 제대로 이해하지 못해서 성공할 수 없었다.

코크타운은 두 개의 상반된 힘이 충돌하고 있지만 그 충돌을 중재할 능력 있는 중재자가 부재하다는 점에서 비극적이다. 디킨즈가 『어려운 시절』을 통해 산업화로 고통 받고 있는 코크타운을 그리면서. 씨시와 블랙풀을 해결책으로 내세우고 있지만, 씨시가 가지는 범위의 제약과 스티븐 블랙풀이 보여주는 체념적 회피는 코크타운의 문제를 항구적으로, 혹은 건설적으로 해결할 수 있는 대안이 되지 못한다. 그런 의미에서, 『어려운 시절』은 우리로 하여금 중재자의 역할에 대한 의미를 다시 한 번 되새기게 한다.

2. 『황량한 집』(*Bleak House*): 디킨즈의 이상적 국가모델[2)]

『블리크 하우스』는 런던의 유명한 안개를 묘사하는 것으로 시작한다. 온 세상 모든 곳을 짙게 가리고 모든 곳에 존재하는 안개이기는 하지만 여기에서 우리가 주목해야 할 사실은 런던의 안개가 하늘에 떠있는 태양을 가리고 있다는 사실이다. 디킨즈는 "우연히 다리에 있는 사람들은 난간 위에서 아래쪽 안개의 바다, 자신들이 기구에 있는 것처럼 그래서 안개같은 구름에 매달린 것처럼 주변의 온통 안개를 본다"(1)고 언급하고 있다. 세상의 모든 곳을 뒤덮고 영향력이 미치지 않은 곳이 없는 것 같은 안개는 마치 태양의 죽음 혹은 부재를 암시하는 것 같아서 공공 영역에서의 '태양의 죽음'을 연상시킨다. 태양의 부재로 인해 많은 사람들이 겪고 있는 분노와 고통 그리고 혼란과 무질서는 이 소설이 쓰이던 1850년 영국을 생각해 볼 때 도덕률과 권위의 부재와 연결되기 때문에 상당한 의미를 갖는다.

태양이 안개에 가리워져 어두운 거리에서 우리가 처음 만나게 되는 건물은 음울한 이미지를 가진 대법관청이다. 촛불이 곳곳에 켜진 채 높은 곳에 아래를 내려다보는 대법관청은 태양을 대신한 권력기관으로 마치 태양이 지구상의 모든 삶에 영향을 미치는 것처럼 당시 사람들의 삶에 지대한 영향을 미치던 곳이다. 하지만 이 대법관청은 사라진 태양처럼 사람들의 삶에 긍정적인 영향을 미치지 않는다. 근엄한 얼굴로 앉아 있으면서 소송당사자에게는 관심이 없는 대법관, 그리고 대법관청 내에서 치일정도로 많은 기록을 자신에게 유리하게 해석하면서 법률적 조언을 주고 있는 변호사들은 소송에 관련되어 법률에 관련된 일을 하고 있을 뿐 실은 문제의 해결에 크게 도움이 못되는 집단이다. 이러한 대법관청은, 확장해서 해석하면 영국법 혹은 사회적 정의를 상징하는 대법관청은 사람들의 삶에 긍정적 영향을 미치지 못하고 있는 것이다.

결국 『블리크 하우스』에서 디킨즈는 국가의 최고 권력을 상징하는 대법관청이 자신이 돌보아야할 국민들에게 무감한 채 자신의 권위를 지키는데만 급급하고 의무를 소홀히 하고 있는 것을 보여주는 것이다. 이러한 대법관청의 속성에 억매여 희생된 마녀같이 변한 미스 플리트(Miss Flite)는 "대법관청은 괴물처럼 희생자로부터 평화를 빼앗고 그들로부터 이성을 빼앗는다. 그들로부터 좋은 표정을, 그들로부터 좋은 자질을 빼앗는다"고 말한다. 결국 대법관청은 소송 당사자들을 가난으로, 알코올 중독으로 그리고 광란으로 내모는 역할을 하는 것이다. 이러한 대법관청은 당시의 귀족적 엘리트주의와 비효율성의 상징이며 법률적 남용을 드러내기 위한 수사적 장치라고 할 수 있다.

이러한 대법관청과 같은 맥락에 당시의 귀족이 자리 잡고 있음을 본다. 데드럭 부인(Lady Dedlock)과 레스터 경(Sir Leiceser)으로 대표되는 귀족은 주로 익명의 서술자에 의해 우리에게 보여 지는데 레스터 경은 귀족사회를 대표하는 인물이다. 그는 자신의 저택 체즈니 월드(Chesnrey Wold) 외에 런던과 파리에 거처를 마련하고 유희로 시간을 보낸다. 자신보다 20여년이나 연하의 아내를 '숭배'하며 그녀가 원하는 것은 무엇이든 들어주려고 노력하는 그는 특별한 직업을 가지고 있지는 않지만 당시의 선거에 깊이 관여하고 있는 것으로 보아 의원직을 가지고 있는 것으로 보인다.

레스터 경과 같은 위상에 데드락 부인이 있다. 프랑스 문화, 지배층, 비효율, 비도덕, 산업혁명이전의 영국을 상징하는 데드락 부인은 레스터 경과 결혼 전에 다른 남자의 아이를 출산 후 그 것을 감추고 레스터 경과 결혼할 정도로 비도덕적이다. 데드락 부부는 당시 사치와 방종의 대명사처럼 여겨졌던 프랑스와 밀접한 관계를 가지고 있는 것으로 그려지며 소설에 소위 패션계와 그 추종자들, 그리고 프랑스식 습관이라 불리는 여러 가지 모습이 그려진다. 데드락 부인이 머무르고 있는 상류사회는 결국 그들만의 세계이고 건강하지 못한 세계로 대법관청이 암시하고 있는 무능과 비효율을 드러낸다고 할 수 있다. 이러한 한정된 세상에서 살고 있는 데드락 부인은 소설의 처음에 등장하는 선홍색 옷과 커텐으로 방어막을 친 채 머리주위에 안개 같은 영광을 두르고 이곳에 앉아 있는 대법관과 아무런 차이를 보이지 않는다.

이러한 무기력한 사회 상류층에 대한 디킨즈의 생각은 단호하다. 시효가 다한 잔디스의 거주지 블리크 하우스처럼 이제 그들을 대신할 새로운 주체세력이 영국의 주축 세력으로 떠오를 때 마치 안개가 걷히고 새로운 하루가 시작되는 것처럼 희망의 빛을 발견 할 수 있는 것이다. 이러한 노쇠한 법질서와 무기력한 귀족층을 대신할 새로운 계급에 레스터 경의 집안과 직접적인 연결의 끈을 가지고 있는 라운셀(Rouncel) 집안이 있다.

라운셀 부인의 두 명의 아들 중 우리에게 그 존재를 먼저 드러내는 것은 와트 라운셀(Wat Rouncewel)이다. 북부의 철강지대에서 성공한 그는 처음부터 귀족의 영향력에서 벗어나기 위해 도망치며 후에 북부의 철강지대의 강자로 묘사되는 동시에 레스터 경의 권위에도 맞설만큼 당당한 인물이다. 북부의 공장지대에서 그의 존재가 알려질 정도로 와트 라운셀은 성공한 사업가이다. 하지만 와트라는 인물의 출현은 사회의 안녕보다 토지귀족의 지배에 대한 상징적 저항이 된다. 거만하고 정치적으로 야망이 있는 와트 라운셀은 그의 사회적 이미지가 덧붙여져 더 가난하고 사근사근한 동생 조지와 대조된다. 소설 속에서 와트 라운셀은 귀족적인 관습과 사회적 습관에 존경을 표하면서 귀족적인 지위를 얻기 위해 그의 부를 사용한다. 와트 라운셀의 성격에서 디킨즈는 영국의 새로운 귀족이 되고 싶어 하고 그래서 초기 자본주의의 도덕성을 배신하는 일단의 중류계급을 비판하는 것으로 보인다. 소설 속의 강철 실력자 라운셀 씨는 채즈니 올드를 떠난 후 떠오르는 산업사회의 무리로 합쳐짐으로 해서 "적을 능가한 사람"으로 유머스럽게 묘사되고 있다. 리스터 경과 철강업자 라운셀은 두 극단이다. 그 둘 중 리스터 경은 귀족적인 관습법과 정부의 불합리를, 라운셀은 산업주의와 지나친 합리화를 대변하는 것으로 요약된다. 와트 라운셀에게 모든 것은 완전한 질서와 계율이다. 하지만 역설적으로 와트 라운셀의 합리적이고 산업적인 태도는 구식 귀족적 기관의 불합리한 본질과 더 많은 공통점을 가진다.

자신의 형과 다른 길을 걸었던 조지 라운셀은 소설의 말미에 이르러 자신의 정체를 드러내며 자신이 라운셀 가의 일원임을 밝힌다. 하지만 조지 라운셀은 와트 라운셀과 다른 삶의 배경을 가지고 있으며 이는 그의 말년의 행로에도 극단적으로 드러난다. 그는 소설의 말미에서 자신의 형이 경영하는 북쪽 지역을 방문하지만 그곳에 안주하도록 요청하는 형의 부탁을 뿌리치고 레스터 경의 장원으로 돌아와 늙은 레스터 경을 돌본다. 조지 라운셀에게는 형같은 부와 권력도 존재하지 않는다. 또한 레스터 경도 이제 자신을 세상에 드러낼 힘과 권력도 남아 있지 못하다. 결국 디킨즈는 두 사람의 결합을 통해 사회의 안전장치를 보여주고 있는 것이다.

소설의 논리에 따르면 귀족에 대한 적대적 관계에도 불구하고 소설 속에서 철강 대부로 묘사되는 라운셀 같은 중산층 산업주의자들은 점차 자신을 자본주의의 초기단계에서 영웅적 특성을 드러내는 억압적인 귀족의 신분과 자신을 연관시키고 있다. 그들의 효율성에도 불구하고 산업주의자들은 영국 구체제 하에서 가치있는 대안을 제공하지 못한다. 왜냐하면 그들의 효율성은 형식적이고 윤리적 관점에서 비본질적이며 국가건설과정에서 비본질적이기 때문이다. 디킨즈는 새로운 지배권력으로 부상하는 산업자본가를 구시대의 권력만큼이나 위험한 존재로 인식하고 있으며 그들은 각기 힘을 가지고 합쳤을 때 위험한 존재로 부상할 것이기 때문에 귀족은 더 이상을 사회의 지배층으로 존재해서는 안되며 또한 그 권력의 진공상태를 산업자본가가 승계해서도 안된다는 것을 말하고 있다.

『블리크 하우스』에서 디킨즈가 가장 애정을 가지고 그리고 있는 인물은 중간계층을 대표하는 에스터 썸머슨(Esther Summerson)이다. 에스터는 디킨즈의 대리 서술자로서 잔디스 소송의 결말, 리차드의 죽음, 자신의 결혼이후 7년까지의 이야기를 시간의 흐름을 따라 질서정연하게 설명한다. 데드락 부인이 자신의 운명을 암시하는 '막다른 골목'이라는 의미의 성을 가지고 있는 것처럼 에스터도 태양의 계절을 암시하는 여름을 나타내는 성을 사용함으로서 그녀가 안개에 의해 가려진 태양 대신 새로운 힘 혹은 희망으로 다시 태어 날 것을 암시한다.

소설 속에서 에스터의 역할은 존경의 규범을 통해 중산층의 도덕률과 권위를 다시 일으키는 것이다. 하지만 데드락 부인의 사생아로 태어나 부인의 치부로 여겨지며 처음부터 저주받은 운명을 받아들여야 하는 그녀가 소설 속에서 중산층의 규범을 대표하고 다른 사람들의 모범이 되기까지는 의미 있는 과정을 거쳐야 한다.

잔디스를 만나기 전 자신을 키워준 후견인으로부터 끊임없이 다음과 같은 말을 듣는다. "에스터. 네 엄마는 너의 치욕이고 너는 네 엄마의 치욕이다. 누구도 여자를 구원할 수 없을테니까 시간이 지나가서, 충분히 지나가서 이 사실을 좀 더 잘 이해하게 되면 그 치욕을 더 잘 느끼게 될게다." 이 저주는 에스터가 오랫동안 가지고 다녀야만 했던 스스로에 대한 죄책감이다. 하지만 우리가 여기서 생각할 수 있는 것은 디킨즈가 출생에 심각한 고려를 하고 있지 않다는 것이다. 디킨즈에게 출생보다 훨씬 중요한 문제는 현재의 상태를 어떻게 극복할 수 있는가 하는 것이다. 에스터의 경우 그녀는 전염병을 앓고 난 후 본래의 모습과 다른 모습을 가지게 된다. 이는 이전의 정체성을 완전히 버리고 새로운 모습으로 다시 태어난다는 뜻으로 에스터가 가지고 있는 사생아라는 굴레를 벗고 새로운 인간으로 다시 태어난다는 것을 의미한다.

하지만 다시 태어나기 위해서는 새로운 가치관의 형성이 동반되어야 하는데 에스터가 조지(George Rouncel)를 만난 후에 "주변사람들에게 할 수 있는 한 유용할 수 있었으면, 봉사를 할 수 있었으면 좋겠어요. 그리고 의무의 폭을 자연스레 점차 넓혀갔으면 좋겠어요"(216)라는 말함으로서 그녀의 환골탈태가 새로운 가치관과 함께 이루어졌음을 드러낸다. 동시에 이 말은 디킨즈가 이 소설에서 보여주고 싶어 하는 동정심과 일맥상통하는 말이다. 여기서 주변을 강조하는 에스터의 말은 망원 자선(telescopic philanthropy)이라 불리는 우스꽝스런 자선단체에 대한 비판이다. 자신의 가족들에 대한 일차적 책임도 도외시한 채 아프리카의 원주민들의 문맹퇴치와 수익성이 없는 사업으로 일관하는 명목뿐인 식민정책 보다는 국내문제의 심각성을 깨닫고 그 치유책을 강조하는 디킨즈다운 비판이다. 50년대 차티스트 운동이 가라앉고 난후 킹즈리(Kingsley)나 개스켈(Gaskell)같은 작가들이 계급간의 결혼과 기독교 사회주의나 복음주의 같은 이름으로 해결책을 제시할 때, 50년대 초의 상황을 자선단체나 사법단체가 해결할 수 없다는 것이 디킨즈의 의견이다.

『블리크 하우스』의 경우에 미래의 이상적 국가를 대표하는 것은 에스터이다. 데드락 부인의 죽음이나 오르땅스의 살인은 자신의 정열을 조절할 수 없는 무능력 때문이지만 에스터는 의무와 개인적 행복, 그녀의 "경험적" 가사의 책임과 낭만적 사랑 그리고 자기희생과 자기애 사이의 중간 위치를 조절하는 법을 배운다. 그녀는 또한 일상의 영역에 포함된 성실하고 단순한 삶을 나타내는데 이 모든 것은 일상의 영국식에 대한 낭만적 개념과 일치한다. 낭만주의 지식인들처럼 디킨즈는 공리주의와 낭만주의, 이성과 상상, 머리와 가슴사이의 균형을 믿었다.『블리크 하우스』에서 에스터는 쉽게 얻기 어려운 균형을 성취하는 과정에서 이상적 여성상의 패턴을 얻는다.

이 계층에 속하는 두 번째 인물은 우드코트(Allan Woodcourt)이다. 소설의 말미에서는 에스터의 배우자가 되는 우드코트는 이 소설에서 디킨즈가 에스터와 함께 애정을 가지고 묘사하는 인물이다. 소설의 중간에서 사라졌다가 말미에 다시 등장하는 우드코트는 영국에 없는 동안 식민지에서 생활한 것으로 되어있지만 그의 진가가 발휘되는 것은 식민지에서가 아니라 영국으로 귀환한 후의 일이다. 『블리크 하우스』의 많은 인물들처럼 우드코트는 식민지의 야망에 굴복하는 대신 국내에 기꺼이 머문다는 사실 때문에 영웅이 된다. 이를 위해 디킨즈는 우드코트를 그가 탄 배가 난파했을 때 지도력과 현명한 판단을 통해 수많은 사람을 구하게 함으로서 문자 그대로 그를 영웅으로 만든다. 이제 영웅이 되어 귀국한 우드코트는 의사라는 직업을 가지고 우리에게 나타나는데 이는 디킨즈로 하여금 우드코트를 영웅으로 묘사하게 할 뿐 아니라 그로 하여금 하류층을 불만과 소외감을 해결하는 중류층의 기능을 하게 한다.

디킨즈가 『블리크 하우스』를 연재하던 1850년대의 영국은 디킨즈의 시각으로 보면 결코 만족스런 상황이 아니었다. 따라서 소설가는 현 상황의 해결책을 자신의 작품 속에 제시한다는 점에서 『블리크 하우스』에서 묘사되는 이상적 국가에 대한 디킨즈의 암시는 '국가가 무엇이어야 하는가'에 대한 물음에 답하는 것으로 보인다. 디킨즈는 이 소설에서 귀족에 의해 지배되는 사회는 사회전체를 유기적으로 연결할 수 없으며, 혹 유대가 있다손 치더라도 그 것이 인위적이라는 것을 보여줌으로 귀족 사회의 한계성을 드러낸다. 또한 귀족사회에 널리 퍼져있는 거짓과 비효율, 무능을 드러냄으로서 에스터의 정직, 성실 그리고 효율성과 대조시킨다. 소설의 말미에서 에스터가 블리크 하우스를 소유했다는 사실은 에스터와 우드코드가 있는 이상적 중산층 국가를 상징한다. 이는 자신의 이익에만 관심을 가지는 집단이 경영하는 국가인 귀족국가나 계급간의 갈등이 심각한 계급국가를 너머 국가의 모든 구성원들을 만족시킬 새로운 영국의 필요를 암시한다.

디킨즈가 그리는 이상적 세계는 에스터와 우드코트같은 사람들로 이루어진 중산층사회이다. 에스터처럼 현실과 대결하여 그 것을 극복한 채 중산층의 미덕을 가지고 있는 부인과, 국외의 문제가 아닌 국내의 문제를 성실과 인내로서 극복할 수 있는 남편으로 상징되는 사람들로 구성된 사회가 이상적이라는 것이다. 이는 이 소설이 쓰여지던 1850년의 영국이 정치적으로 안정을 얻지 못한 상태에서 대내적 문제는 소홀히 한 채 국외의 식민지 문제에 매달리고 있는 정부에 대한 비판일 수도 있으며, 국가의 주축을 이루어왔던 귀족층에 대한 환멸과 신귀족층으로 부상하기 시작한 산업자본주의자들에게서 보이는 귀족층의 유사성, 그리고 전문가층으로 성장하기 시작하는 변호사와 탐정에 의심스런 눈길을 보내는 디킨즈의 성격일 수도 있다.

하지만 우리가 여기서 지적해야 할 것은 디킨즈가 그린 또 다른 "블리크 하우스"는 산업사회 이전의 모습을 가진 전원적 목가적 풍경일 뿐 실은 가능하지 않다는 사실에서 디킨즈가 그리고 있는 새로운 영국은 마치 낭만주의자들의 꿈처럼 소설 속에서만 존재할 수 밖에 없는 이상향이라는 것이다. 런던에서 멀리 떨어진 이 새로운 블리크 하우스 그리고 디킨즈가 북쪽과 항상 관련지어 생각했던 산업과 멀리 떨어진 이 집은 도피 혹은 은거이다. 디킨즈가 납득할 수 있게 분석한 대법관청의 세계는 계속 황량한 상태로 존재하며 터킹혼, 크룩, 조와 그리들리와 같은 희생자뿐만 아니라 잔디스 대 잔디스의 소송 스몰위드 가족은 톰올어론이 존재하는 것처럼 계속 존재할 것이다. 앞으로 끝없는 대법원 소송이 있을 것이고 그 소송에 의해 더 많은 그리들리와 프리트 양이 생겨날 것이다. 그리고 더 많은 조가 무지에 의해 암흑 속에 있게 될 것이고 병에 의해 죽게 될 것이다. 그런 세상의 공포와 비교하면 『블리크 하우스』의 목가적 결론은 비사실적이고 비효율적일 수 밖에 없다. 결국 디킨즈가 그리는 것은 새로운 영국에 대한 디킨즈식의 미래상인 것이고 그가 낭만적 요소를 가지고 있다고 지적하는 이유이기도 한 것이다.

V. 맺음말

작가가 자신이 속한 사회에 관심을 가지는 일은 당연한 일이다. 특히 사회경제적으로 격변하는 사회를 살았던 작가에게 기존의 가치가 의심을 받는 상황은 새로운 대안을 제시해야하는 작가로서의 의무감이 더욱 무겁게 다가왔을 것이다. 이러한 배경에서 빅토리아 시대의 사회소설은 등장했고 또 사회가 안정기에 접어들면서 그 힘을 잃었다.

디킨즈의 사회소설은 자신이 경험했던 19세기 초반의 영국사회에 대한 비판이다. 18세기말까지 영국사회를 지배하고 있던 기존의 관념이 그 힘을 잃고 산업혁명의 여파로 사회전체가 새로운 형태로 구성되기 시작하는 것을 보면서, 그가 특히 관심을 가지고 있던 가난한 사람들에 대한 연민을 바탕으로 당시의 사회를 비판하고 있다.『올리버 트위스트』에서는 가난한 사람을 더욱 힘들게 하는 구빈원(workhouse)과 복지제도를,『블리크 하우스』에서는 법원의 난맥상과 그 주변에 기생하는 사람들을,『어려운 시절』에서는 이제 막 태동하기 시작하는 노사관계를 비판하고 있다. 그리고 각각의 소설 속에서 디킨즈는 건전한 상식과 사회에 대한 의무감에 충만한 중산층을 등장시킴으로 자신의 해결책을 제시하고 있다.

하지만 디킨즈가 제시하는 해결책은 그 구체적 비전이 결여되어 모호하다는 비판을 받는다.『올리버 트위스트』에서 올리버 트위스트를 나락에서 구하는 것은 그의 숨겨져 있었던 출신배경이며, 『블리크 하우스』에서 에스터가 행복을 찾는 것은 산업화 이전의 목가적 전원이며, 『어려운 시절』에서 노사문제는 해결되지 않고 노동자와 사용자 어디에도 속하지 못했던 블랙풀은 비극으로 생을 마감하게 된다. 디킨즈가 이러한 형태로 사회소설을 끝맺게 되는 이유 중의 하나는 자신이 이미 기존의 가치를 중시하는 중산층이 되었기 때문이다.

빅토리아 시대의 사회소설은 사회의 불합리와 부조리를 고발하는 면이 있었지만 그 해결책을 소설 속에서 제시하고 있는 것은 드물다. 왜냐하면 사회소설의 작가들 대부분이 중산층 출신이고 그들이 사회의 난맥상을 경험하고 있기는 하지만 자신들의 가치관에 기초해서 사회를 변혁시키려 하고 있기 때문이다. 프랑스처럼 급격한 변화나 사회의 근간에 대한 부정은 중산층의 작가들이 받아들이기 어려운 점이었고, 노동자들의 과격한 요구는 사회를 불안하게 만드는 요소라는 생각이 당시의 영향력 있는 작가들에게 퍼져 있었다. 이런 점은 디킨즈의 사회소설에 그대로 적용될 수 있기 때문에 디킨즈의 사회소설이 갖는 비판인 동시에 그의 작품이 가지는 한계점이 된다.

---

1) 이 글은 『영어영문학 21』 30권 4호에 발표한 것을 편집의도에 맞게 수정, 보완한 것이다.

2) 이 글은 『19세기 영어권 문학』 13권 1호에 발표한 것을 편집의도에 맞게 수정, 보완한 것이다.

인용문헌

Arc, Jonathan. *Commissioned Spirits: The Shaping of Social Motion in Dickens, Carlyle, Melville, and Hawthorne.* New Brunswick: Rutgers UP, 1979.

Bodenheimer, Rosemarie. *The Politics of Story in Victorian Social Fiction.* Ithaca: Cornell University Press, 1988.

Bossche, Chris R. Vanden. *Carlyle and the Search for Authority*. Columbus, Ohio: Ohio State UP, 1991.

Brantlinger, *Patrick. Rules of Darkness: British Literature and Imperialism, 1830-1914.* Ithaca: Cornell UP, 1988.

Carlyle, Thomas. *Thomas Carlyle: Selected Writings.* ed. Alan Shelston. Harmondsworth: Penguin, 1971.

Carlyle, Thomas. *On Heroes, Hero-Worship and the Heroic in History*. London: Oxford UP, 1968.

________. *Past and Present*. Ed. Richard Altick. N.Y.: New York UP, 1965.

________. *Sartor Resartus*. Berkeley, CA: University of California P, 2000.

________. *Signs of the Times* in *Thomas Carlyle: Selected Writings*. Ed. Alan Shelston. N.Y.: Penguin, 1971.

Cazamin, Louis. *The Social Novel in England*. tr. Martin Fido. London: Routledge, 1973.

Dickens, Charles. *Bleak House*. New York: Penguin, 1996.

________________. *Hard Times*. Norton, 1990.

Gallagher, Catherine. *The Industrial Reformation of English Fiction: Social Discourse and Narrative Form, 1832-1867*. Chicago: University of Chicago Press, 1985.

Guy, Josephine. *The Victorian Social-Problem Novel*. Basingstoke: Macmillian, 1996.

Lorentzen, Eric. "'Obligation of Home': Colonialism, Contamination, and Revolt in *Bleak House*." *Dickens Studies Annual* vol.34 (2004): 155-184.

Perera, Suvendrini. *Reaches of Empire: The English Novel from Edgeworth to Dickens*. New York: Columbia UP, 1991.

Shaw, George Bernard. "*Hard Times*." *The Dickens Critics*. Ed. George H. Ford and Lauriat Lane, Jr. Ithaca: Cornell UP, 1961.

Sicher, Efraim. "Acts of Enclosure: The Moral Landscape of Dickens' *Hard Times.*" *Dickens Studies Annual 22* (1993): 195-216.

Stuchebrukhov, Olga. "Bleak House as an allegory of a middle-class nation." *Dickens Quarterly* 23.3 (2006): 147-168.

Williams, Raymond. *Culture & Society: 1780-1950.* Ithaca: Cornell UP, 1983.

II.
리얼리즘과 그 불만

로맨스:

나다니엘 호손의『주홍글자』

고영란

Ⅰ. 로맨스

로맨스라는 용어는 많은 의미를 지니고 있기 때문에 그 정의를 내리기가 쉽지 않다. '사랑을 다룬 소설'을 의미하는가 하면 평범하지 않은 사건을 다루는 허구적인 서사로 정의되기도 한다. 또한 소설(novel)로 불리기도 한다.

전통적인 로맨스는 기사도나 사랑의 모험을 다루는 운문이나 산문으로 쓰인 중세 이야기를 가리키고 '중세 로맨스'(medieval romance), '기사도 로맨스'(chivalric romance)로 지칭된다. 로맨스는 처음에는 운문으로, 나중에는 산문으로 쓰였다. 아브람스(M. H. Abrams)의『문학용어집』(*A Glossary of Literary Terms*)에 따르면 기사도 로맨스는 12세기 프랑스에서 발달하면서 영웅적인 서사시를 대신했다. 로맨스는 부족 간의 전쟁이 빈번했던 영웅시대가 아니라 정중한 매너와 예절의 시대였던 궁정의 기사도 시대를 재현했다는 점에서 서사시와 구별된다.

중세 로맨스는 주로 멀리 떨어져 있는 시간과 공간을 배경으로 하여 주어진 과업을 이루기 위해 모험을 하는 기사의 이야기이다. 인물구도는 판에 박힌 단순한 것으로서 주인공인 영웅과 적대자가 대립한다. 플롯은 단순하기에 쉽게 예측할 수 있으나 이국적인 장소와 마법, 예언 등의 초자연적인 요소, 그리고 흥미롭고 기발한 사건들로써 신비와 긴장감을 조성한다. 비사실적인 것이 전통 로맨스의 핵심적인 특징이었다. 결단코 일어난 적이 없었고 일어날 것 같지도 않은 허구적 사건들에 초점을 맞추는 것이다. 아브람스가 지적한바 "로맨스는 그렇게 되었으면 하는 삶" 즉 삶을 보다 환상적이고 모험적이며 실제보다 더 영웅적으로 제시하는 것이다. 이런 점에서 로맨스는 "실제 있는 그대로의 삶"을 재현하는 '사실주의'(realism)와 구별된다.

중세 로맨스에서는 기사의 행동철학이자 중세의 가장 숭고한 이상인 용기, 충성심, 명예, 도덕심, 자애, 예의범절이 강조되었다. 로맨스에 등장하는 기사는 용맹스럽게 용이나 거인 등의 적을 물리쳐서 나라를 지킨 대가로 아름다운 공주를 아내로 맞아 왕국을 계승하기도 한다. 또한 외적인 압력뿐 아니라 자기 절제나 인내심 같은 덕성으로 내면의 유혹을 물리친 후 영광스럽게 성배를 찾기도 한다.

프랑스에서 발전된 로맨스에서는 역경 속에서 충실히 사랑을 지켜낸다는 주제를 강조하는 경향이 두드러진다. 중세 이전의 작품에서는 일종의 장식에 불과했던 사랑이 중세 로맨스에서는 독립적인 주제가 된 것이다. 미혼의 기사가 자신보다 신분이 높은 여인을 열렬히 숭배하고 충성을 맹세하며, 그녀에 대한 자신의 사랑을 증명하기 위해 목숨을 걸고 모험이나 결투, 시합에 지원하기도 한다. 그런데 이 여인은 기혼녀일 경우가 많아서 이들의 사랑은 이루어질 수 없다. 이러한 상황에 놓인 기사들은 개인적 욕망과 사회적 도의 사이에서 갈등하면서 내적 성찰을 통해 성장한다. 중세 로맨스의 핵심 주제가 사랑이었던 연유로 오늘날 로맨스는 소설의 하부장르로서 사랑을 주제로 하는 로맨스 소설, 로맨틱한 소설로 알려지게 된다. 로맨스 장르가 변조

되기 시작한 대표적인 작품이 제인 오스틴(Jane Austen)의 『오만과 편견』(*Pride and Prejudice*)이다. 이러한 유형의 소설은 모험적인 요소를 없애고 두 남녀의 로맨틱한 사랑에 초점을 맞추며 행복한 결말로 끝맺어진다.

영국에서 로맨스는 13세기 초에 영어로 쓰였고 13세기 말에 이르러 가장 유행하는 문학 장르가 되었다. 중세 영국의 로맨스에는 전설적인 아서왕과 원탁의 기사들을 둘러싼 이야기가 많았다. 중세 시대의 높은 문맹률을 반영하듯 초기 로맨스는 운문으로 쓰였다. 14세기 후반 '두운'(alliteration)으로 쓰인 「가웨인 경과 녹색의 기사」("Sir Gawain and the Green Knight", 1357)가 그 예이다. 그러다가 점차 로맨스는 산문으로 쓰이기 시작한다. 그 예로는 1485년 캑스톤(Caxton)이 인쇄한 맬러리(Thomas Malory)의 『아서 왕의 죽음』(*Le Morte d'Arthur*)을 들 수 있다.

중세 후반기 특히 14세기를 거쳐 15, 16세기까지도 번창했던 로맨스는 르네상스 시대의 인문주의자들이 선호하지 않은 연유로 그 위상을 잃게 되었다. 르네상스기 전까지는 귀족에서 하류계층까지 모두에게서 환영을 받았지만, 르네상스 시대의 로맨스는 중, 하류계층을 위해 쓰인 질이 떨어진 이야기로 격하되었다. 약 1600년경에 로맨스는 시대에 뒤떨어진 것이 되었고 세르반테스(Cervantes)는 『돈키호테』(*Don Quixote*, 1605)에서 로맨스를 조롱하기도 했다.

하지만 로맨스 장르는 18세기 말에 고딕소설과 함께 부활했다. 고딕은 원래 게르만 민족의 일부 부족을 지칭했는데, 후에 '중세기'를 의미하게 되었고, 중세에 관한 관심의 고조는 고딕소설을 낳았다. 고딕소설가들은 중세 시대의 음산한 성곽을 중심으로 유령이 출몰하는 초자연적인 현상을 묘사하여 공포를 유발했다. 19세기 초부터 로맨스라는 단어는 기괴한 고딕적 모험담을 함축하게 되었다. 고딕 로맨스의 기원은 호레이스 월폴(Horace Walpole)의 『오트란토 성』(*The Castle of Otranto*, 1764)이라 할 수 있다. 이 작품의 두 번째 판에는 "고딕 이야기"(A Gothic Story)라는 부제가 붙어 있다. 앤 래드클리프(Anne Radcliffe)의 『우돌프의 신비』(*The Mysteries of Udolpho*, 1794), 매슈 루이스(Matthew Lewis)의 『수도사』(*The Monk*, 1795) 등도 고딕 로맨스에 속한다.

로맨스가 산문으로 쓰이면서 근대소설이 발생했다. 18세기에 소설가들은 로맨스의 특징들을 소설에 통합했다. 19세기 미국 작가인 호손은 자신의 작품이 '소설'(novel)이기보다는 '로맨스'(romance)임을 끈질기게 강조했다. 이는 그가 소설 속 로맨스 전통을 계승했음을 밝힌 것이다. 호손 덕택에 로맨스는 그 이전보다도 더 폭넓은 의미를 띠게 되었다.

로맨스는 미국 문학에서 중요한 위치를 점하고 있다. 특히 19세기 미국 문학가들이 로맨스 양식을 즐겨 사용했다. 19세기 중엽의 미국 작가들은 청교도주의를 포함한 사회 전반의 이념 및 가치관을 비판하는 가운데 자신들이 꿈꾸던 유토피아적 비전을 함축적으로 로맨스 양식에 담아내려 했다. 이러한 시도는 실제 현실의 삶보다는 그렇게 되었으면 하는 이상적인 삶을 제시하는 로맨스 양식에 부합하는 것이었다. 자신의 작품을 공공연히 로맨스로 규정한 나다니엘 호손(Nathaniel Hawthorne)이 그 대표적인 작가이다.

Ⅱ. 호손의 로맨스

호손은 1804년 매사추세츠(Massachusetts) 주 세일럼(Salem)에서 태어났다. 1630년 신대륙으로 이주해온 청교도 조상인 윌리엄 호손(William Hathorne)은 치안판사로 임명되어 퀘이커 교도를 박해했고 그 아들 존(John)은 마녀재판을 통해 많은 사람의 처형에 가담했다. 이로 인해 심한 죄의식에 시달렸던 호손은 청교도 조상과 구분을 짓기 위해 자신의 성에 w자를 삽입했다고 한다.

선장인 아버지의 죽음 후 호손은 부유한 중산층이었던 외가의 도움으로 대학 교육을 받게 된다. 메인(Maine) 주에 위치한 보우딘 대학(Bowdoin College)에 입학한 호손은 후에 미국 14대 대통령이 된 프랭클린 피어스(Franklin Pierce)와 깊은 친분을 맺었다. 대학 졸업 후 그는 어머니에게서 경제적 도움을 받으며 고향인 세일럼에서 12년 동안 독서와 창작 활동에 전념했다. 1828년 최초의 소설인 『팬쇼』(*Fanshawe*)를 출간했으며 이후 단편소설의 창작에만 전념했다. 1837년에 첫 단편소설 모음집 『오래전부터 해온 이야기』(*Twice-Told Tales*), 1846년에는 『구 목사관의 이끼』(*Mosses from an Old Manse*)를 출판했다. 후자에 「젊은 굿맨 브라운」("Young Goodman Brown"), 「반점」("The Birthmark"), 「라파치니의 딸」("Rappaccini's Daughter") 등이 실렸다.

호손은 작가로서 어렵게 생계를 꾸려나가던 중 친구 피어스 상원의원의 노력으로 1839년 보스턴 세관에서, 1846년에는 세일럼 세관에서 공직을 맡았다. 순전히 경제적인 이유로 취직했던 그 시절 호손은 창작 활동을 제대로 할 수 없었다. 이후 1849년 휘그당이 대통령 선거에서 승리하자 명목상 민주당원이었던 호손은 중상모략을 당해 세관에서 해고당했다. 세관을 그만둔 후 호손은 본업인 작가로 돌아가 『주홍글자』(*The Scarlet Letter*)를 집필하기 시작했다. 1850년 출판된 『주홍글자』는 호손의 본격적인 첫 장편 소설이자 최초의 성공작이었다. 이 작품의 서문 격인 「세관」("The Custom House")에서 호손은 정적들을 신랄하게 비판하면서 당시의 비참한 심경을 적나라하게 토로했다. 「세관」은 독자 대중에게 엄청난 호기심을 불러일으켰고 그 결과 『주홍글자』의 초판은 조기에 매진되는 등 큰 성공을 거두었다.

이후 호손은 『일곱 박공의 집』(*The House of Seven Gables*, 1851), 『블라이드데일 로맨스』(*The Blithedale Romance*, 1852)를 출판했다. 1852년에 출간한 『눈사람과 다른 진부한 이야기들』(*The Snow Image and Other Twice-Told Tales*)에 「나의 친척 몰리노 소령」("My Kinsman, Major Molineux")과 「이선 브랜드」("Ethan Brand") 등이 수록되었다.

1853년 호손은 대통령이 된 피어스의 임명으로 영국의 리버풀 영사가 되었다. 1857년 외교관직을 마친 후 호손은 이태리의 로마(Rome)와 플로렌스(Florence)에서 생활하다가 1860년 귀국하여 콩코드(Concord)에 정착했다. 그해 호손은 마지막 소설인 『대리석 목신상』(*The Marble Faun*)을 영국과 미국에서 출판하여 두 곳 모두에서 호평을 받았다. 4년 후 1864년 그는 사망했다.

호손은 『주홍글자』, 『일곱 박공의 집』, 『블라이드데일 로맨스』, 『대리석 목양신』을 로맨스라고 명명하고, 로맨스 양식을 옹호하는 서문을 달았다. 자신의 작품이 일상생활을 사실적으로 충실하게 재현하는 소설이 아니라 로맨스임을 강조하려 한 것이다.

호손은 항상 로맨스를 쓰고 있다고 밝히면서 자신의 작품이 전통 로맨스에 속하는 특징을 갖고 있음을 부각하려 했다. 사실 호손이 쓴 로맨스에서의 인물형상화, 플롯, 배경의 환상적인 요소는 중세 로맨스나 월터 스콧(Walter Scott)의 역사 로맨스와 동일하다. 호손이 어릴 적 많이 읽었다고 하는 스콧의 이야기는 스코틀랜드의 역사를 배경으로 하지만 역사소설이기보다는, 느린 리듬으로 이야기를 시작하는 구조, 플롯, 배경 면에서 중세 로맨스와 유사하다. 인물형상화에서도 그러하다. 스콧의 이야기에서 역사적으로 잘 알려진 인물들은 등장은 하되 중심 무대에 서지 않는 반면, 무명의 인물들이 주인공으로 등장하여 영웅적 자질을 보여준다. 그들은 중세 로맨스의 기사처럼 위기 앞에서 큰 용기로 맞선다.

스콧의 로맨스처럼 호손의 로맨스도 실제 역사적 사실에 기반을 두고 있다. 가령 『주홍글자』의 경우 식민지 시대인 1642년부터 1649년까지의 7년을 시간적 배경으로, 보스턴 사회를 공간적 배경으로 삼는다. 다른 한편 호손은 스콧처럼 허구적 인물과 사건을 창조해내어 극적으로 재구성한다. 하지만 호손의 로맨스는 중세적 배경 대신 17세기 미국에 그 배경을 둔다는 점에서 스콧의 역사적 로맨스와 다르다. 중세 로맨스에 가까운 스콧의 작품에 비해 호손의 로맨스는 사실주의 소설에 더 가까운 것이다.

로맨스에 대한 호손의 정의 또한 스콧의 영향을 받았다. 월폴의 『오트란토 성』의 소개 글에서 스콧이 밝힌 바에 따르면 이상적인 로맨스는 고대 로맨스(ancient romance)와 근대소설(modern novel)의 '융합'(fusion)이다. 호손 또한 전통 로맨스와 사실주의 소설 사이에서 균형을 지키며 이 둘을 융합하려 한다. 호손이 『주홍글자』의 「세관」에서 정의한 바에 따르면 그의 로맨스는 '실제적인 것과 상상적인 것이 서로 만나는, 현실과 공상 세계 사이 어디엔가 놓여 있는 중립지대" (85)[1]를 다룬다. "중립지대"에서 "사실적인 것"과 "상상적인 것"이 만나 "역동적인 상호작용"(Brodhead 49)을 한다. 상상적인 면과 사실적인 면이 단순히 병용되는 데 그치는 것이 아니라 상호 용해되는 것이다. 그 결과 호손의 로맨스에서는 현실적으로 일어날 성 싶지 않은 일들이 마치 현실 속에서 실제로 일어난 것처럼 사실적으로 세세하게 서술된다. 이때 사실적인 것과 상상적인 것은 단순히 "이분법적 대립항"의 관계에 있는 것이 아니다. 사실적인 것이 항상 상상적인 것 속으로 미끄러질 수 있고 또한 정반대의 현상이 일어날 수 있다는 점에서 이 둘의 관계는 "변증법적인"(이상 Ullen 9) 것이다.

『주홍글자』의 뒤를 이은 작품 『일곱 박공의 집』의 「서문」("Preface")에서 호손은 소설과 로맨스의 차이를 좀 더 구체적으로 설명한다. 즉 소설은 일상 속의 평범한 경험을 있는 그대로 충실하게 묘사하는 반면, 로맨스는 일상생활에서 볼 수 없는 신기하거나 상상적인 사건을 즐겨 다룬다는 것이다. 그러나 로맨스라고 해서 황당무계한 공상적 이야기는 아니다. 호손은 일상생활의 세세한 묘사에 국한된 협의의 사실주의 소설도, 모험으로 가득 찬 로맨스도 좋아하지 않았다. 그는 신비로움을 간직하되 지나치게 환상적이지는 않은 사실적인 것을 선호했다. 달빛의 작용 아래 현실과 상상의 세계가 만나는 중간 영역인 "중립지대"가 호손의 취향에 부합한 것이었다.

달빛은 호손의 독특한 로맨스를 이해하는 중요한 열쇠이다. 「세관」에서 호손은 소설의 소재는 밝은 햇빛 속에 드러난 일상이지만, 로맨스의 소재는 달빛이나 난롯불 속에 드러나는 어렴풋한 모습이라고 밝힌다. 사물에 모호함의 분위기를 부여하는 달빛 아래에서의 쓰기를 통해 호손은 직접 표현하고 싶지 않은 것을 애매모호하고 양가적으로 그려낼 수 있었다. 호손은 "달빛" 이외에도 "신비한", "구름", "베일" 같은 어휘를 자주 언급한다. 『일곱 박공의 집』에서 호손은 그의 작품이 “실제적 토양”보다는 “머리 위의 구름”과 연관되는 로맨스로 읽히기를 바란다고 했다. 그는 본마음을 직접 보여주는 대신 구름과 같은 베일로써 가리면서 윤리적인 문제에 애매모호한 태도를 견지한다. 초연한 태도로 중립을 지키면서 다양한 해석을 제시하는 가운데 그 판단은 독자에게 맡기는 것이다. 그럼으로써 독자가 청교도 주류 사회의 견해와는 다르게 생각할 수 있고 죄인까지도 용서하는 관용과 관대함을 갖도록 인도한다. 관용을 설파하는데 호손의 로맨스 양식은 효과적인 매개체였다.

호손의 로맨스의 또 하나의 특징은 현실적으로 표면에 드러나지는 않지만 실재하는 ‘인간 마음의 진실’, 즉 내면 심리에 관심을 두는 것이다. 호손이 『일곱 박공의 집』의 「서문」에서 밝힌 대로 ‘인간 마음의 진실’에 충실하기만 하면 소설이 추구하는 일상성이나 사실성에 제한받지 않고 자유롭게 사건이나 배경을 선택할 수 있다. 바꿔 말하면 사건이나 배경이 비사실적인 것은 아무 문제가 되지 않으나 반드시 ‘인간 마음의 진실’에 충실해야 한다는 것이다.

‘인간 마음의 진실’에 충실하기 위해 호손은 인물들의 심리와 그 변화 양상을 그려낸다. 이 과정에서 인물들의 행위에 내적 논리를 부여하고 원인에서 결과로 이어지는 ‘인과성’을 확보한다. 호손의 로맨스가 허무맹랑한 이야기로서 인과관계를 결하곤 하는 일반 로맨스와 크게 갈라서는 지점이 여기이다. 특히 『주홍글자』에서 그러하다. 이런 점에서 『주홍글자』는 필요에 따라 로맨스적 요소가 효과적으로 활용되고 있는 심리적 사실주의 소설이라고 할 수 있다.

Ⅲ. 『주홍글자』와 로맨스

1. '용서와 구원'의 주제와 로맨스

호손은 청교도주의의 억압성과 그로 인한 죄의식, 그리고 죄의식이 심리에 끼치는 영향을 심도 있게 고찰한 작가이다. 그는 신의 계시라는 미명으로 엄격한 규율과 처벌만을 중요시했던 편협한 청교도적 태도를 비판하고 따뜻한 인간적인 용서와 이를 통한 구원을 강조했다. 호손이 보기에 죄인이 구원을 받기 위해 외적인 차원에서 필요로 한 것은 용서이다. 인간이란 누구나 죄를 범할 수 있는 나약한 존재이므로 계율을 통한 단죄보다는 용서와 화해, 그리고 인간 본연의 사랑과 동정심이 필요하다는 것이다. 인간의 존엄성을 해치고 파멸시키려 하는 악의적인 칠링워즈(Chillingworth)의 복수야말로 딤즈데일(Dimmesdale) 목사와 헤스터(Hester)의 간음죄보다 더 용서받지 못할 죄라는 것이 호손의 생각이다.

한편 구원받기 위해 내적인 면에서 필요한 것은 죄를 회개하는 것 즉 진실을 드러내고 용서를 비는 것이다. 죄를 숨기면서 고립되어 살 것이 아니라 자신의 진실 된 모습을 용기 있게 대면하고 거기에 대해 떳떳하게 책임져야 한다는 것, 그럼으로써 사람들과의 유대를 유지하고 살아야 한다는 것이 호손의 입장이다.

용서와 구원이라는 호손의 주제는 1장에서부터 두드러진다. 여기에서 호손은 청교도 선조들이 유토피아를 건설한다는 이상에 따라 식민지를 건설했음을 밝히면서 바로 그 문장에서 공동묘지와 감옥을 함께 언급한다. 육중한 감옥과 묘지는 청교도들이 스스로 인간의 한계를 인식하고 인정해왔음을 역설적으로 보여준다. 이어 호손은 침울

하고 우중충한 느낌을 풍기는 "감옥 문"과 그 옆에 아름답게 핀 "들장미 덤불"(97)을 대비시킨다. 단단한 참나무로 짠 육중한 감옥 문과 그 문 곳곳에 박혀 있는 무쇠 못은 개인을 억압하고 구속하는 청교도 사회의 법과 규범의 무자비함을 상징한다. 들장미 덤불은 사회적 통제를 벗어난 헤스터와 딤즈데일의 자연적인 본능에 따른 사랑을 상징한다. 이와 함께 그것은 "대자연의 깊은 마음"(97)을 대표하면서 죄지은 사람들에 대한 연민과 친절, 그리고 신의 자비를 상징한다. 호손은 감옥 문과 장미 덤불로 이야기를 시작함으로써 처벌과 용서를 대비시켜 보여준 것이다.

용서와 구원이라는 주제는 2장에서 헤스터를 성모마리아, 아이를 예수로 묘사하는 데서 더 분명하게 부각된다. 헤스터가 안고 있는 아기로 주홍글자를 가리려고 하다가 아기 또한 살아있는 주홍글자임을 깨닫는 장면에서 헤스터는 예수를 안은 "성모"(109)와 연결된다. 이는 아기 펄(Pearl)이 예수처럼 "세상을 구원할"(109) 어떤 역할을 할 것을 시사한다.

그런데 호손이 청교도주의를 비판하고 용서와 구원의 주제를 극적으로 생생하게 보여주기 위해 사용한 것이 바로 그 나름의 독특한 로맨스 양식이다. 선과 악을 단선적인 이분법으로 나누고 사람을 인간으로서가 아닌 단일적인 의미의 알레고리나 하나의 상징으로 보는 청교도주의 자체가 로맨스 양식에 부합한다. 그렇기에 로맨스 양식은 청교도주의를 효과적으로 비판하기 위한 유용한 수단이 된다. 가령 헤스터가 광장의 처형대 위에 서서 군중이 응시하는 대상이 될 때, 그들의 시선 앞에서 헤스터는 감정이 있는 하나의 개별적인 인간이 아니다. 대신 간음죄를 나타내는 치욕의 표지이다. 벨링엄 지사(Governor Bellingham) 저택의 홀에서도 헤스터는 어린 딸을 뺏길까

노심초사하는 어머니라는 한 여성이라기보다는 주홍글자를 달고 있는 죄인일 따름이다. 실제 인간으로서의 헤스터는 전혀 고려되지 않은 채 하나의 상징으로서 격하되어 버리는 것이다. 주지사의 저택에서 갑옷 장식에 비친 헤스터 가슴 위의 주홍글자는 볼록거울에서처럼 강조되어 그녀의 죄를 더욱 선명하게 부각한다. 이는 굴절된 거울에 비친 상을 보고 사물을 판단하는 당시 청교도 사회의 왜곡된 시각을 우회적으로 시사한다.

호손은 용서와 구원의 주제를 효과적으로 전달하기 위해 인물과 사건, 그리고 배경 등을 형상화할 때 로맨스와 사실주의 소설의 영역을 오간다. 그는 로맨스 양식을 사용하여 펄을 요정같이, 칠링워즈를 악마처럼 형상화했다. 펄은 현실 속의 사실적인 아이이면서 초자연적인 악동 같은 존재로서 인간과 요정 사이의 중간 지대에 속한 것으로 보인다. 가령 펄은 순수함을 지닌 호기심 많은 어린아이의 모습을 보이면서도 다른 한편 요정이나 악동이라 할 수 있을 만큼 기이한 행동을 하기도 한다.

펄은 처음 헤스터의 심리를 투사해주는 알레고리적 인물이다. 헤스터에게 펄은 소중한 '진주'이자 축복이지만 다른 한편 살아있는 주홍글자이다. 펄을 양육해야 하는 헤스터에게 있어서 펄은 주홍글자보다 더 효과적인 규율의 기제로 작용한다. 자신이 누구인지 계속 질문하고 주홍글자에 예민한 반응을 보이는 펄의 뜻밖의 말이나 행동들은 헤스터로 하여금 고통 속에 자신의 죄를 끊임없이 자각하도록 자극하는 양심의 역할을 한다. 또한 순진하고 거리낌 없는 아이로서 보고 느낀 대로 정곡을 찌르는 펄은 '진실'을 상징한다.

구원을 가져오는 펄의 역할은 태어나면서부터 보게 된 주홍글자의 의미에 대한 지속적인 질문에서부터 시작한다. 그 나이 또래의 아이라고는 믿기지 않을 정도의 예리한 통찰력을 보이는 펄은 헤스터가 주홍글자를 단 것과 딤즈데일이 가슴을 어루만지는 이유가 같다고 지적한다. 녹색 해초로 A자를 만들어 가슴에 대기도 하는 등 주홍글자에 집요하게 주목하는 펄은 헤스터의 불안감을 가속하는 역할을 한다. 처음 헤스터는 펄로 인해 불안감을 느낄 뿐 이를 통해 자기 존재에 대한 성찰에 이르지는 못한다.

하지만 점차 헤스터는 본격적으로 주홍글자의 의미를 물어보기 시작하는 펄을 더는 예전처럼 대할 수 없다고 생각하고 진지한 태도를 보이게 된다. 그러면서 펄이 자기 가슴속의 슬픔을 위로하고 정열을 극복하도록 도와주는 존재이며 펄을 통해 신이 "자비와 은총"(272)을 베풀어주려 한 것으로 생각한다. 절망적이고 비관적인 상태에 빠져 있었던 이전과는 달리 이제는 펄을 통해 자신의 가슴 속에 갇혀 있는 슬픔을 위로받고 격렬했던 열정을 극복하며 승화시킬 수도 있겠다고 느낀다. 헤스터는 펄을 보며 구원의 가능성을 엿본 것이다. 이에 헤스터는 회피하고 숨기려는 태도에서 벗어나 주홍글자와 그 의미를 정면으로 대면할 수 있게 된다. 그 결과 숲에서 다시 "검은 남자"(280)에 관해 묻는 펄에게 헤스터는 자신이 그를 일생에 단 한 차례 만난 적이 있고 즉 일탈한 적이 있고 주홍글자가 그 징표라는 진실을 비로소 담담하게 인정한다. 이후 주홍글자를 떼 낸 헤스터에게 그것을 다시 달도록 요구하는 펄의 행위는 헤스터로 하여금 과거에 저지른 간음죄와 그 결과를 회피할 수 없음을 깨닫게 해준다.

펄은 헤스터뿐 아니라 딤즈데일에게도 죄책감을 불러일으킨다. 죄의식으로 인한 고통으로 밤샘하던 중 딤즈데일은 펄이 자신의 가슴을 손가락으로 가리키는 환영을 본다. 밤중에 처형대 위에 딤즈데일, 헤스터와 함께 섰을 때 펄은 어둠 속에서 그들을 지켜보고 있는 칠링워즈를 가리키기도 한다. 이는 모두 죄를 숨기고 있는 딤즈데일에게 죄를 상기시키는 고문으로 작용한다.

다른 한편 펄은 딤즈데일을 구원으로 이끄는 존재이다. 헤스터가 펄을 계속 키울 수 있도록 딤즈데일이 도움을 주자 펄은 딤즈데일의 손을 자신의 뺨에 대고 이에 애정을 느낀 그가 펄의 이마에 입맞춤하는데, 이 순간 두 사람 사이에는 처음으로 연결고리가 생긴다. 헤스터가 놀랄 정도로 펄이 아이답지 않은 애정과 "부드러움"(183)을 보여주는 이 장면은 앞으로 딤즈데일이 죄를 고백하고 구원에 이르는 과정에서 펄이 중요한 역할을 할 것을 암시한다. 펄은 딤즈데일에게 생명력을 다시 불어 넣어주는 존재이기도 하다. 가령 밤중에 세 사람이 처형대 위에 서서 "전기를 띤 것 같은 유대"(233)를 맺을 때 그는 새 생명이 세차게 솟구쳐 그의 심장 속으로 흘러들어 퍼져나감을 느낀다. 딤즈데일이 처형대 위에서 마지막 고백을 할 수 있었던 힘은 바로 이 장면에서 펄이 전해준 생명력에서 비롯되었다고 할 수 있다.

펄은 부모가 죄를 회피하지 않고 진실을 대면하도록, 특히 딤즈데일로 하여금 숨기고 있는 죄를 스스로 밝히게 하는 역할을 한다. 펄은 새로운 삶을 꿈꾸는 두 사람에게 죄를 계속 상기시키며 과거에 저지른 죄와 그것의 현실적인 결과를 정면 대결하도록 한다. 펄은 마치 주홍글자를 부정하는 헤스터를 인정할 수 없다는 듯이 헤스터에게 주홍글자를 다시 달라고 명하고, 딤즈데일에게 다음날 대낮에 셋이 함께 처형대 위에 서자고 요구한다. 펄의 말은 아무리 멀리 떠나더라도 딤즈데일이 죄를 고백하지 않는다면 결코 양심의 가책이나 죄의식에서 벗어나지 못하리라는 것을 암시한다. 딤즈데일이 이를 거부하자 펄은 그의 위선과 거짓을 용서할 수 없다는 듯이 그의 키스를 씻어내 버린다.

고통을 주는 동시에 구원으로 이끌어주는 펄의 알레고리 한 역할은 딤즈데일이 처형대에 올라 이제까지 숨겨온 죄를 공개적으로 고백할 때 마침내 끝난다. 딤즈데일의 고백 후 펄이 목사에게 입 맞출 때 '마법'은 풀린다. 딤즈데일의 구원은 펄의 구원으로도 이어진다(Daniels 223). 이제 그녀는 "인간의 기쁨과 슬픔 속에서 자라서 … 세상 속에서 한 여성이 되겠다"는 맹세를 하듯 눈물을 흘린다. 입맞춤과 눈물은 인간으로서의 "공감"(이상 368)을 의미하는 것으로, 이로써 펄은 현실 사회에서 명실공히 딤즈데일의 딸이 되는 인간화 과정을 마무리한다. 펄이 자신의 역할을 다 수행한 후에서야 현실 속의 한 인물로 변모한다(Cady 463)는 지적도 이와 일맥상통하다. 딤즈데일이 최종적으로 죄를 인정함으로써 진실이 밝혀지자 펄은 상징이나 알레고리로 대표되는 로맨스적 인물에서 벗어나 드디어 하나의 개별적인 인간으로서 사회의 구성원이 된다. 이 과정을 실감 나게 보여주는데 로맨스의 세계와 사실주의 세계의 경계를 넘나드는 호손의 '로맨스'가 큰 역할을 한 것이다.

한편 칠링워즈는 처음에는 지성적이고 차분한 학자였지만 점차 인간이기를 포기한 채 악마라는 알레고리적 인물로 변해간다. 칠링워즈가 증오심에 불타 악마처럼 되어갈 때 그의 묘사에는 비현실적인 요소가 적절히 혼합된다. 헤스터를 본 "그의 눈에서 붉은 섬광의 빛이 번득였고", "그 노인의 영혼이 불붙어 가슴 속에서 희뿌옇게 계속 연기를 내뿜는"(이상 257) 듯했다는 묘사가 그 예이다. 펄의 경우와 마찬가지로 복수의 화신인 칠링워즈를 형상화하는 데 로맨스적인 양식이 효과적으로 활용된 것이다.

칠링워즈는 용서와 구원에 대비되는 복수의 화신이다. 칠링워즈의 복수는 딤즈데일이 죄를 공개하지 않고 죄의식으로 인한 고통을 받으며 결국 파멸에 이르도록 집요하게 몰아가는 것이다. 그 복수의 방법은 진정 신을 섬기는 사람이라면 당당하게 자신의 죄를 고백하고 회개해야 한다면서, 딤즈데일 스스로 뼈아프게 자각하고 있는 자기기만성을 끊임없이 환기하는 고문을 가하는 것이다. 죄인을 결코 용서해줄 수 없는 칠링워즈의 논리는 죄인에 대한 관용 및 공감 능력을 결한 당시 청교도적 가치관을 반영한다. 호손은 복수만을 추구하는 칠링워즈를 통해 비인간적인 청교도 사회를 고발한다.

복수의 화신으로서의 칠링워즈의 진상은 피폐해진 딤즈데일을 보고 놀란 헤스터가 처벌은 신에 맡기고 모든 것을 용서해주라고 간청할 때 확연히 드러난다. 칠링워즈는 자신의 복수를 돌이킬 수 없는 운명으로 생각하는 듯 "검은 꽃이 피겠으면 피도록 내버려 두자"(264)고 한다. 이는 대상을 무자비하게 죽음과 파멸로 끝내 몰아넣겠다는 의미이다. 그가 "어두운 필연성"(264)을 언급하는 것은 복수심에 사로잡혀 헤어 나오지 못하고 있음을 시사한다. 복수에 집착할수록 칠링워즈는 자신도 파멸시킨다. 죄를 집요하게 파헤치려는 칠링워즈의 행위는 대상의 몸에 달라붙어 피를 빨아먹는 "거머리"(186)로 비유된다.

이상에서 살펴보았듯이 호손은 선과 악이라는 단순한 이분법으로 단죄하는 단선적인 청교도적 가치관을 비판하고 용서와 구원의 주제를 전달하기 위해 알레고리와 사실주의를 오가는 인물형상화 방법을 사용한다. 복수가 아닌 용서와 관용을 통한 구원의 과정은 복합적인 하나의 인간이 되어가는 과정이기도 한데, 이를 호손은 로맨스 요소와 사실주의 소설의 요소를 아우르는 그 나름의 로맨스 양식으로 잘 드러낸다. 가령 펄은 알레고리적 인물에서 하나의 인간으로 변화하고, 칠링워즈는 지성적인 학자였지만 복수심에 불타면서 악마라는 알레고리적 인물로 변모하는데, 이러한 경계 넘나들기를 호손의 독특한 로맨스는 설득력 있게 포착하고 있다.

청교도주의 비판과 용서/구원의 주제는 마지막 24장에서 작가/화자에 의해 다시 한번 부각된다. 딤즈데일 죽음 이후를 이야기하며 이 소설의 의미를 종합해주는 마지막 장에서 화자는 구원의 조건으로서 인간의 진실 된 태도와 열린 사고의 중요성을 강조한다. 화자는 딤즈데일이 가슴 위에 붙은 치욕의 표시를 드러냈을 때의 장면에 대해 여러 다양한 목격자들의 증언을 전하면서 독자들은 이들 중 어느 하나를 선택하라고 말한다. 한 가지 해석이 아닌 다중적 의미의 해석을 내리며 모호한 태도를 보이는 것이다. 이는 독자가 청교도주의의 고정성 및 경직성을 탈피한 유연한 사고로 용서와 관용을 베풀도록 이끌기 위해서라고 할 수 있다. 경계를 허무는 열린 시각을 주문하는 이 소설의 주제가 호손의 로맨스의 특징인 '경계가 흐릿해지는 모호성' 속에서 효과적으로 전달되는 것이다.

2. 심리적 '진실'과 내적 인과관계

호손은 헤스터와 딤즈데일의 죄의식과 이로 인한 내적 갈등 즉 그들의 심리적 '진실'을 더욱 극적으로 또한 실감 나게 보여주기 위해 그 특유의 로맨스 양식을 효과적으로 사용한다. 헤스터와 딤즈데일의 내면 심리와 그 변화를 전달하는 가운데 일반 로맨스와는 달리 사실주의 소설의 요소인 탄탄한 내적 인과관계를 확보하는 것이다. 작가/화자는 인물들의 내적 변화 및 그 양상을 추적하여 그들의 행위에 내적 논리를 부여한다.

먼저 헤스터의 경우를 보자. 처형대 위에서 공개 치욕을 당한 후 주홍글자를 달고 살아가야 하는 헤스터는 처음 자기기만 상태에 처해 있다. 그녀가 치욕의 현장인 보스턴을 떠나지 않은 표면적인 이유는 죄를 지은 이곳에서 참회하고 용서받기를 원했기 때문이다. 하지만 또 다른 이유는 사랑하는 딤즈데일이 있는 이곳을 떠나고 싶지 않다는 것이다. 이는 "구멍에서 기어오르려는 뱀"(136)으로 묘사되어 죄의식에 물든 뱀 같은 욕망임이 함축된다. 헤스터는 이 열정적이고 절망적인 기쁨이 담긴 내적 욕망을 정면에서 대면할 수 없어 서둘러 깊은 내면의 어두운 지하 감옥에 넣고 빗장을 질러둔다. 헤스터의 내면에서는 열정과 본능이 억눌리고 있을 뿐 완전히 사라진 것이 아니며 그녀가 진실로 정욕의 죄를 뉘우치는 것 또한 아니다. 겉으로는 참회하는 것 같지만 아직도 딤즈데일에 대한 열정을 간직한 채 회개하지 않고 있다. 따라서 헤스터가 청교도 사회에 걸맞은 이유를 찾아낸 것은 "반은 진실이고 반은 자기기만"(137)이다.

헤스터가 자기 기만적인 이중성을 갖게 된 배경은 혼잣말의 형식을 빌려 전달된 그녀의 생각을 통해 추측해볼 수 있다. 그녀는 "죄를 지은 곳"이 바로 이곳이니 "지상에서의 형벌"을 받아야 할 곳도 마땅히 이곳이 아닌가 생각한다. 그렇게 되면 "나날이 겪는 치욕의 고통"이 마침내 "영혼을 정화"하고 이미 잃어버린 것과는 "다른 순결함"을 얻게 해주며 "순교"하듯 수난을 겪는 결과로 더 "성자답게"(이상 137) 될지도 모른다는 것이다. 그런데 이러한 그녀의 생각에는 청교도적 가치관이 그대로 녹아 있다. 그녀는 죄의 의미를 청교도적으로 보며 청교도 가치관에 걸맞은 이유를 찾은 것이다. 헤스터는 자신의 옷을 화려하게 바느질하는 것을 '죄'로 생각하며 바느질에서 얻는 기쁨조차 죄악시하고 이를 엄격히 억제할 정도로 금욕적인 생활을 한다. 이처럼 하찮은 일에까지 "병적으로 그녀의 도덕관념이 스며드는 것"(141)이다. 화자가 지적하듯이 이것은 진실한 참회가 아니라 "미심쩍고 심각하게 잘못되었을지도 모를 무언가"(141)가 그녀 안에 있는 징조이다.

헤스터의 이러한 심리 상태는 펄을 보는 관점과 그 변화에 고스란히 투영된다. 헤스터의 심리 상태에 따라 펄을 보는 시각이 달라지는 것이다. 헤스터의 심리가 불안정하고 위축될 때 펄은 현실에서 존재하지 않은 "요정"(151), 종잡을 수 없는 환상으로 보인다. 그녀는 주홍글자를 뚫어지게 바라보는 펄의 시선 및 표정, 그리고 주홍글자에 관한 질문을 자신의 죄와 연결지어 본다. 헤스터는 펄이 "악마 같은 얼굴"(158)에 "악의에 찬 미소"(158)를 짓고 있다는 등 펄에게서 악마의 이미지를 보기도 한다. 펄의 눈이라는 거울 속에 헤스터 자신의 죄의식을 투영하기 때문이다. 헤스터에게 펄은 끊임없이 자신의 죄를 상기시키는 살아있는 주홍글자로서 늘 죄의식과 양심의 가책을 느끼게 한다.

헤스터의 죄의식은 고딕식 건물인 벨링엄 지사의 저택에서 볼록거울처럼 보이는 갑옷의 가슴받이 위에 비친 주홍글자를 보는 장면에서도 드러나고 있다. 헤스터는 주홍글자가 자신의 모습을 완전히 가리듯 괴이하게 "과장되고 확대되어 보이는 데"(170) 당황해한다. 자신의 죄가 크게 강조됨을 느낀 것이다. 펄이 그 갑옷에 비친 모습을 향해 손가락질하며 웃자, 헤스터는 볼록거울에 비친 펄의 모습에서도 "(자기 딸인) 펄로서 서서히 모양을 갖추어가는 악마"(171)를 연상한다. 이는 헤스터의 죄책감이 되살아나고 있음을 의미한다.

죄의식에 시달리고 있기에 헤스터의 외양과 실재는 크게 괴리되어 있다. 주홍글자를 달고 살아가는 헤스터는 외면적으로는 참회의 모습을 보이며 청교도 사회가 원하는 규범을 모두 따르는 것처럼 보인다. 가령 바느질로 생계를 이어가면서 가난하고 병든 사람을 돌봐주고 보살핀다. 헤스터의 모범적인 삶에 사람들은 A를 더는 죄의 표식으로 여기지 않고 "유능한", "천사"의 표지로 여길 정도이다. 하지만 정작 헤스터 자신은 따뜻한 감정이 말라비틀어지는 "슬픈 변화"(247)를 겪는다. 헤스터는 자신 속에 내재하는 충동을 억압하는 과정에서 그녀를 다른 사람들과 열정적으로 엮어주는 유대감도 잘라 낸 것이다. 이에 따라 그녀 안에서 사회와의 살아있는 교감의 통로인 "부드러움"(248)이 마모되다가 종국에는 굳은 각질로 바뀌는 변화가 발생한 것이다. 열정을 억누르고 있는 그녀는 "대리석과도 같은 차가움"(248)의 상태에 있다. 아직도 내면에서는 딤즈데일을 향한 열정을 품고 있음에도 불구하고 청교도 사회의 가치관에 억눌려 죄책감을 느끼며 자신의 본 모습을 발현하지 못한 채 헤스터는 빈껍데기로 살아가는 것이다.

다른 한편 헤스터는 기존의 청교도 교리와 배치되는 과감하고 혁신적인 생각을 품고 있다. 여성의 운명에 대해 깊이 성찰하게 된 헤스터는 가장 행복한 부류일지라도 과연 여성으로의 삶은 받아들일 만한 가치가 있는 것인지에 관해 의문을 제기한다. 하지만 헤스터는 오래전에 벌써 자신의 개인적인 삶에 관한 한 그 문제는 결론이 난 것으로 본다. 외양과 실재가 괴리된 채 자기 기만적으로 살아가는 절망적인 상태에 처해 있기에 헤스터의 과감하고 자유로운 사고는 뻗어 나가지 못하는 것이다.

> 헤스터는 가망 없는 일이 자기 앞에 가로놓여 있다는 것을 알아차렸는지도 모른다. … 마침내 모든 다른 난관이 모두 극복되더라도 이런 초보적인 개혁을 이용할 수 있으려면 여성 자신이 더욱 큰 변화를 겪어야 한다. 그 변화의 과정에서 아마 여성에게 가장 진실된 삶을 부여하는 영묘한 정수가 사라져 버리는 결과가 생길지도 모른다. 여자는 그 어떤 사색의 힘으로도 이러한 문제들을 극복

할 수 없다. 이런 문제는 해결되기 어려우며 설령 해결된다 해도 오직 길은 하나뿐이다. 어쩌다 감정이 앞선다면 모든 문제는 사라질 것이다. 그래서 정상적이고 건강한 박동을 잃어버린 헤스터 프린은 마음의 어두운 미궁 속에서 실마리 없이 헤매었다. (필자 강조, 251)

위 인용문에서 밑줄 강조된 부분은 감정이 안정된 건강한 상태일 때 여성은 비로소 문제를 해결할 사색을 할 수 있다는 사실을 함축한다고 할 수 있다. 그런데 감정이 균형을 잃고 심리가 불안정한 상태이므로 헤스터는 문제 제기조차 안 하게 된다. 비관적이고 절망적인 상태에 처한 그녀는 여성의 운명에 대한 비판적인 생각을 건설적으로 더 발전시켜 나가지 못한다. 문제를 해결할 의지나 힘이 없기에 행동으로도 옮기지 못하는 것이다.

미궁을 헤매고 있던 헤스터가 적극적으로 현실에 맞서게 된 계기는 딤즈데일이 칠링워즈에 의해 고통받다가 정신착란에 빠지기 직전임을 알아차리게 될 때이다. 이후 그녀에게는 새롭게 곰곰이 생각할 문젯거리와 "온갖 노력과 희생을 해서라도 성취할 가치가 있는 목적"(252)이 생겨난다. 새로운 존재 이유가 일깨워지자 그녀는 용기 있고 당당하게 지금까지 침묵해온 진실을 밝히고자 한다.

칠링워즈에게 딤즈데일을 용서해주라는 간청을 하지만 이를 거부당한 후 딤즈데일을 만난 헤스터는 오랜만에 서로의 열렬한 사랑을 확인하면서 실제의 모습을 되찾는다. 이제까지 헤스터와 딤즈데일은 외양과 실재의 괴리로 인해 자신의 실제 모습대로 살아가는 것이 아니었다. 이는 숲에서 단둘이 만난 두 사람이 서로에게서 받은 인상에서 확인되는 바이다. 딤즈데일의 관점에서 볼 때 헤스터는 "실체가 없는" "유령"(이상 283) 혹은 "혼령"과 같다. 딤즈데일 또한 "죽음처럼 차가운" 상태이다. 이제 "위기 상황에서 의식이 돌아오자" 두 사람은 서로가 허깨비와 같은 존재 상황이었음을 "상호 간의 두려움"(이상 284) 속에서 깨닫게 된다. 숲에서 그간 억눌려왔던 내적 욕망이 분출되는 가운데 주홍글자를 떼버린 헤스터는 딤즈데일에게 유럽으로 도망가자는 파격적인 제안을 한다.

함께 도망가기로 한 후 뉴잉글랜드 경축일 축제에 참석한 헤스터는 여전히 주홍글자를 단 채로 사람들에게서 떨어져 서 있으면서 처형대와 뗄 수 없는 관계임을 새삼 확인한다. 게다가 칠링워즈가 함께 승선하기로 했다는 소식을 들은 헤스터는 "냉혹한 운명"(356)이 불가피하게 다가옴을 느낀다. 행렬 속 딤즈데일의 변한 모습을 보며 헤스터는 숲에서 나누었던 두 사람의 유대는 숲에서만 가능한 "망상"(349)이었으며 목사와 자신 간에는 아무런 "실제적인 유대"(349)가 가능하지 않았던 것처럼 느끼는 가운데 냉엄한 현실을 직시하게 된다. 숲은 헤스터에게 소망을 실현해 줄 것 같은 자유의 공간이지만, 현실로 나왔을 때는 망상의 공간에 지나지 않은 것이다.

헤스터는 딤즈데일이 고백 후 처형대에서 숨을 거두는 순간까지도 그를 포기할 수 없어 다시 만나 영생을 함께할 수 없는지 묻는다. 딤즈데일의 답은 지금은 오직 신 앞에 회개해야 하고 그래야 용서받는다는 것이다. 자신의 열정을 외면하지도 딤즈데일을 포기하지도 못한 채 내적 갈등을 안고 있는 헤스터에게는 진정으로 회개하는 것이 그녀가 맞닥뜨려야 할 진실이다.

결국 헤스터는 도덕적 고립에서 벗어나 사람들 속으로 들어와 진실을 수용하게 된다. 딤즈데일의 죽음 후 보스턴을 떠났던 헤스터는 펄의 결혼 후 "자진해서"(376) 죄가 행해진 곳으로 돌아와 주홍글자를 달고 살아간다. 예전에는 혼자 사색하던 일에 그쳤지만 이제 그녀는 사람들을 모아놓고 미래 사회를 전망하며 현재 사회를 개혁해야 함을 목소리를 내어 말하게 되었다. 헤스터의 귀환에 대해서 베임(Baym)은 헤스터가 급진적인 생각을 포기하고 결국 사회에 순응하게 되었다고 평가한다(407). 버코비치(Bercovitch) 또한 헤스터가 주홍글자를 다시 다는 것을 스스로 "사회화"(629)시키는 행위로 본다. 하지만 과거 자신이 한 행동의 의미를 수용하게 된 헤스터의 승리라고 보는 맥윌리엄즈(McWilliams)의 견해(67)가 더 타당한 것으로 보인다. 다시 돌아와 주홍글자를 달고 적극적으로 사람들과 유대를 맺는다는 것은 헤스터가 진실하고 떳떳하게 자기 자신에게 충실하기로 마음먹었음을 의미한다고 할 수 있다. 이같이 헤스터가 보스턴으로 돌아와 주홍글자를 다시 달고 살아가게 된 배경은 헤스터 내면 심리의 변화라는 내적 인과관계에 따른 것으로 그려지고 있다.

딤즈데일의 변화도 내적 인과관계에 따라 진행된다. 처음 딤즈데일은 예민한 감수성을 지닌 인물로서 "불안하고 겁을 먹은 듯한 표정"으로 오로지 자신만의 은신처에 숨어야만 안심할 수 있을 것 같이 "길을 잃고 방황하는"(이상 121) 모습으로 등장한다. "침침하고 어두운" "골짜기"를 의미하는 그의 이름은 죄를 가슴 속 깊이 숨기고 있는 그의 음울한 마음을 암시한다고 할 수 있다. 딤즈데일이 숨기고 있는 죄책감으로 인해 자아의 분열 상태에 빠졌다가 결국 진실을 인정하게 되는 과정 또한 내적 인과관계에 따라 설득력 있게 전달된다.

처형대 위에 선 헤스터에게 아이 아버지를 밝힐 것을 촉구하는 역할을 맡게 된 딤즈데일에게는 헤스터가 자신의 죄를 차라리 폭로해주기를 바라는 마음, 그리고 죄가 세상 밖으로 드러나지 않기를 바라는 두 개의 상반된 마음이 동시에 있다. 스스로 고백할 용기가 없는 그는 이중적인 모호함으로 얘기하면서 함께 죄를 지은 사람을 밝힐지에 대한 여부를 헤스터가 결정하도록 한다. 딤즈데일은 스스로 삶을 결정할 용기가 없는 것이다. 헤스터가 결연하게 고백을 거절하자 "길게 한숨을 내쉬며"(123) 안도할 정도로 그는 내적으로 분열되어 있다.

감추고 있는 죄의식 때문에 인간을 두려워하고 불신하게 된 딤즈데일은 그를 감시하는 의사 칠링워즈의 존재를 의식하나 자신의 과도한 예민함 탓으로 돌린다. 딤즈데일이 극심한 죄의식에 시달린다는 사실은 그의 공상 속에서 잘 드러난다. 보통의 어머니라면 그녀의 유령이라도 아들에게 연민의 눈길을 줄 터이지만 딤즈데일의 환상 속에서 어머니는 그를 "쳐다보지도 않는다"(222). 이는 그가 자신의 죄를 어머니마저도 용서하지 않을 죄로 여겼음을 시사한다. 이 장면은 감옥 문을 나와 처형대 위에 선 헤스터의 기억 속의 장면과 대비된다. 헤스터의 어머니는 "걱정과 근심에 찬 애정 어린 얼굴"로 떠오르는데, 이는 어머니가 자신에게 연민을 보내리라는 헤스터의 생각이 반영된 것이다.

딤즈데일은 설교를 통해 자신이 철저하게 부정한 거짓의 덩어리에 불과하다고 죄를 고백하지만, 이는 구체적이고 직접적이지 않은 애매하고 막연한 참회이다. 딤즈데일이 "이중적 말"(Bell 47)을 구사할 때 사람들은 그의 자기 가학적인 면모에 감동하여 그를 더 존경한다. 이 사실을 알고 있는 그는 죄를 고백하는 순간 위선이 더해진다는 사실에 그 자신을 혐오한다. 존경받는 그의 모습과 실제 모습 간의 괴리로 인해 딤즈데일은 공허한 "그림자"의 상태로 축소된다. 이와 함께 자기기만에 대한 끊임없는 자각으로 인해 도덕적, 정신적 공황 상태에 빠진다. 그래도 그를 철저한 거짓으로 전락하지 않게 해주는 것은 자신의 허구에 대한 자의식과 이로 인한 "영혼 깊은 곳의 고뇌", 그리고 "그의 얼굴에 나타난 거짓 없는 표정"(이상 223)이다.

누구보다도 진실해야 할 목사이면서도 죄를 고백하지 못하는 상황에서 딤즈데일의 심리적 고통은 극에 달한다. 자신의 기만적인 모습을 자책할수록 그는 누구도 보지 않는 자신만의 공간에서 스스로 괴롭히는 형벌을 가하며 그때만이라도 죄의식에서부터 자유로워지고자 한다. "밤샘"(225)하면서 그는 온갖 악마적인 형상과 부모의 유령과도 같은 "환영"(223)까지 보며 극도의 자기분열 속에 착란을 일으킨다. 그가 죄를 고백하고자 큰 외침을 토해낼 때 "한 무리의 악마가 그 울림 속에서 엄청난 불행과 공포를 발견하자 그 소리를 이리저리 서로 던지며 갖고 놀았다"(227)는 묘사는 그가 악마와 가까운 존재라는 죄의식을 갖고 있음을 시사한다. 이처럼 비밀을 감추고 있는 딤즈데일의 내면은 지하 감옥 같다. 그는 한밤중에 처형대 위에 올라가 마을 전체를 향해 자신이 죄인이라고 외치기도 한다. 이는 죄를 고백하지 못함에 대해 속죄하고 자신을 질식시키고 있는 위선에서 벗어나려는 그의 처절한 몸짓이다.

한밤중 딤즈데일은 지나가는 펄과 헤스터를 처형대 위로 불러 그곳에서 함께 손을 잡는데 이는 자신이 죄인임을 인정하고 속죄하는 행위이다. 대낮에 함께 처형대 위에 서자고 우기는 펄에게 딤즈데일은 최후의 심판 날 그렇게 하자고 말한다. 아이러니하게도 그가 말을 마치자 갑자기 "유성"(234)의 탓인 듯 빛이 주변을 대낮처럼 환하게 밝힌다. 이 이상한 빛은 낯익은 장면이 예전과는 다른 도덕적 의미를 띠게 하면서 "온갖 비밀을 들추어낼 듯이"(235) 비춘다. 이는 딤즈데일의 심한 죄책감의 반영이라 할 수 있다.

죄책감에 시달리던 딤즈데일에게 큰 변화가 찾아오는데 이는 칠링워즈의 정체를 알게 된 것과 이곳을 떠나 새롭게 시작하자는 헤스터의 제안을 접할 때이다. 헤스터가 칠링워즈의 정체를 폭로한 후 딤즈데일은 순간 놀라움과 당혹감에 휩싸이지만 이내 그는 인간 마음의 신성함을 침범한 칠링워즈가 자기들보다 훨씬 더 무서운 죄를 저질렀다고 단정한다. 딤즈데일은 칠링워즈와는 달리 자신들은 인간 마음의 신성함을 침범하지는 않았다고 말하면서 신의 "용서"를 기대하게 된다(290). 오랜만에 사랑을 확인한 두 사람이 서로에게 "진실해"(292) 보일 때, 헤스터는 초췌해진 딤즈데일에게 새로운 곳에 가서 새롭게 시작하자고 부추긴다. "돌이킬 수 없이 신의 심판이 내려졌다"(299)고 생각하는 딤즈데일에게 헤스터는 그가 그것을 이용할 힘만 있다면 하늘은 자비를 베풀어줄 것이라고 말한다.

청교도들은 '신이 선택한 자들'만 '사면되고' '구원'은 참회나 선행이 아닌 신의 '은총'을 통해서만 얻을 수 있다고 믿는다. 그렇기에 청교도 목사인 딤즈데일은 그가 이미 판결을 받은 사람이고 하나님의 자비를 기대할 수 없다고 생각해왔다. 그런 까닭에 딤즈데일은 순간적으로 도망에 유혹되고, 도망갈 결심을 한 그는 새로 태어난 사람처럼 기쁨을 느낀다. 생기를 되찾은 딤즈데일의 이런 변화는 신비로운 "자연의 공감"(301)을 받기라도 한 듯 햇빛이 숲을 황금색으로 물들이는 장면을 통해 그려진다.

하지만 딤즈데일의 기쁨은 이내 들뜨고 불안정한 상태로 변화한다. 펄이 헤스터로 하여금 주홍글자를 다시 달게 하고 딤즈데일에게 셋이 대낮에 손을 맞잡고 마을에 들어갈 수 있느냐고 물으며 그의 키스를 물로 씻어내 버리는 행동을 한 것이 그 계기이다. 숲에서 집으로 돌아오는 길에 그는 사고와 감정상의 "혁명적인 변화"(318)를 겪고 목사로서는 금기시되는 사악한 행동을 하고 싶은 충동을 느낀다. 가슴 깊숙한 곳에 억눌려 있던 충동이 깨어난 것이다. 이에 딤즈데일은 자신이 "악마에게 완전히 잡아먹혀"(323) 돌이킬 수 없는 죄를 짓는 것이 아닌가 하는 우려에 두려움과 혼란에 빠진다.

자신 안에서 일어나는 사악한 충동에 당혹감을 느끼던 딤즈데일은 히빈즈 부인과의 대화를 통해 자기가 악의 세계에 가까워졌음을 확인하게 된다. 마녀라고 공공연히 소문난 인물에게서 숲에 동행하자는 말을 들은 딤즈데일은 악한 세력이 자신의 변모를 알아차리고 달라붙는다고 생각한다. 이로 인해 악마의 손아귀에 놓여 있음을 인정하게 된 그는 죄를 고백하지 않은 채 이곳을 떠난다는 것은 "악마에게 영혼을 판"(325) 마녀의 행위와 다름없고 이는 "영혼의 상실"(Hansen 157)을 의미함을 깨닫게 된 것이다. 죄악에 가까운 충동의 발로를 직접 확인하게 된 딤즈데일은 이를 가까스로 누르는 과정을 통해 자신도 목사이기 전에 하나의 인간으로서 충동이나 본능에 휘말릴 수 있는 존재임을 마침내 겸허하게 인정했다고 할 수 있다. 이로써 그는 과거의 자신에 대해 새로운 관점을 얻게 된다.

이후 그는 숲 경험 "이전의 자신"을 "경멸 섞인 연민과 부러움 섞인 호기심"으로 바라보며 "새롭게 더 현명해진 존재"(326)가 된다. 다른 각도에서 그의 전 존재를 바라보게 된 것이다. 이전과는 달리 단호하게 칠링워즈를 물리친 후 설교문을 쓰면서 그는 죄인이 신에게 선택되었음을 의아해하면서도 신의 영감을 받았다고 생각한다. 자신이 죄인임에도 불구하고 신으로부터 선택받았다는 고양된 기분에서 구원의 희망을 본 그는 마침내 죄의 고백을 결심한 것이다. 그렇기에 축제 행렬 속 딤즈데일의 걸음걸이와 태도는 예전의 병적인 모습과는 달리 죄의식에서 벗어난 듯 평온하고 당당하다.

딤즈데일은 대낮의 처형대에서 죄인임을 고백하는데, 이때 그는 신이 자신에게 자비를 베풀어 고백하도록 이끌었으며 이를 통해 자신을 구원했다고 믿고 있다. 도피계획에 찬성할 때만 해도 신의 자비를 받을 수 없는 "운명에 처해 있다"고 느꼈던 그는 이제 자신에게 그간 "고통"을 주어 이렇게 고백할 수 있도록 이끈 것도 신의 "자비"라고 생각하고 있다. 가슴까지 풀어헤쳐 죄인임을 보여준 후 승리감을 느끼는 딤즈데일의 고백은 스스로와의 싸움에서 거둔 도덕적 승리라 할 수 있다.[2] "이러한 고통이 없었더라면 길 잃은 영혼이었을 것이다"(368)는 그의 말대로 그는 이제 비로소 영혼을 되찾음, 즉 구원을 받았다고 믿는 것이다. 그런데 신 앞에 '참회'하고 자비로운 신으로부터 용서받아 구원받는다는 이러한 생각은 청교도적이라기보다는 기독교적이다. 기독교에 따르면 하나님은 자신을 믿는 인간을 모두 천국으로 보내주시는데, 이를 위해 인간은 먼저 죄를 '참회'해야 한다. 딤즈데일은 결국 좁은 청교도 율법의 테두리에서 벗어나서 원래의 기독교 교리를 따르게 된 것이다.

딤즈데일은 연약한 한 인간으로서 죄를 지을 수 있고 죄를 짓고 싶은 충동을 느낄 수도 있음을 인정하고 또한 신의 구원과 자비에 대한 생각을 달리할 수 있었기에 '고백'할 용기를 낼 수 있었을 것이다. 이제까지 그는 속죄받을 수 있을지를 확신하지 못해 자신의 현실을 인정하지 못하는 비겁함을 보였다. 하지만 인간과 신에 대한 새로운 관점을 얻게 된 그는 죄와 용서 및 자비에 대한 설교를 한 후 고백할 용기를 얻게 된 것이다. 이같이 딤즈데일이 마침내 죄를 고백할 수 있게 된 것은 그의 내적 변화라는 인과관계에 따른 것으로 전달되고 있다.

이같이 용서와 구원을 향한 헤스터와 딤즈데일의 변화는 심리적 진실성과 이에 기반을 둔 내적 논리를 확보한다. 비사실적인 세계를 넘나들면서도 반드시 '인간 마음의 진실'에는 충실해야 한다는 호손 나름의 로맨스가 심리적 사실주의 소설과 통하는 것은 바로 이 지점이다. 때문에 『주홍글자』의 '용서와 구원'이라는 주제는 박진성과 설득력을 확보하며 독자에게 절실히 다가오는 것이다.

Ⅳ. 총평

『주홍글자』에서는 호손의 로맨스와 그가 전달하려고 하는 도덕적 비전 내지는 주제가 밀접한 상관관계를 맺고 있다. 제임스(Henry James)가 적절하게 지적했듯이 호손만큼 삶에 대한 도덕적 비전을 그 나름의 문학 형태 속에 성공적으로 표현한 작가는 없었다(Bloom 1 재인용)고 해도 과언이 아니다.

호손은『주홍글자』에서 특유의 로맨스 양식을 통해 경직되고 엄격한 청교도주의식 처벌과 복수가 아닌 용서로써 죄인을 구원으로 이끌어줘야 하고, 죄인 또한 구원에 이르기 위해서는 자신의 내적 진실을 직시하고 받아들여야 한다는 주제를 전달한다. 이를 가능하게 한 것이 로맨스 요소와 사실주의 요소의 경계를 넘나드는 인물 및 사건의 형상화, 그리고 호손 자신을 대변하는 화자의 적절한 활용이다. 화자는 크게 세 가지의 중요한 역할을 한다. 첫째 화자는 '서문' 격인 「세관」에서부터 등장하여 비현실적으로 보일 수도 있는 로맨스적 사건 및 배경에 지속해서 사실성과 '그럴듯함'을 부여한다. 둘째 인물의 내면 심리, 그 갈등 양상과 변화를 함축적으로 전달하여 인물의 행위에 내적 인과관계를 부여한다. 이로써 구원에 이르는 헤스터와 딤즈데일의 변화 과정은 신빙성과 설득력을 확보하게 된다. 셋째 화자는 확실하게 단정 짓지 않고 모호하게 다양한 해석을 함으로써 독단적이고 편협한 청교도주의를 비판함과 동시에 열린 시각과 관용을 촉구한다. 이를 통해 호손의 로맨스인『주홍글자』는 더 나은 삶에 대한 비전을 제시할 수 있게 된다.

호손의 로맨스에서는 '상상적인 것'과 '사실적인 것'이 역동적으로 상호작용하여 변증법적으로 새로운 차원의 역학을 낳는다. 그렇기에 호손은 로맨스적 요소가 거둘 수 있는 효과와 사실주의 소설의 장점을 그때그때 필요할 때마다 적절하게 배합하여 자신이 의도한 주제를 효과적으로 전달할 수 있었다. 이런 점에서 『주홍글자』는 일반 로맨스와 일반 사실주의 소설의 요소를 변증법적으로 통합한 독특한 로맨스라고 할 수 있다.

---

1) Nathaniel Hawthorne, *The Scarlet Letter* (1850; rpt. 서울: 신아사, 2014), 85. 이하 소설의 본문 인용은 이 책에 의거하며 면수만 표기한다.

2) 고백 장면을 숭고한 클라이맥스로 보는 스튜어트(Stewart, 88) 및 스텁즈(Stubbs)를 포함한 많은 평자들은 딤즈데일이 최후의 승리를 거두었다고 본다. 물론 이와 상반된 해석도 있다. 크루즈는 딤즈데일의 고백을 "영웅적 광기"로 평가하고, 데이비슨(Davidson)을 비롯한 여러 평자들은 그의 고백 또한 일종의 도피에 불과할 뿐 온전한 속죄가 아니라고 본다. 고백은 딤즈데일 의식 안의 간극을 너무 넓힘으로써 결국 파멸에 이르게 한다는 것이다(Davidson, 89-91).

인용문헌

Baym, Nina. "Plot in *The Scarlet Letter*." *The Scarlet Letter*. New York: W. W. Norton & Company, 1988. 402-07.

Bell, Michael Davitt. "Arts of Deception: Hawthorne, 'Romance', and *The Scarlet Letter*." *New Essays on The Scarlet Letter*. Ed. Michael J. Colacurcio. Cambridge: Cambridge UP, 1985. 29-56.

Bercovitch, Sacvan. "The A-Politics of Ambiguity in *The Scarlet Letter*." *History, Critics, and Criticism: Some Inquiries* 19.3 (Spring 1988): 629-54.

Bloom, Harold. ed. *Nathaniel Hawthorne: Modern Critical Views*. New York: Chelsea House, 1986.

Brodhead, Richard H. *Hawthorne, Melville, and the Novel*. Chicago: U of Chicago P, 1976.

Cady, Edwin H., Hoffman J. Frederick, and Pearce H. Roy. *The Growth of American Literature*. Vol. 1. New York: American Book Company, 1956.

Crews, Frederick. "The Ruined Wall." *The Sin of the Fathers*. Oxford: Oxford UP, 1966. 136-53.

Daniels, Cindy Lou. "Hawthorne's Pearl: Woman-Child of the Future." *American Transcendental Quarterly: 19th century American Literature and Culture* 19.3 (September 2005): 221-37.

Davidson, Edward H. "Dimmesdale's Fall." *Twentieth Century Interpretations of The Scarlet Lette: A Collection of Critical Essays*. Ed. John C. Gerber. Englewood Cliffs: Prentice-Hall, 1968. 82-92.

Hawthorne, Nathaniel. *The Scarlet Letter*. 1850; rpt. 서울: 신아사, 2014.

McNamara, Anne M. "The Character of Flame: The Function of Pearl in *The Scarlet Letter*." *American Literature* 27 (1956): 537-53.

McWilliams Jr., John P. *Hawthorne, Melville, and The American Character: A Looking Glass Business*. Cambridge: Cambridge UP, 1984.

Stewart, Randall. *American Literature and Christian Doctrine*. Baton Rouge: Louisiana State UP, 1958.

Stubbs, John Caldwell. "A Tale of Human Frailty and Sorrow." *The Scarlet Letter*. New York: W. W. Norton & Company, 1988. 384-92.

Ullen, Magnus. "Reading with 'the Eye of Faith': The Structural Principle of Hawthorne's Romances." *Texas Studies in Literature and Language* 48.1 (Spring 2006): 1-36.

* **출처**: 이 글 중 Ⅲ. 『주홍글자』, Ⅳ. 총평은 저자의 「호손의 '로맨스' 활용과 그 성과: 『주홍글자』 연구」(『근대영미소설』 23권 1호(2016): 23-48)을 참고하여 수정, 보완했고, Ⅰ. 로맨스, Ⅱ. 호손의 로맨스는 새로 썼다.

모더니즘 소설:

버지니아 울프의『댈러웨이 부인』

손현주

I. 모더니즘

영문학에서 모더니즘이라 하면 제임스 조이스(James Joyce)의『율리시즈』(Ulysses, 1922), T.S. 엘리엇(T.S. Eliot)의『황무지』(*The Waste Land*, 1922), 버지니아 울프(Virginia Woolf)의『등대로』(*To the Lighthouse*, 1927) 등을 가장 먼저 떠올리게 된다. 모더니즘은 20세기 초 세계 1차 대전을 전후해 서구에서 나타난 예술 문화 전반에 등장한 사조로, 크게는 19세기 산업혁명과 부르주아적 계급의 가치와 사회질서에 대한 반발로 시작되어 당시 사회상의 급격한 변화를 반영한다. 산업화와 도시화에 따른 문명구조의 역동적 변화와 맞물려 사람들의 현실인식의 틀이 변화했고, 과거와의 급격한 단절과 변화된 인식을 표현하기 위해 예술가들은 문학 음악 미술 건축 등 문화 전반에 걸쳐 새로운 형식을 실험하고 낯선 표현양식들이 등장하게 된다. 이전 시대의 질서와 가치가 더 이상 유효하지 않은 상황에서 새로운 질서와 가치를 탐구하는 역동적 변화의 시대에 가장 민감한 예술가들이 그 변화를 예술작품을 통해 드러내 보여주었던 것이다.

영문학에서 모더니즘은 보통 20세기 초에 시작되어 1960년대 중반까지의 시기를 일컫는데 작가들은 이전 시대의 문학전통인 사실주의를 거부하고 고도로 발달한 화폐경제를 바탕으로 한 대도시의 삶에서 모든 것이 가격이 매겨진 상품으로 취급되는 것에 반발하여, 시장에서 팔리는 상품이 아닌 신비에 싸인 예술작품을 만들어 내는 소외된 예술가라는 개념을 만들어 냈다. 인간의 용역이 돈으로 계량화되고 화폐가치로 환산 가능하게 되면서 인간 개인에 대한 관심과 개인 간의 관계가 느슨해지고 한 개인은 다른 개인으로 얼마든지 대체될 수 있는 존재가 되어버렸다. 그 결과 개인은 더욱 고독하고 고립된 존재가 되어, 자신의 내면의 고유성을 더욱 강렬하게 추구하게 된다. 이는 화폐경제의 메커니즘 속에서 평준화되고 소모되는 데 대한 개인의 저항이라 할 수 있다. 모든 것이 화폐로 계량화되고 상품화되는 상황에서 오히려 돈으로 살 수 없고 계량될 수 없는 주관적 예술세계와 신비로운 창조자로서의 예술가라는 아이디어는 한편으로는 현대산업사회에 대한 저항이면서 동시에 상품화되기를 거부하는 고유성에 대한 열망의 표현이기도 하다. 획일화 계량화를 거부하고 주관적 진실과 주관적 시간, 내면세계를 추구했던 모더니즘 작가들은 적극적으로 다양한 형식적 실험을 시도했고 보편성보다 개별성 고유성을 추구하는 모더니즘 문학작품들은 난해하다는 인상을 낳게 되었다. 일찍이 헨리 제임스(Henry James)와 조셉 콘래드(Joseph Conrad) 등의 작가들에게서 이미 이러한 변화가 감지되지만, 모더니즘은 1차 세계대전의 충격과 더불어 본격적으로 등장한다. 1차 세계대전의 참상은 유럽인들에게 서구 문명의 근간을 무너뜨리는 대사건으로 비춰졌다. 다윈의 진화론에서부터 니체의 철학과 베르그송의 새로운 시간개념, 아인슈타인의 상대성 원리, 프로이트의 정신분석학, 융의 심리학 등 이전 시대의 현실인식과 확연히 결을 달리하는 새로운 인식의 틀이 산업화

도시화와 더불어 세계대전이라는 엄청난 충격을 통해 새로운 문화현상을 촉발시키는 촉매 역할을 했던 것이다.

전쟁이 끝난 후 1922년에 출판된 T.S. 엘리엇의『황무지』는 황량한 도시풍경을 배경으로 생명력이 고갈된 서구문명의 황폐함을 그려냈다. 고대 신화와 상징 암시 등이 가득한 파편적이고 난해한 이 시를 이해하려면 독자는 자신이 가진 다양한 지식을 총동원하여 적극적으로 해석에 나서야 했다. 같은 해에 아일랜드 출신의 소설가 제임스 조이스는『율리시즈』를 발표한다. 그리스 신화의 율리시즈의 모험을 틀로 삼아 마치 트로이 전쟁 후 에게해를 헤매었던 율리시즈처럼 아일랜드의 수도 더블린 시내를 소요하는 주인공이 하루 동안 겪는 사건들을 담아냈다. 이 소설은 신화시대 영웅의 장대한 여정을 빌어 소시민의 하루를 묘사해, 엘리엇의 시『황무지』와 유사하게 현대 도시 소시민의 불안과 좌절을 그렸다. 이 작품들은 장대한 영웅의 서사가 사라진 세계에서 반복적인 일상을 살아가는 소시민적 현대인의 삶을 "도심" 속 "하루"라는 축소된 시공간을 배경으로 하는 새로운 이야기 속에 담아내려 했다. 산업화와 도시화로 유기적인 인간관계가 느슨해진 도시에서는 집단보다 개인이 중요해 지고, 기계화된 생산과 계량화된 시간에 인간은 소외되고 삶은 황폐해지는 현대 문명에 대한 불안이 작품에 반영되어 있다. 계절의 변화와 생명의 리듬에 따른 시간이 아니라 출퇴근 시간과 공장의 공정속도에 맞춰진 산업화된 도시의 삶 속에서, 개인의 현실(reality)은 각 개인의 내적 경험을 통해 전달될 수 있다고 보았던 조이스는 외적인 사건의 기승전결과 물리적 시간을 거부하고 개인의 내면 의식의 추이를 따라가는 일명 '의식의 흐름' 기법을 사용했다. 영국작가 버지니아 울프도『댈러웨이 부인』과『등대로』등의 작품에서 '의식의 흐름' 기법을 정교하게 발전시켰다. 특히『댈러웨이 부인』은 조이스의『율리시즈』와 마찬가지로 하루 동안 런던 도심에서 벌어지는 사소한 사건들을 다루는 마이크로 서사를 통해 현대도시를 배경으로한 개인의 내면세계를 탐색했다. 이와 같이 당대의 시대인식을 공유하고 작품화한 모더니스트 계열의 작가로 영국의 도로시 리처드슨(Dorothy Richardson), 미국의 거트루드 스타인(Gertrude Stein), 에즈라 파운드(Ezra Pound), 윌리엄 포크너(William Faulkner)와 프랑스의 아폴리네르(Guillaume Apollinaire), 마르셀 푸르스트(Marcel Proust), 독일의 베르톨트 브레히트(Bertolt Brecht) 등의 수많은 기라성 같은 작가들이 있다. 이 글은 대표적인 모더니즘 작가이자 페미니즘의 대모격인 버지니아 울프의 소설 『댈러웨이 부인』(*Mrs Dalloway*, 1925)을 중심으로 모더니즘 소설의 특징과 울프의 독자적인 문학세계를 살펴보는 것을 목적으로 한다.

II. 버지니아 울프와 모더니즘

버지니아 울프의 모더니즘은 페미니즘과 따로 떼어 생각할 수 없을 만큼 깊이 연관되어 있다. 앞서 언급했듯이 모더니즘이 과거와의 단절을 경험한 세대가 새로운 질서와 가치 체계, 그리고 그들의 경험을 표현할 새로운 형식을 모색하는 과정이었다면, 울프가 제기하는 여성문제는 가부장제로 대표되는 과거 질서와의 단절을 가장 극명하게 드러내는 이슈이기 때문이다.

울프는 남자형제들이 대학에서 고등교육을 받고 혜택을 누렸던 반면, 딸이었기 때문에 집에서 가정교사를 통한 제한적인 교육 밖에 받을 수 없었던 현실에 분노하고 좌절했다. 어려서 눈뜨게 된 여성의 지위와 권익에 대한 인식은 그녀의 글쓰기의 근간을 이룬다. 울프의 아버지 레슬리 스티븐(Leslie Stephen)은 영국 전기문학의 기념비적 집대성인 『영국인명사전』(*Dictionary of National Biography*)의 초대 편집장으로 1882년부터 1901년까지 거의 모든 에너지를 이 사업에 쏟아 부었다.[1] 울프가 1882년에 태어났으니 그녀는 출생부터 19세가 될 때까지 이 사전의 편집 작업과 함께 성장했다 해도 과언이 아닐 것이다. 레슬리 스티븐은 울프의 문학적 재능을 일찌감치 알아보고 그녀가 자신의 저술 작업을 마무리 짓고 이어나가길 기대했다. 그리고 그러한 기대에 걸맞게 그녀를 교육했고 독서와 학습 진도를 직접살피며 관리 감독했다. 당시 울프가 읽었던 책들 중에는 역사와 전기문학이 상당수 포함되어 있었고, 이후에도 울프의 독서목록의 많은 부분을 차지하게 된다.[2] 울프는 이십대 이후 평생에 걸쳐 문예지 등에 서평과 문학에세이를 발표했는데, 어린 시절부터 시작된 전기 자서전 문학과 역사서적에 집중한 독서를 바탕으로 이름이 알려지지 않았던 여성작가들을 발굴 문학에세이의 형식을 빌려 소개하는 작업을 계속했다.

『자기만의 방』(*A Room of One's Own* 1927)에서 울프는 "여성이라면 어머니를 통해 생각한다"(We think back through our mothers if we are women)고 천명한다. 문학적 천재는 혼자 태어나는 것이 아니라 수많은 이름 없는 선배작가들의 노고가 오랜 세월 차곡차곡 축적되어 탄생한다는 것이 울프의 주장이다. 울프가 글을 쓰려 했을 때 발견한 것은 남성작가들이 만들어 놓은 문학적 전통 속에서 사유하고 표현할 수밖에 없다는 현실이었다. 여성으로서 여성의 경험을 담아낼 여성의 목소리를 찾기 위해 울프는 거의 전무하다시피 한 여성작가의 전통을 발굴해 내려 애썼다. 여성작가의 모계전통을 수립하려는 노력의 일환으로, 울프는 에세이를 통해 1790년에 가정교사로 일했던 쉘리나 트리머(Selina Trimmer), 콜리지(Samuel Taylor Coleridge)의 원고를 편집한 그의 딸 사라 콜리지(Sara Coleridge) 등 역사와 문학사의 뒤안길에서 잊혀진 여성들을 찾아내기도 하고, 뉴캐슬 공작부인인 마거렛 카벤디시(Margaret Cavendish, Duchess of Newcastle), 아프라 벤(Aphra Behn), 패니 버니(Fanny Burney), 엘리자베스 바렛 브라우닝(Elizabeth Barrett Browning)과 같은 여성문인들을 다시금 적극적으로 소개했다. 울프의 에세이들은 현재 『버지니아 울프의 에세이집』(*Essays ov Virginia Woolf*)으로 묶여 출판되었고 여기에 포함된 글은 600여 편에 달한다.[3)]

울프는 여성교육과 여성의 경제적 독립 등 현실적인 여성문제에도 관심을 가져 소설 작품 중에서 여성문제를 다루지 않은 작품이 없을 뿐만 아니라, 나아가 『자기만의 방』과 『3기니』(*Three Guineas*) 등의 저작에서 구체적이고 적극적인 논의를 전개하고 실제 여성노동자들을 대상으로 강연활동에 나서기도 했다. 여성의 현실적 권익에 대한 관심과 더불어 여성의 경험과 목소리를 어떻게 문학작품에 담아낼 것인가가 울프의 필생의 과제였다. 이 부분이 울프를 여타 남성 모더니스트 작가들과 차별화시키는 대목이다. 울프의 모더니스트로서의 기법적 실험은 줄리아 크리스테바(Julia Kristeva)가 주장하듯이 남성적 언어를 넘어 여성성을 어떻게 표현할 수 있을지를 첨예하게 고민했던 울프의 언어에 대한 통찰 또한 깊이 맞물려 있기 때문이다.[4)]

모더니스트 작가로서의 울프의 특징과 업적을 간략히 정리해 보면, 첫째, 울프는 무엇보다 시대상의 변화를 민감하게 감지하고 자신이 속한 세대를 위한 새로운 문학형식을 찾아 끊임없는 실험을 계속했다. "마치 광부의 카나리아 새처럼" 선봉에 서서 변화를 첨예하게 감지해 냈던 울프는 한 사회에 속한 공동체의 구성원들이 전통과 가치를 공유한다는 전제가 사라져 버렸다는 것이 변화의 가장 커다란 근간이라는 것을 발견했다. 더 이상 과거의 작가들이 당연시했던 공동의 가치와 전통이라는 버팀목이 존재하지 않는 세계에서 고립된 개인이 자신의 경험을 어떻게 타자에게 전달하고 공감을 이끌어 낼 수 있는가라는 문제의식에서 이 모든 것이 출발한다.

에세이 「현대에 어떤 반향을 일으키는가」(How It Strikes the Contemporary, 1923)에서 울프는 예술적 표현에 있어 자신이 속한 젊은 세대의 작가들이 고민하고 고전하는 이유는 이전 선배작가 세대가 공유했던 공통의 "믿음"이 사라져버린 데에 기인한다고 진단했다.

> 우리는 이전 세대와 깨끗이 단절되었다. 전쟁과 더불어 오랫동안 제자리에 있던 덩어리들이 갑자기 흘러내린—가치관의 일대 변동은 꼭대기에서 바닥까지 삶의 결을 흔들어 놓았고, 우리들을 과거로부터 단절시켰기 때문에, 어쩌면 지나치리만큼 현재를 의식하게 만들어 놓았다. (157)

> 우리의 동시대인들은 더 이상 믿지 않기 때문에 우리를 힘들게 한다. 그들 중 가장 진지한 사람들조차 자신에게 일어난 일이 무엇인지를 알려줄 뿐이다. 그들은 세계를 창조할 수 없다. 타인들에게서 자유롭지 못하기 때문이다. 그들은 스토리를 말하지 않는다. 스토리들이 사실이라고 믿지 않기 때문이다. 그들은 일반화하지 못한다. 그들은 단지 자신들의 감각과 감정에 의존한다. 그런 식으로 확인한 것이 애매모호한 지력에 의존하는 것보다 믿을만하기 때문이다. (저자 밑줄, 159)

이러한 인식은 19세기 말 런던에서 태어나 20세기 전반을 살았던 울프가 몸으로 체험한 변화에 기반을 둔 것이다. 전통사회에서 산업사회로의 전이, 대량복제 예술매체의 탄생, 도시화 상업화의 물결 속에서 파편화된 개인, 1차 세계대전을 경험한 유럽의 문명에 대한 불안, 프로이트로 대변되는 객관적 현실에 대한 믿음과 합의의 상실 등이 그것이었다. 울프는 빅토리아 시대의 잔재가 남아있는 영국 중산층 가정에서 태어나 그 시대의 에토스 속에서 교육받고 자랐지만, 동시대 대다수의 여성들과는 달리 작가라는 전문직을 가진 여성이 되었다. 아버지 레슬리 스티븐의 죽음과 더불어 울프의 유년기와 과거시대는 막을 내리고, 1905년 울프는 언니 바네사(Vanessa Bell)와 오빠 토비(Thoby Stephen), 그리고 남동생 아드리안(Adrian Stephen)과 더불어 켄싱턴가를 떠나 블룸즈베리로 옮겨간다. 같은 런던이지만 켄싱턴과 블룸즈베리는 각기 과거시대의 질서와 새로운 변혁을 대변하는 상반되는 장소들이었다. 블룸즈베리에서 울프는 젊은 예술가 사상가들과 교류하며 모더니스트의 기수로 새로이 태어나게 된다.

변화의 시대를 살았던 울프가 경험하는 현실(reality)은 전 시대 사람들이 현실이라고 생각했던 것과 본질적으로 달랐고, 그것을 전달하는 표현 양식 또한 변화를 요구할 수밖에 없었다. 아놀드 베넷(Arnold Bennett)이 울프를 비롯한 당대의 젊은 작가들이 "인물창조"를 하지 못한다고 비판한 데 대해, 울프가 베넷으로 대표되는 에드워드조 작가들의 전통적인 인물묘사가 오히려 비현실적이라 되받아친 데는 이러한 이유가 바탕에 깔려있다. 논란의 핵심은 두 계열의 작가들, 더 크게 확대해보면, 아놀드 베넷이 속한 세대의 작가들과 울프가 속한 세대의 작가들이 생각하는 현실(reality)에 대한 개념의 차이에 있다. 위의 인용문에서 지적하듯이 울프는 자신이 속한 새로운 시대의 작가와 독자, 나아가 공동체 구성원들에게는 함께 "공유하는 믿음"이 부재한다고 지적한다. 베넷의 글쓰기는 통합되고 안정된 세계 인식을 담보로 하고 있는 반면, 도시화 산업화가 급속히 진행되고, 1차 세계대전의 대량살육과 파괴를 경험한 고립되고 파편화된 개인이 타자와 관계를 새로이 모색해야 할 시점에서 당시의 젊은 작가들은 더 이상

기성세대의 세계관을 공유할 수 없게 되었던 것이다.

울프는 에세이 「베넷씨와 브라운 부인」("Mr. Bennett and Mrs. Brown")에서 1910년을 기점으로 인간성에 획기적인 변화가 있었다고 다소 과장된 주장을 한다(320). 1910년 10월 울프의 블룸즈베리 친구이자 미술사가인 로저 프라이 (Roger Fry)가 "마네와 후기 인상파 화가들 (*Manet and the Post-Impressionists*)"이라는 제목으로 런던의 그래프튼 갤러리(Grafton Gallery)에서 전시회를 열었다. 전시된 마네(Édouard Manet), 모네(Claud Monet), 고갱(Paul Gauguin), 마티스(Henri Matisse), 고호(Vincent van Gogh), 세잔느(Paul Cézanne) 등의 작품은 당시 런던 대중들에게 충격을 주기에 충분했다. 후기 인상파의 기조는 대상의 사실적 묘사보다 화가의 주관적인 인상과 감정을 표현하는 것을 중시한다. 빛과 색채를 통해 주관적인 세계해석을 극대화하는 것을 그 특징으로 하기 때문이다. 이러한 특징은 이후 피카소(Pablo Picasso)와 브라크(George Braque) 등 소위 큐비스트(Cubist) 화가들에게로 이어진다. 프라이의 전시회는 당시 런던의 문화계에 커다란 충격을 주었고, 울프도 언니 바네사와 함께 고갱이 그린 타히티 여인들 같은 복장으로 전시를 관람했다(Bell 168). 후기 인상파화가들이 당시 런던의 예술애호가들에게 던진 파문은 이미 새로운 시대가 시작되었고, 이제 개인이 자신의 경험을 주관적으로 해석하는 것이 다른 사람들과 같아지려 애쓰는 것만큼이나 혹은 더 중요하고 의미 있다는 것을 예술작품을 통해 드러내 보여주었기 때문이었다. 이러한 일련의 문화적 사건들은 울프의 글쓰기를 이해하는 데에 중요한 단서를 제공해 준다. 울프는 「모던픽션」("Modern Fiction", 1925)에서 다음과 같이 말한다. "우리 마음에 원자들이 떨어지는 순서대로 그것을 기록합시다. 보기엔 아무리 연관성 없고 제멋대로인 것처럼 보이더라도 각각의 모습과 사건들이 보여주는 그 패턴을 추적합시다"(161). 이러한 제안은 후기 인상파의 주관적 감성과 체험을 표현하는 예술적 기법과 일맥상통한다. 세계관의 변화와 예술적 표현 기법의 변화는 뗄 수 없게 필연적으로 얽혀있기 때문이다.

이러한 변화는 울프가 그려내는 인물들에서 뚜렷이 나타난다. 『제이콥의 방』(*Jacob's Room*)을 필두로 본격적으로 시작된 울프의 실험소설들은 여러 다른 인물들의 눈에 비친 인물의 단편적인 모습들을 나열하여 보여주고, 독자는 이러한 조각모음에서 결코 완결되지 않은 미완의 스케치 같은 인물의 모습을 감지할 수 있을 뿐이다. 제목에서 보이듯이 사실 『제이콥의 방』은 제이콥에 대한 직접적인 묘사와 이야기가 아니라 제이콥을 담고 있는 "방"에 대한 이야기라 할 수 있다. 인물 그 자체를 묘사하기 보다는 그를 둘러싼 세상, 그와 관계를 맺고 있는 사람들이 제이콥에게 던지는 말과 시선, 제이콥이 깃들어 사는 방의 가구와 커튼, 책상에 놓인 책과 서신 등을 묘사함으로써 그 모든 것의 접점에 있는 제이콥이라는 인물을 독자에게 전달하려 시도했다. 『제이콥의 방』에서 시작된 울프의 급진적인 실험은 『댈러웨이 부인』을 거쳐 『등대로』(*To the Lighthouse*), 『파도』(*The Waves*) 등으로 이어진다.

『댈러웨이 부인』에서 울프는 '의식의 흐름' 기법을 사용해 인물의 내면을 전달하는 방식을 발전시켰다. 이 작품은 1922년에 출판된 제임스 조이스의 『율리시즈』의 영향을 받은 것으로 평가되지만 울프는 자신만의 독특한 작품세계를 구축해 내고 있다. 『등대로』는 작품 자체가 램지부인을 어떻게 보여주느냐는 문제에 천착하고 있다. 울프는 처음부터 끝까지 램지부인(Mrs. Ramsey)의 여러 모습들을 스냅샷처럼 제시한다. 처음에는 여름별장에 모인 가족들과 다른 초대 손님들과의 관계에서 드러나는 램지부인의 모습, 이후, "쐐기모양을 한 어둠의 핵"(wedge shaped core of darkness)이라는 모호한 표현을 통해 마지막 밤에 홀로 침실에 남은 램지부인의 모습과 아무도 모르는 부인의 내면을 부각시키는데, 흥미롭게도 외적으로 드러나는 "집안의 천사"로서의 램지부인과는 전혀 다른 면모를 드러내 보여준다(*To the Lighthouse*, 69). 일종의 막간의 구실을 하는「세월은 흐른다」("Time Passes") 부분에서는 빈 집에 남겨진 부인의 숄이 무심한 시간과 바람결에 흩어지는 모습을 통해 추억을 불러일으키고, 후반부에는 죽은 부인을 기억하는 가족들과 손님들이 다시 별장에 모여 그녀를 추억한다. 한편에서 릴리는 작품의 처음부터 끝까지 그림으로 부인을 재현해내려 한다. 울프는 램지부인의 모습을 다양한 형태의 조각들로 제시하면서 결코 완결된 부인의 모습을 보여주지 않는다. 왜냐하면 울프는 "한 여인을 제대로 보려면 오십 쌍의 눈도 충분하지 않다"고 생각했기 때문이다(241). 이와 같이 울프는 한 인물의 진정한 모습을 전달하는 문제가 전혀 간단치 않다는 것을 깊이 인식하고 있었으며, 이는 울프의 형식적 실험과 긴밀히 연계되어 있다. 이 글에서는『댈러웨이 부인』을 통해 울프의 형식적 실험과 모더니즘 적 특징을 구체적으로 분석해 보고자 한다.

III.『댈러웨이 부인』

소설『댈러웨이 부인』은 울프의 모더니즘 작가로서의 면모를 잘 보여주는 작품이다. 1924년에 완성되어 1925년에 출판된 이 작품은 런던 상류사회 귀부인인 클라리사의 하루를 그려냈다. 이 작품에는 전통적인 플롯이 결여되어 있지만 논의의 편의를 위해 내용을 간략하게 정리해 보면 다음과 같다: 1923년 6월 어느 날 하원의원 리처드 댈레웨이의 부인 클라리사 댈러웨이가 그날 저녁 있을 파티준비를 위해 꽃을 사러 런던거리로 나선다. 꽃을 사러 가는 길에 거리에서 사람들을 만나고, 집으로 돌아와 옛 연인이자 친구인 피터 월쉬의 방문을 받는다. 이와 동시에 런던의 다른 공간에서 1차 대전에 참전했던 퇴역군인 셉티무스 워렌 스미스가 공원을 지나고 병원에 들렀다가 정신병원에 수용되기를 거부하고 끝내 아파트에서 투신해 숨지는 사건이 일어난다. 클라리사와 셉티무스 두 사람은 서로 알지도 못하고 직접 만난 적도 없는 상태로 각기 런던의 다른 장소에서 서로 다른 하루의 일상을 경험한다. 작품의 끝부분에 셉티무스를 진료했던 의사가 클라리사의 파티에 참석해 지나가는 이야기로 셉티무스라는 환자의 투신자살 이야기를 언급하고 클라리사는 셉티무스의 고통에 공감하는 것으로 마침내 두 사람의 이야기가 연결되고 소설은 막을 내린다.

전통적인 소설양식에 익숙한 독자들에게 『댈러웨이 부인』은 낯설고 이해하기 힘든 난해한 작품으로 여겨지기 쉽다. 일단 긴장감 있는 사건이나 플롯이 결여되어 있기 때문이다. 울프가 이렇게 생소한 형식의 작품을 쓰게 된 이유는 앞서 언급했듯이 작가들이 예술가들이 몸담은 세상이 달라졌기 때문이었다. 산업화와 도시화와 더불어 가부장제를 기틀로 하는 집단중심의 사회가 개인의 결정과 욕구에 더 많은 관심을 기울이는 사회로 변화되었고, 개인이 경험하고 느끼는 바가 작가들이 표현하려는 '현실'(reality)에 더욱 가깝다고 믿기 시작했기 때문이다. 마치 사진처럼 정확하게 사물을 전달하려했던 이전시대의 풍경화나 인물화, 정물화 대신 어느 특정한 순간에 특정인의 눈에 보이는 주관적인 감성을 화폭 위에 구체화시켰던 '인상주의'와 '후기 인상주의' 화가들의 작품처럼 울프를 포함한 소위 모더니즘 계열 작가들은 개인이 경험하는 내적 세계의 '현실'를 전달하기 위한 문학 형식과 스타일을 만들어 내기 위해 부단히 실험을 계속했다.

이 실험적 작품에서 눈여겨보아야 할 몇 가지 특징들은 다음과 같다. 첫째, 대표적인 모더니즘 소설로 울프는 이 작품에서 외적인 사건보다 인물의 내면을 전달하는데 주력했다. 둘째로는, '시간'에 대한 천착이다. 울프는 이 작품의 가제를 「시간들」(The Hours)이라고 붙였을 만큼 기계적 시간과 주관적 경험의 시간의 관계와 괴리에 대해 탐구한다. 셋째로, 정신병 또한 중요한 주제로 등장한다. 전쟁의 참상에 대한 충격으로 정신병을 앓는 셉티무스의 내면이 울프 자신의 경험을 바탕으로 섬세하게 묘사되는데, 현대도시사회에서 소외되고 격리되는 셉티무스를 통해 민감한 사회문제를 비판적으로 부각시키고 있다. 넷째로, 여성에 관한 관심을 들 수 있다. 주인공 클라리사 댈러웨이 외에도 클라리사의 딸 엘리자베스와 그녀의 선생님인 킬먼 양, 클라리사의 옛친구인 샐리 시튼, 그리고 셉티무스의 부인인 이탈리아인 레찌아 등 다양한 여성들이 등장해 당시의 여성의 삶과 성에 대해 여러 가지 이슈를 제기한다. 다음으로 지적하고 싶은 것은 울프의 기법적 실험과 영화와의 관계이다. 1920년대는 상업영화가 대중의 오락거리로 본격적으로 소개되기 시작한 때고, 울프는 음악회나 전시회에 가듯이 영화관에 가기 시작한 첫 세대에 속한다. 영화라는 새로운 매체에 대한 경험이 울프를 비롯한 모더니스트 작가들이 사물을 바라보는 시선의 변화에 영향을 미쳤을 것이라는 가정 하에 그 부분을 점검해 보려한다. 끝으로 이 소설의 배경이 되는 도시 런던에 대한 울프의 애정어린 묘사이다. 당시 런던 도심의 이곳저곳을 마치 사진 찍듯이 세밀하게 보여주며, 새롭게 등장한 백화점과 이층버스, 하늘에 뜬 비행선, 거리에 등장한 자동차까지 소설을 읽다보면 마치 작품 속 인물들과 함께 런던시내를 거니는 것 같은 착각에 빠지게 한다. 그리고 구체적인 도시에 대한 세밀한 묘사는 등장인물의 내면에 천착하는 작품이 실은 객관적 현실과 동떨어진 개인적 몽상이 아니라 물질문명을 상징하는 자동차와 백화점, 번화한 거리를 가득 채운 사람들이 역동적으로 살아가는 실제 삶에 기반하고 있다는 것을 독자들에게 일깨우는 지극히 의도적인 장치이다.

1. 인물과 내면 의식의 전달

울프의 인물의 내면을 효과적으로 전달하려는 시도는 일찍이 1920년에 발표된 「쓰이지 않은 소설」('An Unwritten Novel')에서부터 나타나 『제이콥의 방』(1922)을 거쳐 1923년에 나온 단편 「본드가의 댈러웨이 부인」(Mrs Dalloway in Bond Street)에서 좀 더 발전된 형태로 나타나고, 『댈러웨이 부인』에 이르러 울프만의 독특한 기법을 완성하게 된다. 1922년 「본드가의 댈러웨이 부인」을 집필하면서 울프는 일기에 다음과 같이 썼다:

> 난 분명히 확신한다. 이제 (나이 40에) 내 자신의 목소리로 무언가를 말하는 방법을 찾아냈다고. 그리고 이건 너무나 흥미로워서 누가 칭찬해 주지 않아도 계속해 나아갈 수 있을 것 같다. (*Diary II* 186)

여기서 울프는 인물의 내면을 어떻게 전달할 수 있는가라는 문제에 대한 나름의 해결책을 찾아낸 것 같아 보인다. 이 단편을 완성한 후 울프는 '댈러웨이 부인'이라는 인물을 더 구체화시켜 그녀를 주인공으로 하는 소설에 착수해 2년 후 1924년에『댈러웨이 부인』을 완성한다. '의식의 흐름' 기법을 사용해 인물의 내면을 전달하는데, 울프는 장면마다 특정 인물이 그 순간 생각하는 것을 면밀히 전달하고 그 인물의 현재 생각과 과거의 기억이 함께 어우러지며 인물의 이미지와 현재 상황의 의미가 창출되도록 했다. 인물들은 주관적인 관점에서 현재와 과거의 기억을 오가고 서술자는 인물들의 의식을 안팎으로 넘나들면서 클라리사 댈러웨이라는 인물과 1차 대전이 끝난 1920년대의 사회상을 그려낸다.

울프는 인물의 내면을 전달하기 위해 인물의 내적인 의식을 "~생각했다"라고 묘사하는 '직접 사유'(Direct Thought)와, 독자에게 이와 같은 정보를 주지 않고 인물의 내면 생각을 그대로 서술하는 '자유간접 사유'(Free Indirect Thought)를 적절히 섞어 독자의 인물의 내면에 대한 공감을 극대화하는 전략을 썼다. 소설의 도입부에서부터 그와 같은 장치를 쉽게 알아볼 수 있다.

> 댈러웨이 부인은 손수 꽃을 사오겠다고 했다. 루시는 따로 맡은 일이 있으니까. 문짝들도 떼어 놓아야지. 럼펠메이어(제과점)에서 사람들이 오기로 되어 있지. 그리고 <u>클라리사 댈러웨이는 생각했다</u>, 해변에 놀러나온 아이들에게처럼 아침은 얼마나 신선한지.
>
> 어쩌면 이렇게 좋을까! 풍덩 뛰어들자! 지금 들리는 것처럼 경첩이 삐걱대는 소리를 내면서 부어튼에서 높은 프랑스풍 창문을 활짝 열고 바깥으로 뛰어들 때면 항상 이렇게 느꼈지. 물론 이른 아침 공기는 여기보다 훨씬 더 신선하고 고요하고 더 조용했었어. 마치 물결이 찰싹이는 것처럼, 물결이 입 맞추듯이: 차갑고 날카롭지만 (당시 열여덟이었던 그녀에게는) 엄숙하고, 활짝 창을 열고 서 있던 그녀가 뭔가 무서운 일이 막 일어날 듯한 기분이었지. 꽃들이며 연기가 서서히 걷히면서 또렷해지는 나무들, 그리고 하늘 높이 솟구쳤다가 다시 내려오곤 하는 까마귀 떼를 바라보며 서 있었을 때, 피터 월쉬가 아마 이런 말을 했던

> 것 같아. - 채소밭에서 생각중이신가? - 그렇게 말했었나? - 난 브로콜리 보다는 남자가 더 좋은데 – 라고 말했던가? (저자 밑줄, *Mrs Dalloway* 1)

독자는 첫 문장 "댈러웨이 부인은 손수 꽃을 사오겠다고 했다"는 문장은 평범한 삼인칭 전지적 시점의 서술로 보인다. 그런데 그 문장은 "루시는 따로 맡은 일이 있으니까"라는 문장에서 점차 독자는 댈러웨이 부인의 의식 속으로 들어가게 된다. 그리고 독자가 읽고 있는 것이 부인의 의식이라는 것을 첫 번째 문단에서 밑줄 친 "클라리사 댈러웨이는 생각했다"라는 어구를 더해 친절하게 알려준다. 이후 이어지는 문단은 특별한 지시어 없이 독자를 클라리사 댈러웨이의 의식 속으로 "풍덩 뛰어들게" 만든다. 그녀의 의식 속에서는 문이 삐걱대는 소리를 매개로 현재와 18세 때 부어튼의 아침과 피터 월쉬에 대한 기억이 어우러진다. 울프는 인물의 내면을 전달하는 '의식의 흐름' 기법을 소설 『댈러웨이 부인』에서 더욱 정교화했다. 1923년 8월 30일 일기에 울프는 다음과 같이 적고 있다.

> 『시간들』과 내 발견에 대해 해야 할 이야기가 많다. 내 등장인물들 뒤에 내가 얼마나 아름다운 동굴을 파고 있는가에 대해. 그것들은 정확히 내가 바라고 있는 것을 제공해 줄 수 있다. 인간성, 유머, 깊이, 내 아이디어는 이 동굴을 연결해서 그것들 하나하나가 현재의 순간에 드러나도록 하는 것이다. 저녁식사다! (*Diary II* 263)

같은 해 10월 15일 울프는 다시 과거와 현재를 연계시켜 전체를 서술하는 방식에 대해 언급한다.

> 오늘 100번째 쪽을 썼다. 물론 지금까지 나는 탐색만 해왔다. 작년 8월까지는 말이다. 내가 터널 작업이라고 부르는 것을 발견하기까지 1년간의 모색이 필요

> 했다. 이 방법으로 나는 지난 얘기를 필요에 따라 조금씩 이야기할 수 있다. 이것이 지금까지의 나의 주된 발견이다. 이 방법을 찾기 위해 그처럼 많은 시간이 걸렸다는 사실은 퍼시 러벅(Percy Lubbock)의 주장이 얼마나 잘못된 것인가를 증명해 준다. 퍼시 러벅이라면 이런 일은 의식적으로 할 수 있다고 말했을 것이다. (*Diary II* 272)

울프는 이같이 인물의 과거를 서술하는 방식을 "멋진 동굴 파내기" 또는 "터널파기"라고 불렀다. 울프는 과거와 현재를 터널로 자유로이 오가며 파편화된 인물을 좀 더 심도 있고 온전한 형태로 그려내려 시도했다. 다시 말해 인물의 과거를 그 인물의 현재 의식 속에 재창조해내어 인물의 여러 측면들을 유기적으로 엮어내려 했고『댈러웨이 부인』에서 어느 정도 성과를 냈다. 힐리스 밀러(Hillis Miller)는 울프가 말하는 각 인물들 뒤에 파놓은 "멋진 동굴"은 한 개인의 과거와 현재만을 연결하는 것이 아니라 개인의 정신과 인류전체의 축적된 정신, 즉 "보편적 정신"을 연결시켜주는 것으로 보았다(Miller 189). 과거를 현재의 의식에서 재창조되는 것으로 보았을 때 개인이 경험하는 시간은 물리적인 시간과 일치하지 않는다. 의식의 흐름 기법은 모더니즘 작가들의 시간개념과 밀접하게 연결되어 있다.

비록 소설 속 물리적 시간은 클라리사가 꽃을 사러 집을 나서는 아침부터 파티가 끝나는 자정 넘어 까지 약 16시간 정도로 제한되어 있지만, 울프는 "터널파기" 기법을 통해 등장인물들의 의식 속 현재와 과거를 넘나들며 각각의 인물들이 소설 속 현재에 이르기까지 가지고 있는 기억과 개인사를 입체적으로 덧씌워 독자에게 입체적인 인물들을 제시해준다.

2. 시간에 관하여

울프가 『댈러웨이 부인』을 집필하면서 처음에는 『시간들』이라는 가제를 붙였을 만큼 '시간'은 이 작품의 중요한 요소다. 소설 속 물리적 시간은 1923년 6월의 어느 날 아침부터 밤까지로 한정되어 있고, 마치 12개로 분할되어 있는 시계처럼 소설은 12개의 섹션으로 나누어져 있다. 그리고 하루 동안 저녁에 있을 파티를 준비하며 꽃을 사러 거리로 나선 클라리사와 인도에서 돌아온 피터 월쉬, 1차 대전에 참전했던 셉티무스 웨렌 스미스와 그의 아내 레찌아, 서로 만난 적도 없고, 만날 일도 없는 이들이 같은 날 런던 시내를 거닐며 목격하는 일들과 그들 각자의 삶의 기억과 상처들이 구체적인 개연성 없이 병치되어 있다. 이들의 기억과 삶을 한데 담는 틀은 "유월 어느 날의 런던"일 뿐이다. 울프는 이처럼 파편적인 장면들을 한데 묶는 장치로 빅 벤의 종소리를 사용한다. 빅 벤의 종소리는 거리에 나선 클라리사에게 자신이 속한 물리적 세계를 인식시켜주는 강력한 요소로 등장한다.

> 웨스트민스터에서 살았기 때문에 – 대체 몇 년이나 살았을까? 이십 년이 넘었지 – 통행이 붐비는 거리 한가운데서나 한밤중에 잠이 깨었을 때에도 클라리사는 분명, 빅벤이 울리기 전의 특별한 숨죽임이나 엄숙함, 뭐라 형언할 수 없는 정지, 긴장 같은 것을 느낄 수 있다고 확신했다. (하지만 그건 독감 때문에 약해진 그녀의 심장일 거라고들 했다.) 저기! 웅하고 큰소리로 울렸다. 처음엔 조짐이, 음악이, 그러고는 시간이, 되돌이킬 수 없이. 둔탁한 원들이 공중에 퍼져 용해된다. (4)

클라리사가 경험하는 빅 벤의 울림은 청각과 시각 촉각이 모두 어우러진 강렬한 경험이다. 시간은 빅벤을 통해 추상적 개념에서 물리적으로 경험되는 현대도시 런던의 중심축이 된다. 빅벤은 런던의 상징이자 대영제국의 상징이기도 했다. 웨스트민스터 사원의 한 모퉁이를 장식하는 단순한 시계탑이 아니라 전 세계의 표준시, 그리니치 시간을 대표하며 제국의 모든 사건에 시간적 좌표를 부여하는 장치다. 빅벤의 종소리는 런던의 각기 다른 공간에서 움직이는 인물들을 시간의 좌표 위에 위치시킨다. 예를 들어 클라리사가 자신의 작은 다락방에서 11시를 치는 빅벤 소리를 듣고, 그 순간 피터 월쉬는 클라리사의 집 근처 거리를 걸으며 종소리를 듣는다. 또 피터 월쉬가 공원에서 12시를 알리는 종소리를 들을 때 셉티무스 부부는 약속에 맞춰 브래드쇼의 병원을 찾는 것처럼 빅벤의 종소리는 작품 속 서로 연관되어 있지 않은 인물들이 물리적으로 어디서 무엇을 하는지를 독자가 알아볼 수 있도록 위치시켜 작품의 형식을 유지시키는 역할을 한다. 『댈러웨이 부인』이 시계의 12구간처럼 12개의 섹션으로 구성되어 있는 것도 우연은 아닐 것이다. 문제는 빅벤이 알리는 물리적인 시간과 개개인이 경험하는 주관적인 시간과의 괴리이다. 꽃을 사러가면서 부어튼의 처녀시절을 떠올리는 클라리사나, 공원에서 병원약속시간을 기다리는 셉티무스가 에반스의 환영을 보는 것과 같이 인물들의 주관적인 경험은 빅벤이 알려주는 현재를 똑같이 경험하지 않는다.

시간에 대한 이와 같은 괴리는 현대적인 특징이다. 대도시의 사람들은 서로가 톱니바퀴처럼 맞물려 살아가기 때문에 출퇴근 시간 휴식시간, 식사시간 등이 정해져 있고, 버스나 기차를 타려면 출발시간과 도착시간을 엄수해야하고, 상점을 이용하려면 상점이 여는 시간과 닫는 시간을 알아야 한다. 그러다보니 시간을 잘 지키는 것이 문명인의 미덕이 되어버렸다. 하지만 개인의 시간은 이렇게 짜인 도시생활의 시간과 일치하지 않고, 대부분의 사람들은 생활의 편의를 위해, 또는 경제적 사회적 이유로 자신을 물리적 시간에 맞춰 절충해 살아간다. 하지만 때로는 이러한 타협이 불가능하거나 노력해도 실패하는 사람들이 있다. 그들은 불이익을 받거나 사회의 낙오자가 될 가능성이 높다.

작중에는 현대의 물리적 시간에 자신을 최적화시킨 인물인 윌리엄 브래드쇼 경이 등장한다. 그는 상류층 인사들과의 유대를 통해 뛰어난 의사로 인정받고 부와 명성을 쌓아 귀족 작위까지 받은 인물로 "과학의 사제"이며 "균형(proportion)"이 가장 중요하다고 믿는 인물이다.

> 균형, 신성한 균형, [⋯] 균형을 숭배하면서, 윌리엄 경은 자신뿐만 아니라, 영국을 번영케 했으면 나라의 미치광이들을 격리시켰고 아이를 낳는 것을 금했고, 절망을 벌했고, 부적격자들이 그들의 견해를 퍼뜨리는 것을 불가능하게 만들었다. 마침내 그들 또한 그의 균형 감각 [⋯]을 공유하였다. 그래서 동료들은 그를 존경했고 아랫사람들은 그를 두려워할 뿐만 아니라 환자들의 친구들과 친척들도 그에게 고마움을 느꼈다. (*Mrs Dalloway* 129)

브래드쇼는 도시화된 산업사회에서 빅 벤이 알리는 시간처럼 인간과 그들의 삶도 정확히 균형을 잡아야만 효율적인 발전이 이루어질 수 있다고 믿는다. 그의 이름이 영국의 대표적 기차시간표인 브래드쇼 기차시간표(Bradshaw timetable)[5]을 연상시키는 것은 우연이 아니다. 현대 대도시에서의 인간의 삶은 시간의 틀에 맞춰 재단되고, 적절한 균형을 통해 효율성을 극대화 시킬 수 있도록 하는데 초점을 둔다. 반면에 정확하게 비율에 맞춰 재단된 획일적인 삶에 맞지 않는, 또는 그러한 삶을 거부하는 셉티무스 같은 인물은 부적응자로 사회에서 격리되고 억압된다. 브래드쇼 경에 따르면 셉티무스의 증상도 균형이 깨어졌기 때문에 일어나는 현상으로 환자를 격리시켜 푹 쉬게 함으로써 정신적 균형을 회복할 수 있다고 주장한다. 획일적이고 일방적인 격리수용과 강제된 휴식을 거부할 경우 셉티무스에겐 죽음 외에는 선택의 여지가 없게 된다.

3. 정신질환과 동성애

영국사회의 계급적 특권을 타고나지 못했지만 독학으로 셰익스피어를 읽고 문학에 심취했던 젊은 셉티무스는 "셰익스피어의 영국"에 서약한 애국심 있는 군인으로 1차 대전에 참전해 에반스라는 젊은이와 깊은 유대를 맺는다. 하지만 전쟁 막바지에 에반스는 전사하고 충격을 받은 셉티무스는 정상적인 생활이 불가능한 상태로 자살충동에 시달린다. 『댈러웨이 부인』에서 울프는 셉티무스가 환청을 듣고 환상을 보는 것을 셉티무스의 의식을 따라 묘사한다. 폭사한 에반스에 대한 끔찍한 기억에 시달리는 셉티무스의 내적 현실을 아무도 이해하려 하지 않고 브래드쇼와 같이 과학과 균형, 효율성이라는 현대 산업사회의 코드를 신봉하는 소위 '성공한' 사람들은 그들의 잣대로 셉티무스를 '미치광이'로 치부하고 그의 삶을 재단한다.

울프는 13세 때 어머니를 잃은 후 평생을 정신 질환에 시달렸다. 때론 환상과 환청을 경험하기도 하고 창밖으로 몸을 던져 자살 시도를 하기도 했었는데, 그녀의 개인적 경험이 셉티무스라는 인물의 정신 질환과 내적 고통을 묘사하는데 상당부분 녹아들어 있다. 덤불 속에서 새가 그리스어로 지저귀고, 죽은 에반스가 살아서 걸어오는 환상을 보는 부분은 울프 자신이 어머니의 죽음 이후 경험했던 환상을 바탕으로 재구성된 것이다. 셉티무스의 이야기를 통해 울프는 1차 대전 이후 외상 후 스트레스 증후군에 시달리는 참전용사들의 고통스런 상황과 당시 정신 질환자에 대한 비인간적인 처우에 대해 사회적 관심을 일깨우려는 시도로도 볼 수 있다. 격리와 강제적인 안정요법을 직접 경험했던 울프는 당시 의사들이 정신질환자들을 다루는 방식에 대해 상당한 반감을 가지고 있었는데, 소설 속 홈즈나 브래드쇼같은 의사들에 대한 부정적 묘사에서 그녀의 비판적 시각을 엿볼 수 있게 하는 부분이다.

셉티무스의 정신이상은 전쟁의 참상을 겪은 트라우마 때문이었다. 자신이 사랑했던 에반스가 눈앞에서 폭탄에 산화하는 것을 목격한 충격이 그 직접적인 원인으로 나온다. 셉티무스와 에반스의 관계는 단순한 친구나 전우가 아니라 연인사이로 셉티무스의 양성애적 측면을 암시한다. 사실 이 소설 안에는 양성애나 동성애를 암시하는 코드들이 산재해 있다. 클라리사는 부어튼에서 지내던 10대 시절을 회상하면서 샐리 시튼의 키스를 떠올린다. 34년이 지난 지금도 그녀는 샐리의 키스가 가장 행복했던 순간으로 기억한다. 클라리사의 딸 엘리자베스와 킬먼 양의 관계도 동성애적인 암시가 있다. 당시 영국사회는 동성애에 대해 우호적이지 않았고 오스카 와일드는 동성애를 이유로 실제 수감생활을 하기도 했다. 반면 울프는 좀 더 우회적인 방식으로 동성애에 대해 표현함으로써 직접적인 비난을 피했다. 그럼에도 울프는 이러한 사회적 이슈를 다룸으로써 이전 시대의 경직되고 억압적인 성도덕에 대한 비판과 전복을 시도하고 있다고 볼 수 있다.

4. 여성의 삶

소설의 주인공인 클라리사 댈러웨이는 국회의원 부인으로 상류사회 귀부인이다. 그녀는 돈을 벌기 위해 일을 할 필요도 없고 노동의 현실을 경험한 적도 없다. 클라리사가 기억하는 당차고 독립적인 여성이었던 부어튼 시절의 친구 샐리도 30여 년이 지난 후 나타났을 때는 부유한 광산주의 아내가 되어 젊은 시절의 급진적이고 당당하던 모습은 사라지고 없다. 결혼한 여성들은 수동적이고 자기 결정권을 상실한 상태로 그려진다. 꿈 많던 클라리사도 겉보기엔 화려하고 안정되어 보이는 결혼생활 속에서 무기력하고 생명력이 소진된 상태로 심장병을 앓고 나서 회복하는 중이다. 파티를 위해 꽃을 사러 런던 거리를 나서며 그녀가 느끼는 것은 젊은 시절에 느꼈던 생동감과 지난 시절에 대한 추억일 뿐이다.

홀로 거리에 나설 수 있다는 것조차 실은 엄청난 시대상의 변화를 보여주는 요소다. 울프의 어린 시절 일기에서 적고 있듯 19세기말은 물론이고 20세기가 시작될 무렵까지도 영국의 중상류층 여성들은 보호자 없이 거리에 나설 수 없었다. 홀로 거리를 걷는 여성은 '거리의 여성'으로 여겨졌다. 울프의 유년기 일기에는 그녀가 이복언니 스텔라의 외출에 동반자로 나서는 모습이 빈번히 등장한다. 백화점은 이들 상류층 여성들에게 새로운 자유의 공간을 열어주었다. 영국의 클럽문화가 남성만을 위한 것이었고, 여가를 가진 여성이 모일 수 있는 장소는 집과 교회로 한정되어 있었다. 19세기 후반 미국과 유럽의 대도시에 생겨나기 시작한 실내 아케이드와 백화점은 거리를 거대한 실내공간 안으로 끌어들임으로써 중산층 여성들이 자유롭게 거닐 수 있는 도시공간을 제공하게 된다. 영국의 클럽은 남성의 전유물이었던 반면, 백화점은 여성들이 집을 벗어나 함께 차를 마시고 사교생활을 할 수 있는 여성을 위한 클럽과 같은 역할을 했다. 이처럼 백화점은 그 시작부터 여성들의 공간으로 자리매김했다.

클라리사의 딸 엘리자베스는 선생님인 킬먼 양과 함께 백화점에서 쇼핑을 하고 차를 마신다. 엘리자베스는 젊은 세대의 신여성으로 결혼하고 '집안의 천사'가 되는 것을 당연시했던 클라리사 세대와는 다른 미래를 꿈꾼다. 킬먼 양과 헤어진 엘리자베스는 혼자 이층버스 위층에 탑승해 런던거리를 둘러보며 해방감을 느끼며 농장을 경영할까 의사가 될까하며 미래를 설계한다. 하지만 모든 젊은 여성들이 엘리자베스와 같은 혜택을 누릴 수 있는 것은 아니다. 피터 월쉬가 들러 낮잠을 즐기던 공원에는 유모차를 끌고 나온 하녀들, 일자리를 찾아 런던에 온 시골처녀들, 그리고 사랑 하나만 믿고 결혼해 머나먼 이탈리아에서 런던에 온 셉티무스의 아내 레찌아도 있다. 이들에게 런던거리는 아직도 위험하고 외로운 곳으로, 자칫 한 걸음 잘못 내딛으면 "피커딜리에서 꽃을 파는" 거리의 여인으로 전락하기 십상인 곳이기도 하다.

빅토리아 시대의 이상적인 여성상인 "집안의 천사"로 살아온 듯이 보이는 클라리사는 엘리 헨더슨(Ellie Henderson)같은 가난한 처지의 친척에서부터 수상과 브루턴 부인(Lady Bruton)과 같은 명사까지 수용하는 멋진 파티를 열지만 내적으로는 자살충동을 느낄 만큼 어두운 절망으로 그늘져 있다. 그렇기 때문에 일면식도 없는 셉티무스의 자살소식에 깊이 공명한다. 소설 『댈러웨이 부인』은 이렇듯 겉보기에 평온해 보이는 상류층 귀부인의 하루를 통해 억압받아 온 여성들의 꿈과 욕망을 드러내 보인다. 현숙한 부인이 간직한 동성애적 추억, 가난한 독신 지식인이자 광신도에 가까운 킬먼 양의 좌절과 분노, 엘리자베스의 작은 일탈과 미래에 대한 희망, 레찌아의 절망 등이 도시의 일상적 삶의 균열 사이로 드러난다.

5. 울프의 기법적 실험과 영화

『제이콥의 방』(1922)을 필두로 본격적으로 시작된 울프의 실험소설들은 여러 다른 인물들의 시각을 통해 보이는 인물의 단편적인 모습들을 나열하여 제시하고, 독자는 이러한 조각모음에서 결코 완결되지 않은 미완의 스케치 같은 인물의 모습을 감지할 수 있을 뿐이다. 새로운 세대의 현실인식을 담아내는 실험의 일환으로 울프는 『댈러웨이 부인』에서 클라리사 댈러웨이를 비롯한 다양한 인물들이 유월 어느 날 런던에서 경험하는 삶의 단면을 시간을 기점으로 잘라낸 단면들을 병치시켜 보여준다. 이처럼 서로 유기적 관계가 느슨한 장면들을 병치시키는 방법은 소설을 '이야기'에서 '장면'으로 전환시키려는 시도라고 볼 수 있다. 잘 만들어진 '이야기'를 들려주기 보다는 '보게 하는 것'이 달라진 현실을 전달하는데 더 효과적일 수 있다고 믿었기 때문이다.

> 소설가는 결국 우리로 하여금 보게 만들고 싶어하지. 정원, 강, 하늘, 구름의 변화, 여인의 옷 색깔, 연인들 아래 볕을 쬐는 풍경, 사람들이 싸울 때 걸어 들어가는 꼬불꼬불한 숲 등 소설은 이러한 그림들로 가득 차 있다. [···] 그리고 그는 종종 어떤 장면을 묘사하는 것은 그것을 보여주는 가장 최악의 방법이라고 생각함에 틀림없다. 한 단어로 아니면 다른 단어와 절묘하게 대비되는 한 단어로 표현해야 한다. ("Walter Sickert" 241)

이 같은 시도는 당시 유행하던 다큐멘터리 사진과 영화의 영향으로도 볼 수 있다. 1920년대 이후 영화산업은 본격적인 궤도에 진입하고 1925년 런던에 영화관이 설립되고 울프는 정기적으로 영화 관람을 하는 첫 세대였다.

버지니아 울프를 비롯한 여러 모더니스트 작가들이 활동하던 1920년대는 영국문화에 있어 영화가 중요한 일부로 자리매김하게 되는 시기이기도 하다. 1897년 뤼미에르(Lumiere)가 「역에 도착하는 기차」라는 영상을 제작하여 일반에 공개한 이후 영화는 상업적, 기록적, 예술적으로 각광받으며 급속히 발전하여, 1920년대에는 유럽과 미국의 대도시마다 영화관이 설치되고 미국의 헐리우드가 상업적 영화의 메카로 자리 잡았다. 영화는 현대 문화경험의 핵심으로 자리잡았고, 모더니즘이 숨쉬는 대기의 일부가 되었다. 울프는 런던을 중심으로 생활하며 이러한 현대적 경험과 문화적 논쟁의 한 가운데 있었으며 그의 글쓰기는 영화적 요소를 의식적 또는 무의식적으로 받아들여 체화하고 있다. 1925년 런던에서는 '런던영화협회'(London Film Society)가 설립되었고 진보적 영화평론지 『클로즈 업』이 발행되었다.

울프와 그 동시대의 작가와 예술가들은 런던의 한가운데 자리한 '픽쳐 팰리스'(Picture Palace)에서 다양한 형태의 영화를 접할 수 있었다. 울프도 1920년대의 런던을 중심으로 활동하며 영화협회에서 제공하는 토요 시사회에 참석해 헐리우드의 상업 영화와 더불어 당시 독일 프랑스 러시아의 실험적 예술영화들도 감상했다. 울프의 일기에 당시 영화협회가 주관하는 영화를 보기 위해 '픽쳐 팰리스'에 갔었다고 적고 있다(*Diary1,* 28). 이러한 경험은 모더니즘 작가들의 문학적 실험에 새로운 아이디어를 제공하였고, 울프의 소설들에서도 영화적 요소들이 감지된다. 에세이 「시네마」(The Cinema)는 울프의 영화에 대한 깊은 관심과 이해를 바탕으로 하고 있다.

울프는 촬영된 장면들을 편집해 새로운 효과를 만들어내는 영화의 몽타주 기법을 기억과 내적 경험을 표현하는데 차용했다. 몽타주 기법은 모더니스트 시인들의 작품에서 그 유사한 문학적 전이를 볼 수 있는데 대표적으로는 앞서 언급한 T. S. 엘리엇의 「황무지」를 들 수 있다. 제임스 조이스의 『율리시즈』와 같이 24시간 동안 더블린에서 일어나는 사건들을 몽타주 형식으로 엮어 같은 시간, 같은 장소에서 서로 다른 경험을 하는 인간 군상들을 보여줌으로써 작가는 단일한 의미를 부여하기보다 그 만화경적인 구성에서 독자가 적극적으로 의미를 재구성하도록 요청한다. 울프의 『댈러웨이 부인』 또한 이와 유사한 방식으로 영화적인 기법을 차용하고 있다.

6. 런던

제임스 조이스의 『율리시즈』가 주인공 레오폴드 블룸의 하루 동안의 생활을 더블린 시내를 배경으로 하여 그려내고 있는 것처럼, 울프의 『댈러웨이 부인』도 런던을 배경으로 진행되는 하루 동안의 이야기를 담고 있다. 두 소설 모두 물리적인 하루라는 시간을 틀로 삼고 있지만, 실제 주인공들의 내적 경험은 과거와 현재를 오가며 기억과 현실, 객관적 사건과 주관적 경험을 섬세하게 조율하여 1920년대를 살아가는 현대인의 삶을 세밀하게 관찰하고 그려냈다는 점에서 상당히 유사하다.

조이스는 만일 더블린이 파괴된다면, 『율리시즈』에 담긴 도시에 관한 정보를 바탕으로 더블린을 재건할 수 있을 것이라고 호언할 만큼 작품 속에 더블린 시내를 사실적으로 세밀하게 묘사했다. 흥미롭게도 울프의 『댈러웨이 부인』도 런던 도심의 거리와 공원 상점 등의 모습을 상세하게 그려내고 있다. 시내 중심가의 옥스퍼드 거리의 상점과 거리의 사람들, 새로이 등장한 문명의 이기인 자동차와 이층버스, 백화점과 엘리베이터, 공원에서 휴식을 취하는 시민들, 유모차를 끄는 하녀들, 도심 상공에 펼쳐지는 비행선을 이용한 상품의 선전 등 마치 1920년대 런던거리 곳곳을 스냅사진으로 찍듯이 한 장면 한 장면씩 보여준다. 소설에 묘사된 산업화된 현대 도시 런던의 모습은 T. S. 엘리엇을 비롯해 조이스나 울프와 같은 모더니즘 소설 작가들이 새로운 기법을 사용해 전달하고자 했던 변화된 사회상의 물질적 기반이다. 웨스트민스터 사원의 종탑인 빅벤의 종소리가 시간을 알려주고, 시계가 알려주는 인위적인 시간에 맞춰 출근하고 퇴근하고 약속을 잡는 도시의 리듬은 효율적인 생산과 소비에 적합하지만 인간과 자연의 리듬을 무시하고 속도와 생산성 효율성을 지향하는 자본과 진보를 향한 무한한 경쟁과 전진을 의미한다. 울프는 『자기만의 방』에서 "소설은 마치 거미줄처럼 아주 살짝 일지 모르지만 그래도 여전히 삶의 네 귀퉁이에 붙어있다"고 말한다. 이 말은 『댈러웨이 부인』에도 적용된다. 거리의 모퉁이를 돌 때마다 펼쳐지는 거리의 모습은 너무도 실제적이어서 독자는 마치 클라리사나 피터 월쉬를 비롯한 등장인물들과 함께 1920년대의 런던 거리를 걷고 있는 듯한 느낌을 받게 된다. 하늘엔 선전용 비행선이 떠있고, 옥스퍼드 거리의 유서 깊은 상점에는 옷감이 쌓여있다. 빅벤은 시간을 알리고 하이드파크에는 의자를 빌려 햇볕을 쬐며 독서를 하거나 졸고 있는 각양각색의 시민들이 있고, 거리엔 자동차와 옴니버스가 지나간다. 클라리사가 꽃을 사러갔다가 집으로 돌아가는 여정은 지도상에 표시할 수 있게 실제 런던 도심지역을 지닌다. 구체적인 도시에 대한 세밀한 묘사는 등장인물의 내면에 천착하는 이 작품이 실은 객관적 현실과 동떨어진 개인적 몽상이 아니라 물질문명을 상징하는 자동차와 백화점, 번화한 거리를 가득 채운 사람들이 역동적으로 살아가는 실제 삶에 기반하고 있다는 것을 독자들에게 일깨우는 지극히 의도적인 장치이다.

IV. 총평

울프는 『댈러웨이 부인』에서 "삶, 런던, 유월의 이 순간"(life; London; this moment of June)을 포착해내려 했다. 어찌 보면 그것이 작가로서 울프가 전달하고자 하는 '현실'(reality)의 정수일 것이다. 장대한 서사도 정교한 플롯도 없지만, 평이한 일상의 틀 속에서 진짜 인간의 삶이 이루어지고 있다는 것을 전제로 삼고, 일상의 시간이 지나는 사이 개인의 의식의 균열사이로 과거의 시간과 주관적 기억이 현재에 의미를 부여하고 과거를 재해석하는 변증법적 관계 속에서 현실을 경험한다고 보았기 때문이다. 이 '현실'을 제대로 작품에 담아내기 위해 끊임없이 기법적인 실험을 하고 이론을 만들고 다듬었다. 종교이던 철학이던 전통이던 간에 사회의 구성원들이 공유하는 믿음체계가 사라진 현대세계를 실감나게 담아내기 위해서는 전통적인 소설의 틀을 사용해서는 내용과 형식이 맞지 않는다고 느꼈기 때문이다.

『댈러웨이 부인』에서 "삶, 런던, 유월의 이 순간"을 포착하기 위해 울프는 일상이 펼쳐지는 '하루'라는 시간동안 '런던'에서 살아가는 몇몇 인물들을 소설에 담았다. 하루라는 시간을 모든 시간을 담아내는 틀로 삼은 것은 울프만이 아니다. 조이스의 『율리시즈』가 주인공 레오폴드 블룸의 하루 동안의 생활을 더블린 시내를 배경으로 하여 그려내고 있는 것처럼, 울프의 『댈러웨이 부인』도 런던을 배경으로 진행되는 하루 동안의 이야기이다. 두 소설 모두 물리적인 하루라는 시간을 틀로 삼고 있고, 실제 주인공들의 내적 경험은 과거와 현재를 오가며 기억과 현실, 객관적 사건과 주관적 경험을 섬세하게 조율하여 1920년대를 살아가는 현대인의 삶을 세밀하게 관찰하고 그려냈다는 점에서 상당히 유사하다.[6] 『댈러웨이 부인』과 『율리시즈』 사이의 직접적인 영향관계에 대해서는 논란이 있지만, 울프와 조이스 모두 모더니즘을 대표하는 작가들임에는 이견이 없고 두 소설 모두 모더니즘을 대표하는 기념비적 작품임에 틀림없다.

이 소설에서 울프는 '터널파기' 기법을 발견했고 자신만의 목소리를 찾았다는 자신감을 얻는다. 하지만 울프는 여기서 안주하지 않고 매번 새로운 기법과 형식을 실험하며 『올란도』, 『파도』, 『세월』, 『막간』 등 소설과 『자기만의 방』, 『삼기니』, 등의 에세이를 출판했다. 그리고 『플러시 』, 『로저 프라이』와 같은 유사전기와 실제 전기물을 통해 전기/자서전 문학에서 개별 인물의 특성을 어떻게 전달할 것인지의 문제를 고심했다. 울프는 단 한 번도 안주하지 않고 "광부의 카나리아 새처럼" 첨단에 서서 가장 먼저 변화를 감지하고 그것을 예술로 표현하는데 혼신을 다했다. 눈부시게 발전하는 과학기술과 상업적인 대도시의 화려함 속에서, 무한히 성장할 것 같았던 유럽문명이 세계대전이라는 가공할 폭력 앞에 일순간 무너질 수 있다는 것을 목도했던 울프와 동시대의 모더니스트 작가들은 대량복제와 대량소비라는 외화내빈의 상황에 비판적인 태도를 취하면서, 개인의 개별성과 내면세계를 탐구하여 독자적인 예술세계를 창조하고 인류의 인식의 지평을 넓혀나갔던 것이다.

---

1) 『영국인명사전』 (*Dictionary of National Biography*)은 1900년에 63권으로 초판이 출간되었고, 이후 20세기 전반에 걸쳐 여러 번 개정을 거쳐, 2004년에 *Oxford Dictionary of National Biography*로 인터넷판이 함께 출간되었다.

2) Brenda R. Silver, *Virginia Woolf's Reading Notebooks* (Princeton: Princeton UP, 1983) 참조.

3) 여성작가들에 대해 쓴 울프의 에세이들은 미셸 바렛(Michèle Barrett)이 편집한 Women and *Writing by Virginia Woolf* (2003)를 참조.

4) Julia Kristeva, "Women's Time." 참조.

5) 영국의 지도제작자이자 출판 인쇄업자였던 죠지 브래드쇼(George Bradshaw)가 만든 기차시간표로 지금까지도 통용되고 있다.

6) 울프가 조이스의『율리시즈』의 영향을 받았을 것이라는 추측은 전혀 근거가 없지는 않다. 1922년에 출판된『율리시즈』는『댈러웨이 부인』보다 시간적으로 앞서고, 울프는『율리시즈』에 대해 잘 알고 있었다. 왜냐하면 외설이라 비난받아 출판사를 구하지 못했던 이 작품을 조이스와 친분이 있었던 T.S. 엘리엇은 울프에게 원고를 보내 울프부부가 운영하던 호가스 출판사에서 출판해 줄 수 있는지 여부를 타진했기 때문이다. 울프는『울리시즈』에 대해 조이스의 천재성을 인정했지만 작품의 표현이 거칠다는 등 부정적인 견해를 피력했고, 레너드 울프는 외설시비로 문제가 생길 것을 우려해 결국 출판을 거절했다.『율리시즈』는 우여곡절 끝에 파리에서 출판되었다.

인용문헌

Bell, Quentin. *Virginia Woolf: A Biography*. Vol.1. London: Hogarth, 1972.

Kristeva, Julia. "Women's Time", Trans. by Alice Jardine and Harry Blake, *Signs*, vol. 7, no. 1 (1981), 13-35.

Lee, Hermionie. *Virginia Woolf*, New Yok: Alfred A. Knopf, 1997.

Marcus, Jane. "Thinking Back Through Our Mothers." *New Feminist Essays on Virginia Woolf.* Ed. Jane Marcus. London: Macmillan, 1981, 1-30.

Marder, Herbert. *Feminism and Art. A Study of Virginia Woolf.* Chicago: The U of Chicago P, 1968.

Miller, J. Hillis. *Fiction and Repetition: Seven English Novels.* Cambridge: Harvard UP, 1982.

Woolf, Virginia. "Mr. Bennett and Mrs. Brown." *Collected Essays*. Ed. Leonard Woolf. Vol. 1. London: Hogarth, 1966. 319-37.

______. "How It Strikes a Contemporary." *Collected Essays*. Ed. Leonard Woolf. Vol. 1. London: Hogarth, 1966. 153-61.

______. "Modern Fiction." *Collected Essays*. Ed. Leonard Woolf. Vol. 2. London: Hogarth, 1966. 103-10.

______. "Walter Sickert." *Collected Essays*. Ed. Leonard Woolf. Vol. 2. London: Hogarth, 1966. 233-44.

______. "New Biography." *Collected Essays of Virginia Woolf.* Vol. 4. London: Hogarth, 1967. 229-35.

______. "Art of Biography." *Collected Essays of Virginia Woolf.* Vol. 4. London: Hogarth, 1967. 221-28.

______. *Letters of Virginia Woolf: 1929-1931.* Vol. 4. New York: Harcourt Brace Jovanovich, 1979.

______. *The Diary of Virginia Woolf.* 5 Vols. Ed. & Intro. Ann Olivier Bell. London: Hogarth, 1977-1984.

______. *Moments of Being: Unpublished Autobiographical Writings of Virginia Woolf.* Ed. Jeanne Schulkind. London: Sussex UP, 1976.

______. *Mrs Dalloway*. Ed. & Intro. Claire Tomalin. Oxford: Oxford UP, 1992.

______. *To the Lighthouse*. Ed. & Intro. Stella McNichol. Penguin: London, 1992.

메타픽션:
맬컴 라우리의 『화산 아래서』

박종성

I. 메타픽션

미국의 소설가 윌리엄 개스(William H. Gass)가 1970년 「철학과 소설의 형식」이란 글에서 처음 사용한 '메타픽션'이란 용어는 작가가 자신의 글쓰기 과정을 되돌아보는 '글쓰기 행위'에 대한 자의식이 드러나는, 즉 '자기반영적'(self-reflexive) 요소를 지닌 서술을 의미한다. 이 장르는 재현성과 모방성을 부정하고, "소설 작품이란 어디까지나 언어로 구성된 허구적 산물에 지나지 않는다는 믿음"에 기인한다(김욱동, 『포스트모더니즘』, 291). 퍼트리샤 워(Patricie Waugh)에 따르면, "메타픽션은 허구와 실재 사이의 관련성에 질문을 제기한다." 김욱동에 따르면 자기반영적 메타픽션은 "소설 장르의 새로운 가능성을 탐색하고자 하는 소설의 유형"이다(『포스트모더니즘』, 298).

자기반영적 메타픽션은 제1차 세계대전을 전후하여 모더니즘의 계열의 작품에서도 발견된다. 본고에서 다루고자 하는 작가 맬컴 라우리(Malcolm Lowry, 1909-1957)는 실제와 비실제 사이에 명확한 분할선을 긋기보다 접점에 더 관심을 두었다. 첫 소설 이후 계속해서 라우리는 리얼리티를 재현한다기보다는 재개념화하는 메타픽션 작가로 등장한다.

메타픽션은 또한 일반적으로 포스트모더니즘 작가들의 작품을 가리킨다. "많은 포스트모더니즘 작가들은 글쓰기 행위 그 자체를 문학의 중요한 관심사로 삼는다"(김욱동, 『문학이란 무엇인가』, 367). 포스트모더니즘 작가들은 '문학은 무엇을 할 수 있는가?'라는 인식론에서 '문학은 과연 무엇인가?'라는 존재론으로 더 관심을 둔다(김욱동, 『문학이란 무엇인가』, 367). 저자와 텍스트 사이의 관계를 중시하는 자기반영적 소설은 "텍스트가 창작되는 과정을 반영하려는 소설 유형을 가리킨다"(김욱동, 『포스트모더니즘』, 243). 레이먼드 페더먼(Raymond Federman, 1928~2009)이 대표적인 자기반영적 소설가이다.

그리스어로 'meta'는 '넘어서'라는 의미를 가진 접두사다. 메타픽션(metafiction)은 소설의 범주를 넘어선다는 뜻이다. 그래서 난해할 수 있다. 또한, meta는 ~에 관한(about)이라는 의미로 쓰인다. 이럴 경우 메타픽션은 '소설에 관한 소설'이란 뜻이다. 소설가가 자신이 쓴 소설의 내용, 출판, 창작과정에 관해 성찰하는 소설, 즉 자기반영적 소설이 된다. 그런데 "자기반영성은 때로 '예술적 자위행위'라는 비판을 받기도 한다"(김욱동, 『문학이란 무엇인가』, 368). 메타픽션은 "자기도취적이고 자기탐닉적이라는 비난을 면하기 어렵다"(김욱동, 『포스트모더니즘』, 295). 보다 중요한 질문은 이것이다. '메타픽션에 큰 관심을 둔 이유는 무엇일까?' 김욱동에 따르면, "소설이 영화나 텔레비전과 도저히 경쟁할 수 없게 된 이상 소설가들은 다른 대안을 찾지 않으면 안 되게 되었으며, 그 대안이 바로 자기반영적 메타픽션이다"(『포스트모더니즘』, 257).

Ⅱ. 라우리의 메타픽션

라우리의 메타픽션은 서구의 합리적 사고에 대한 도전이다. 그런데 그의 실험적 문학관은 보수적 문학전통이 강한 영국에서 그 가치를 제대로 인정을 받지 못했다. 고든 보우커는 라우리의 실제와 비실제, 현실과 신화(허구)를 융합시키는 능력에 대해 이렇게 언급한다. "진짜 라우리와 신화적 라우리를 분리하는 것은 종종 어렵고 그 자신은 그 차이의 구분을 모호하게 하려고 열심히 노력했다"(Gordon Bowker, *Pursued by Furies*, xv). 라우리는 알코올중독 작가로서 정신병원에서의 경험을 바탕으로 『질산은』(*Lunar Caustic*, 1935)을 썼는데 이것은 '정신분열증 소설'(schizophrenic novel)이다. 그런데 이것은 종종 '하위 예술'(degenerate art)로 무시되었다. 하지만 이것은 전통적인 모방적 재현방식에 대항하는 그의 방식이었다. 랭(R.D. Laing)에 따르면, "소외 조짐의 상황에서는 인간 현실의 모든 면들이 그릇된 모습으로 보이기 쉽다"(Laing 52). 파시즘의 득세에 절망하여 술에 의존했고 지구촌을 떠돌며 유동적인 리얼리티를 포착했던 라우리가 메타픽션을 쓴 부분적인 이유이기도 하다.

예를 들면, 라우리의 첫 소설 『울트라마린』(*Ultramarine*, 1933)에서 주인공 다나 힐리어트(Dana Hilliot)는 죽음에 대한 지나친 두려움으로 인하여, 객관적 대상물을 묘사할 때 주관적 의식으로 변형시킨다. 이런 반재현적 시도는 오히려 새롭고 풍부한 의미를 만들어 낸다. 예를 들면, 그는 선원의 침상을 죽은 아이의 "관"(coffin)으로, 항구의 어두운 술집의 내부를 "지하무덤"(catacomb)으로 포착한다. 이처럼 그는 현실의 재현보다는 유동적인 심리묘사에 더 집중한다.

라우리가 비정상성과 정신분열증을 긍정적으로 바라본 이유는, 그의 사적인 공포가 자신이 살던 시대의 정치현실의 산물이라는 인식에 기인한다. 예를 들면, 『화산 아래서』(*Under the Volcano*, 1947)의 주인공 제프리 퍼민(Geoffrey Firmin)은 레오폴드 2세가 벨기에 콩고령에서 저지른 잔학성, 연합군이 *U-Boat*에 승선한 독일군을 화형을 시키는 장면을 떠올린다. 라우리는 알코올중독자나 정신분열증 환자가 문명의 위기와 몰락을 예견할 수 있는 혜안가이자 양심가라는 점을 설득력 있게 보여준다.

라우리는 서구의 합리성에 강한 의문을 제기했다는 점에서 반서구적 작가이다. 그는 서구사회를 지탱해온 두 기둥인 기독교주의와 이성주의의 가치 타당성에 의문을 제기한다. 그의 전복적인 시각은 작품 속에서 다양한 방식으로 나타난다. 그는 모방적 사실주의 소설과는 성격이 다른 실험적인 소설, 즉 메타-내러티브를 쓰는데 관심이 많았다. 술에 취해서 이성적 자아가 붕괴되는 주인공들이 등장하고, 이들의 언술은 언어의 논리적 구성을 불안정하게 뒤흔들며 자기반영적인 글로 변모된다.

라우리는 조이스와 프루스트 등 모더니스트들의 전통에 속하면서도, 자아의 탐구라는 좁은 범주에만 머물지 않고 보다 큰 정치적 현실세계를 직시했다. 그를 특징짓는 반재현, 반이성, 탈중심 사고는 포스트모더니즘적인 요소들이다. 이렇듯 그는 모더니즘과 포스트모더니즘의 경계선상에 위치한다. 그는 전쟁을 일삼는 자신의 시대가 본질적으로 미친 상태에 있다고 보았다. 그는 이성이 상실된 시대에는 비이성적인 자아만이 광기의 현실을 제대로 포착해낼 수 있는 도구라는 역설을 몸소 실천하고 입증한 작가이다.

III. 작가의 삶과 시대상

맬컴 라우리는 영국 리버풀 출신 작가로 알코올중독 작가, 해양 작가, 망명 작가로 널리 알려져 있다. 그는 18세에 배를 타러 바다로 갔다. 이 경험을 바탕으로 쓴 첫 소설이 바로 『울트라마린』이다. 울트라마린은 '군청색 바다색'을 의미한다. 그의 피 속에는 바다에 대한 낭만적 동경심이 흐른다. 그런데 그는 노동계급 출신의 선원이 아니었다. 유복한 가정에서 자랐고 퍼블릭스쿨 출신으로 케임브리지 대학에 입학했다. 특이하게도 그는 계급적 특권과 가정의 안락함을 버리고 바다로 훌쩍 떠난 탈계급자(*déclassé*)의 길을 떠났다. 리버풀에서 면화 거래상이었던 부유한 사업가의 아들인 그가 자신이 속했던 중·상계층의 문화에 강하게 반발했던 주된 이유는, 자신이 성장한 환경이 그에게 가정의 따스함과 인간적인 정을 제공해주지 못했기 때문으로 보인다. 그는 엄격한 부친을 후견인 정도로만 생각하고, 감정적으로 소원한 모친에 대해서 냉소적이었다.

고교 졸업 후 대학 입학 사이 1년 동안 여행을 통해 사회를 체험하는 기간(gap year)을 이용하여 1927년 그는 비정기 화물선 피루스(Pyrrhus)호를 타고 리버풀 항구, 수에즈 운하, 상하이, 홍콩, 요코하마, 싱가포르, 블라디보스토크를 거쳐 귀환했다. 그는 창작생활의 대부분을 멕시코, 캐나다, 미국 등의 자국 밖에서 보냈고, 그로 인해 탈국가적 성향의 세계인이 되었다. 그러나 유감스럽게도 영국의 비평가들은 그의 애매모호한 국적과 과도한 실험적 문학관을 이유로 그의 삶과 문학에 대해서 별다른 관심을 두지 않았다. 1940년대 초기부터 그는 영국사회와 영국문단으로부터 사실상 망명객이나 다름이 없었다. 한 평자는 “그를 ‘캐나다’, ‘영연방’, ‘미국’ 혹은 무슨 국적의 작가라고 규정해야 하는가?”(Bareham xiii)라고 매우 곤혹스러워했다.

케임브리지 대학 졸업 마지막 학기에 자신의 항해 경험을 첫 소설 『울트라마린』에 담아냈다. 라우리는 1957년 48세의 나이에 음주 후 질식사로 숨을 거두었다. 사망진단서에 기재된 사인은 ‘Death by Misadventure’(우발적 죽음)이었다. 바다, 술, 공포, 문학에 대한 무모한 도전이 그를 파멸시켰다. 고든 보우커는 맬컴 라우리를 “사로잡힌 인간: 펜[문학], 위스키 병[술], 그리고 사적인 공포[죽음]에 사로잡힌” 사람으로 간결하게 정의했다(Bowker, *Malcolm Lowry Remembered,* 11).

라우리의 시각을 통해서, 독자는 영국 사회와 문화의 안과 밖을 볼 수 있다. 그의 반항정신과 실험정신은 인상적이었지만, 그는 영국사회와 문단으로부터 오랫동안 부당한 소외를 겪어왔다. 맬컴 브래드베리(Malcolm Bradbury)는 “맬컴 라우리는 오늘날 우리가 알고 있는 가장 잘 알려진 방치된 소설가 중의 한 사람이다”(151)라고 논평했다. 맬컴 브래드브룩(Malcolm Bradbrook)은 라우리를 “20세기 위대한 소설가 중의 한 사람으로 의심의 여지없이 케임브리지가 배출한 가장 위대한 소설가(확실하건데, E.M. 포스터를 제외하고서)이다”(1)라고 높이 평가했다. 하지만 그는 영국문단에서 저평가된 불운한 작가였다.

라우리는 인간의 잔인성에 예민하게 반응했고 깊이 절망했다. 1930년대 유럽에는 민주주의와 공화정이 위협을 받게 되었다. 1933년 1월 독일에서 히틀러 정권이 출범했으며, 1936년 초에 히틀러는 베르사유 조약(1919년 체결된 프랑스의 독일에 대한 혹독한 보복과 배상금 지급을 골자로 한 조약)을 위반했다. 스페인에서는 좌파의 공화정 정부가 프랑코 장군이 주도하는 우파세력(이들은 나중에 이탈리아와 독일의 군사원조를 받았다)에 의해 침공을 당하게 되자 스페인 내란

(1937~1938)이 발생했다. 프랑코 정권에 맞서 싸우려는 양심적인 지식인들이 스페인 내란에 참전했다. 시인 오든(W.H. Auden)은 파시즘에 맞서 '필요한 살인'(the necessary murder)을 역설했다. 1938년 독일의 오스트리아 점령과 1939년 3월 체코슬로바키아 침공은 전 세계 자유 진영의 공분을 자아냈다. 급기야 1939년 9월 3일 영국의 체임벌린 수상이 독일에 대해 선전포고를 하자 2차 세계대전이 발발했다. 1930년대는 지식인의 좌경화와 현실참여 및 정치 현실에 대한 절망감이 두드러진 시기였고, 라우리는 이 비극의 시기를 살았다. 『화산 아래서』는 파시즘의 전지구적 확산을 우려한 묵시론적 시각을 담아낸 대작이다. 1984년에 존 허스튼(John Huston) 감독이 표현주의 수법으로 영화로 제작해서 전 세계적으로 성공을 거두었다. 재클린 비셋과 앨버트 피니가 주연을 맡았다.

IV. 『화산 아래서』

1. 반(反) 파시즘

『화산 아래서』의 성공은 무명작가였던 라우리에게 명성을 가져다주었다. 모던 라이브러리(Modern Library)가 1998년 발표한 20세기 최고의 영문소설 100선 중 11위로 선정되었을 정도다. 하지만 단 한 권의 좋은 소설을 쓴 작가라는 부정적인 인식은 그를 부단히 괴롭혔다. 1936년부터 1947년까지 이르는 10년 동안 그는 원고를 수정하고 다시 써서 매우 복잡한 결로 짜인 작품으로 만들었다. 그 결과 그는 자신이 살았던 시대의 굵직한 정치적·역사적 사건들을 소설 속에 담아서 커다란 화폭을 제시할 수 있었다. 즉, 인류의 문명을 잿더미로 만든 제1차 세계대전(1914-18), 스페인 내란(1937-38)에 대한 깊은 절망이 스며있다. '화산 아래서'라는 강렬한 시각적 은유는 인류가 직면한 위기의식을 전달하는 데 아주 효과적이다. 다른 작품에서도 그는 베수비오(Vesuvius) 화산의 폭발로 순식간에 잿더미로 변한 고대 도시 폼페이의 최후와 타이타닉호의 침몰(1912년 4월 14일)과 같은 집단적 위기상황을 언급하면서 종말론적인 세계관을 드러낸다.

『화산 아래서』는 1938년 11월 2일 멕시코의 축일의 하나인 '죽은 자의 날'(The Day of the Dead: 죽은 자들이 살아 있는 친척이나 친구들을 방문하는 것으로 알려진 날) 12시간 동안의 기록이다(그가 이 소설을 집필한 곳은 캐나다의 브리티시 콜럼비아다). 술에 취한 주인공은 초현실을 경험한다. 이 소설의 번역자 권수미는「인텔리 알코올중독자의 의식의 흐름」이란 제목의 해설을 실었다. 파시즘이 범세계적으로 확산하는 1930년대 파시즘이 사회주의 정부의 정책을 방해하는 멕시코를 공간적 배경으로 삼는다. 주인공 제프리 퍼민은 멕시코 주재 영국 영사이다. 그는 파시즘이 득세하는 유럽과 멕시코라는 두 공간을 동시에 바라보면서, 전 인류가 직면한 절박한 위기를 포착한다. 라우리는 처음에는 병역 기피자였다. 영국을 떠나 망명의 길을 떠났다. 점차 알코올중독증자가 되었고, 결국 메타픽션 작가가 되었다. 그의 삶을 관통하는 것은 정치적·사회적 환멸감이다. 4명의 등장인물의 성향과 파시즘이 득세하는 시대에 대한 이들의 반응을 먼저 살펴보자.

(1) 냉소주의자, 제프리 퍼민

주인공 제프리 퍼민은 인도계 영국인이다. 멕시코 주재 영국 영사인 그는 양국 간 외교 관계 단절로 인해 직을 잃는다. 시대에 절망한 그는 술에 취해 광란의 세상을 바라본다. 술에 취해 술집의 테이블 위에 스페인의 지도를 그리는 행위로 의심을 받는다. 유원지 놀이기구를 타다 여권을 분실한 채 방황하다가 멕시코 파시스트 경찰에게 스파이로 몰려 즉결 처형을 당한 후 개처럼 깊은 골짜기에 버려진다. "누군가 죽은 제프리의 시신의 뒤를 이어 죽은 개를 벼랑 아래로 밀쳐 버렸다"(376)[1]라는 소설의 마지막 문장은 인간 생명에 대한 존엄성이 실종된 시대에 대한 작가의 절망을 아주 절제되고 극적인 방법으로 잘 전달한다. 그가 죽은 날은 멕시코의 '죽은 자의 날'이다. 제프리의 냉소주의와 알코올중독증을 세밀하게 분석할 필요가 있다.

첫째, 제프리는 1차 대전 동안 해군 사령관으로서 영국 정부를 위해서 봉사하던 중 자신이 탑승했던 S.S. 사마리탄(Samaritan)호의 승무원들이 유보트(U-Boat)에 탑승한 독일군 포로들을 산채로 화덕 속에 집어넣는 잔학성을 목격한다. 비록 그 자신은 이 사건에 직접 관여하지는 않았지만 책임을 통감한다. '사마리탄호'의 이름에는 분명히 아이러니가 사용되고 있다. 표면상으로 배의 이름은 '선량함'을 나타내지만, 실제로는 잔학성이 벌어지는 현장이기 때문이다. 제프리는 영국군이 독일군의 살해를 정당화하고 미화하는 맹목적인 애국주의를 의문시한다. 더구나 이런 불명예스러운 사건에 대해서 영국 정부가 공식적인 사과나 참회가 아니라, 오히려 그의 용맹성과 공훈을 인정하여 훈장을 수여 하는 부조리한 행위에 환멸을 느낀다. 이 사건으로 그는 대중적 '영웅'이 되기를 거부한 채 익명 속에서 살아가는 방식을 택한다. 그의 국외자의 면모를 확인할 수 있다.

둘째, 라우리는 국가 간에 불신감과 적대감이 팽배한 시대 현실에 대해서 절망한다. 멕시코에 영국 영사로 파견된 그는 양국 간의 외교

관계의 단절로 인하여 갑작스레 일자리를 잃게 된다. 문제의 발단은 멕시코의 사회주의 정부가 갑작스럽게 외국 석유회사들을 추방하기로 결정을 내리자 이에 대한 항의 조치로 영국 정부가 단교를 선언한 데서 기인한다.

셋째, 라우리는 서구사회를 지탱해온 기독교 문명의 핵심적 가치들인 사랑, 형제애, 인간애가 부재하거나 실종된 현실에 대해서 절망한다. 계속되는 전쟁과 국교의 단절은 이를 입증한다. 라우리는 균등한 비판적 시각에서 적군과 우군에 의해서 똑같이 저질러지는 잔인성을 지적한다.

제프리의 일생을 살펴보면, 그는 탄생부터 죽음까지 따스한 인간애를 철저하게 박탈당한 존재이다. 그의 아버지는 홀연히 히말라야산맥 속으로 없어지고, 곧이어 어머니가 죽게 된다. 고아 상태로 남겨지게 된 그는 영국인 가정에 입양되어 성장한다. 그는 계속해서 일련의 비극적 사건들을 경험하게 된다. 즉, 영사직을 잃고, 미국인 여성 이본 컨스터블(Yvonne Constable)과의 결혼도 깨진다. 더구나, 멕시코 인으로 귀화하기를 원하지만, 스파이로 오인당하여 파시스트 갱단원에 의해서 무고하게 살해당한다. 그의 죽음 원인에 대한 공식적인 법적 조사도 없다. 같은 날 이본은 어둠과 천둥과 번개에 놀라 날뛰는 말에게 밟혀 죽는다. 제프리에게 약간의 위로를 주는 것은 그의 "개인적 토템" (Vice 100)이 되어버린 위스키 술병과 그가 죽어가는 순간에 희미하게 듣게 된 '동료'(사회주의자들이 즐겨 사용하는 호칭으로 스페인 어는 compañero, 영어는 comrade이다)라는 단어일 뿐이다. 제프리 퍼민의 비극적인 삶을 통해서, 라우리는 현대 문명이 처한 위기를 제시한다.

제프리의 죽음을 다루고 있는 이 소설의 중심부에는 선량한 사람을 의미하는 '사마리아인'의 무고한 죽음이라는 비극적인 사건이 위치한다. 그는 멕시코의 사회주의 정부 하에서 험하고 외진 산악 지역에 살고 있는 농민들에게 영농에 필요한 현금을 은행으로부터 직접 전달해주는 인디언 배달원이다. 그는 성경에 등장하는 사마리탄의 전형이다. 그런데 사회주의 정부의 정책 집행을 방해하는 파시스트 갱단원에 의해서 길가에서 피를 흘리며 죽어간다. 격자 틀의 구조를 형성하고 유사한 주제의 반복을 통해서, 배달원과 제프리가 모두 파시즘의 희생자들임을 부각한다. 작가는 사마리탄호의 사건과 사마리탄인의 죽음 장면을 연결해 무자비한 폭력성에 비판을 가한다.

죽어가는 선량한 배달원에 대한 다양한 반응을 살펴보자. 외교관의 차량은 현장에 무관심한 채 질주하고, 멕시코인 도둑(pelado)은 피 묻은 돈을 훔치는 파렴치한 모습을 보이고, 경찰과 택시기사들은 파업 중이라는 이유로 아무런 행동도 취하지 않고, 멕시코의 법은 증거가 파괴되지 않도록 일반인들의 현장 접근을 금지한다. 제프리는 인간 잔인성의 현장 앞에서 절망하고, 어떤 행동도 부질없는 것으로 단정해 버리는 냉소적인 태도를 지닌다. 이 절박한 상황에 직면하여 아무도 실질적인 대책을 내놓지 못한다.

휴 퍼민(Hugh Firmin)은 충동적이고 기회주의적이다. 이본 컨스터블은 이런 끔찍한 장면에서 벗어나고자 적극적으로 환상의 날개를 펼친다. 그녀의 마음은 다른 곳, 즉 캐나다의 울창한 삼림이 대변하는 낙원의 세계와 천체의 별들이 대변하는 초월적인 세계로 향한다. 제프리가 길가에서 죽어가고 있는 배달원의 모습을 응시하는 반면에, 이본은 손거울에 잡힌 눈 덮인 두 화산의 정상을 들여다본다. 이런 대조적인 반응은 그들 사이의 인생관의 차이를 잘 드러낸다. 제프리의 절망감이 도드라진다.

라우리는 계속해서 '토말린 투우장'(Tomalin Arena)에서 벌어지고 있는 소의 무자비한 학살 장면을 제시한다. 살육의 구체적인 현장이라는 관점에서, 전쟁터의 상징적 축도인 투우장과 전쟁터로 변한 유럽대륙 사이에 연결 고리가 형성된다. 이것은 작가가 정치현실을 은유적으로 다루는 한 예이다. 처참하게 죽어가는 소에 대한 다양한 반응을 살펴보자. 멕시코 관객들은 피에 굶주린 듯 학살 장면을 단순한 오락거리로 여기며 열광한다. 제프리는 절망하는 반면에 휴는 자신의 남자다움을 과시하기 위해서 돈키호테처럼 무모하게 투우장으로 뛰어 들어간다. 이본은 끔찍한 장면에서 벗어나기 위해 환상 속으로 도피한다. 이들 모두의 반응은 실질적인 구원과 관련이 없다.

(2) 환상주의자, 이본 컨스터블

라우리는 여성을 하위주체로 상정하는 부권주의적 문화의 온상인 가정 속에서 파시즘의 뿌리를 찾는다. 유일한 여성 등장인물인 이본 컨스터블의 불우한 성장 과정을 살펴보자. 외관상 그녀는 헐리우드에서 성공한 여배우라는 화려함을 지니지만, 내면으로는 은밀한 상처와 아픔을 지닌다. 그녀는 엄격한 가부장적 권력 구조의 희생자이다. 실제로 그녀는 노예처럼 알코올중독자인 아버지를 밤낮으로 간호해야만 했고 힘든 가사 일에 시달렸다. 아버지가 죽은 이후에도 그녀는 폭군적 이미지의 숙부 매킨타이어(Macintyre)의 엄격한 규율과 통제의 분위기 속에서 성장한다. 그 이후에도 그녀는 부정한 짓을 저지른 첫 남편에 의해서 배반당하고, 알코올중독자인 현재의 남편과는 소원한 관계에 놓이며, 아이가 없는 불모의 삶을 살고 있다. 알코올중독자라는 관점에서, 그녀의 아버지와 그녀의 남편 사이에는 유사점은 있다. 그녀의 해방에 대한 갈망은 암시적이고 상징적인 방식으로 제시되고 있다. 산 정상에 있는 목적지를 향해서 올라가는 도중에, 그녀는 '엘필라테'(El Pelate)라는 술집 밖의 새장 속에 갇힌 작은 독수리를 풀어준다. 자신을 새장 속에 갇힌 독수리의 상황과 동일시하기 때문이다. 따라서 새를 석방하는 행위는 감옥같은 가정과 억압적인 부권주의 문화의 굴레로부터 그녀 자신을 해방한다는 상징적 의미를 지닌다. 풀려난 새가 저 멀리 화산 위로 솟구쳐 올라가는 모습을 보면서, 그녀가 "형언할 수 없는 은밀한 승리를 위한 안도감"(321)을 느끼는 것은 일종의 대리만족으로 보인다. 라우리는 그녀의 심리상태를 탁월하게 묘사한다.

이렇듯 이본은 초월적·환상적 세계에 집착한다. 제프리의 술에 대한 집착처럼, 그녀의 환상에 대한 집착은 현실 도피라는 비판을 면하기 어렵다. 그러나 환상은 상처받기 쉬운 자아를 공포의 현실 세계로부터 안전하게 보호해주는 보호막 구실을 한다. 그녀의 환상은 출구가 닫힌 현실세계 혹은 병든 사회 속에서 더욱 번성하는 것처럼 보인다. 메타픽션의 특징인 환상과 현실 사이를 자유롭게 넘나드는 유동적인 심리상태에 주목할 필요가 있다. 그녀는 악몽 속에서 "이백 마리의 말들이 골짜기 속에 갇혀있던 그녀를 말발굽으로 짓밟는 순간에 그녀는 진정한 공포를 느꼈다"(262)라고 말한다. 이런 악몽은 그녀가 처한 억압적인 현실 세계에 대한 공포감을 표출한 것이다. 그리고 실제로 그녀는 도주하는 말의 발굽 아래 밟혀 죽는다.

(3) 모방꾼, 휴 퍼민

이 소설에는 프랑스 영화감독 자크 라루엘(Jacques Laruelle)과 인도계 영국인 저널리스트 휴 퍼민이 등장한다. 이들의 방관적·도피적 삶의 양식은 비판의 대상이 된다. 멕시코를 떠도는 4명의 백인 귀화자들은 각기 다른 방식으로 도피처를 찾는다. 제프리는 술을 통해서, 이본은 환상을 통해서, 휴는 "기존의 낡은 이념들을 대체할 수 있는 시대의 새로운 정신"이라고 믿고 있는 마르크스주의를 통해서, 자크는 "트로츠키를 모델로 삼은 파우스트 이야기를 현대판 영화제작"(14)을 통해서 도피한다. 휴와 자크는 이념적·미학적 세계 속으로 도피한다. 두 사람은 세상을 변화시키려는 진지한 정치적 의도를 지니지만, 실천하지 못하자 죄의식을 느낀다. 라우리의 이들 두 인물에 대한 비판적 시각을 살펴보자.

> 29세의 휴는 여전히 행동을 통해서 세상을 변화시키는 꿈을 꾸었다(이렇게 말하는 것 이외에 다른 방도가 없다). 마치 42세의 자크 라루엘이 자신이 계획한 위대한 영화 제작을 통해서 세상을 변화시키는 희망을 아주 포기하지 않은 것과 같았다. 결국 그는 위대한 영화가 과거 속으로 사라진 것처럼, 그가 아는 한 세상을 조금도 변화시키지 못했다. (15)

휴 퍼민은 스페인과 멕시코 등의 분쟁지역을 취재하는 저널리스트로서 당대의 정치현실의 판도를 날카롭게 인식한다. 이본과 함께 말을 타고 아침 산책하러 나갔을 때, 휴는 자신들의 모든 움직임이 초소의 망루로부터 감시당하고 있다는 점을 잘 알고 있다. "이 세상은 경찰의 감시 망원경 안에 있다"(110)는 그의 말속에서 그가 불신과 감시가 팽배한 시대현실의 분위기를 잘 인식하고 있다는 점을 알 수 있다. 한 걸음 더 나아가, 그는 보도의 중립성을 원칙으로 삼는 저널리스트의 직업에 대해서도 회의를 한다. 이점은 그가 슈펭글러(Spengler)의 말을 인용하고 있는 데서도 분명히 드러난다. "저널리즘은 연설하고 글을 써서 돈을 받고 팔아넘기는 남성 지식 인사의 매춘행위에 필적한다"(104). 그의 의지와 행동이 불가피하게 제약을 받게 되면서, 그는 실천하는 급진적 혁명론자가 아니라 급진적 혁명이념만을 추종하는 모방꾼이 된다. 자크는 휴를 "무책임하고, 재미없는 인간, 실내에 행동이 갇혀버린 정통 마르크스주의자"(14)로 일축해 버린다. 휴는 죽어가는 인디언의 장면을 보고도 아무런 행동을 취하지 못한다. 이처럼 라우리는 휴를 양면적 인물, 즉 반항아이자 모방꾼으로 그려낸다. 휴 퍼민을 특징짓는 것은 기회주의와 소아병적 영웅주의이다. 예를 들면, 본래 유대인들의 처지를 동정하는 시오니즘의 강력한 지지자였던 그는 나중에 갑작스레 반유대주의자로 변모한다. 계기가 된 것은 순전히 개인적인 복수심 때문이었다. 젊은 시절 인기 절정의 음악 작사가였던 휴는 함께 일하던 유대인 출판업자가 상업적인 이윤에 눈이 멀어 표절 시비를 들먹거리자 자신의 명예가 실추 당한다. 그리고 그는 후안 세릴로(Juan Cerillo)라는 멕시코의 전설적인 혁명가(그는 착취와 부당함과 가난으로부터 멕시코 인들을 해방하기 위해서 일생을 바친 영웅이다)의 정체성을 모방하여 대리만족을 느끼는 광대 같은 인물이다. 라우리는 휴 퍼민을 희화화한다.

(4) 무기력한 지식인, 자크 라루엘

자크 라루엘은 현실참여의 한 방식으로 정치색이 짙은 영화를 만들어 많은 사람의 정치의식을 증진하고자 하지만 실행하지 못한다. 휴처럼 그도 자신의 실패한 인생에 대하여 다음처럼 죄의식을 느낀다.

> 이 지상의 낙원 같은 곳[멕시코]에서 그는 무엇을 성취했는가? 친구도 없고, 서로 말다툼만 하는 멕시코인 애인들 얻고, 이 나라로부터 가져나갈 수 있는 아름다운 마야 문명 시대의 신상들(idols)을 모았다. 그리고 그가 가진 것은—. (16)

라우리는 자크의 무가치한 삶의 방식을 패러디한다. 외관상 그는 정치적 현실과 무관하게 평온한 삶을 유지하고 있는 듯 보이지만, 내면상 불안하고 외로운 삶을 산다. 주요 인물 중 자크는 유일한 생존자로서 자신의 친구인 제프리의 비극적인 삶을 객관적으로 서술하는 화자 겸 등장인물이다. 그는 멕시코를 떠나야 할 것인지 아니면 프랑스로 돌아가야 할 것인지 선택의 갈림길에 선다. 그가 직면한 이런 암울한 개인적인 선택은 유럽의 선택이며, 인류 전체의 선택이라는 차원으로 확대된다.

> 두려움이 다시 그를 엄습했다. 이 모든 세월 후, 멕시코에서 마지막 날, 자신이 여전히 이방인이라는 느낌이 들었다. 4년, 거의 5년 동안, 그는 자신이 다른 혹성을 떠도는 방랑객이라고 느꼈다. 비록 곧 파리로 돌아갈 것이기에, 이곳을 떠나는 것은 그리 어렵지 않았다. 아 그래! 그는 전쟁에 대하여 단지 그것이 나쁘다는 것 이외에는 별 다른 생각이 없었다. 이쪽 아니면 저쪽이 이길 것이다. 그리고 어느 쪽이 이기든 삶은 어려워질 것이다. 연합군이 진다면, 삶은 더욱 어려워질 것이다. 그리고 어느 쪽이 이기든, 우리 자신들의 생존 전쟁은 계속될 것이다. (15)

희망이 없이 지구상을 부유하는 그에게는 목표를 상실한 무기력한 지식인의 쓸쓸함이 배어 있다. 그래서 그는 용기 있게 파괴적 삶을 살아간 친구 제프리에게 경의를 표한다.

화자로서 자크 라루엘의 기능을 살펴볼 필요가 있다고 본다. 그는 텍스트의 의미를 독점하고 마지막 논평을 가하는 것이 아니라, 플로베르가 예술의 신조로 삼는 객관적인 제시방식을 사용한다. 제프리의 특이한 정신구조를 보여주는 데 있어서 그는 여러 다양한 견해들을 모아서 제시하는 편집가로서의 기능만을 수행한다. "라루엘 목소리는 독자를 위해서『화산 아래서』의 기본적인 이야기의 틀을 만들지도 않고, 제프리의 실체를 독자들에게 해설해 주지도 않는다"(York 37). 그는 이야기의 도입부에서 등장한 후 점차 자취를 감춘다. 소설의 결말은 제프리가 어떻게 죽었는가에 대한 객관적인 묘사로 되어있다. 화자의 지배적인 목소리가 제거되어 있다는 점은 작품의 객관성을 높여준다. 한 가지 더 추가하자면, 영화감독인 그가 예술가의 눈으로 사물을 포착해서 묘사하는 것도 예술성을 더해준다. 이것 또한 메타픽션의 특성을 강화한다. 도입부에서 그는 독일의 표현주의적인 기법을 사용하여 불길한 천둥소리, 빠른 속도로 지나가는 검은 무리 구름, 그리고 짙은 어둠 등을 묘사함으로써 불길한 분위기를 만들어낸다. 소설의 시간적 배경을 멕시코의 국경일인 '죽은 자의 날'로, 그리고 공간적 배경을 죽음의 숭배의식이 강하게 남아있는 멕시코로 정한 것은 죽음이 편재한 시대의 종말론적 분위기를 만들어 내려는 작가의 세심한 미학적 선택으로 보인다.

『화산 아래서』에서 라우리가 '탈중심'(decentring)의 서술을 시도하는 이유는 단일 화자의 독점적인 목소리를 근본적으로 불신하기 때문이다. 그 결과 우리는 '민주적 충동'(democratic impulse)을 감지할 수 있다. 동시에 그는 분산된 시각을 한 점으로 통합시키고 있는데, 이것은 상호 신뢰와 배반으로 얽혀진 인간관계를 중심축으로 이루어진다. 작가는 이본을 3명의 남자 등장인물들과 성적인 파트너의 관계로, 제프리와 자크를 유년 시절의 친구 관계로, 휴와 제프리를 이복동생의 관계로, 이본과 제프리를 소원해진 부부관계로 엮는다. 플롯이 유기적으로 잘 짜여 있음을 알 수 있다.

2. 반(反) 이성주의

제프리의 알코올중독증은 반이성주의를 드러내는 한 요소이다. 독자는 술에 취한 그의 모습을 통해서 이성적 자아가 붕괴하는 혼란스러움을 보게 된다. 흥미로운 점은 그의 이성적 자아의 붕괴는 메타내러티브를 형성하는데 기여한다. 작가의 실험적 문체와 은유적인 방식의 사용은 현실 모방적인 문학 전통을 위협한다. 환상주의자와 알코올중독자 그리고 몽상가는 공통으로 현실과 비현실, 외부 세계와 자아 사이의 경계선을 자유롭게 넘나드는 유동적인 의식을 지닌다. 이처럼 서로 상이한 두 영역의 상호 교차와 중복에 의해서 생겨나는 공간, 즉 혼돈과 무질서의 공간이 심리적 진실을 지닌 비옥한 공간이 될 수도 있다.

제프리의 알코올중독증은 절망에서 생겨난다. 유년시절에는 부모의 사랑을 박탈당한 채 성장했고, 그 후에는 부인에 의해서 버림받게 되며, 국가 간의 적대적인 관계로 인해 영사직을 잃게 된다. "화형당한 독일군 장교들은 술 한 병을 더 사기 위한 변명에 불과했다"(39)에서 드러나듯, 그의 알코올중독증은 이런 상흔에서 생겨난다. 이본이 알코올중독자인 자신을 저버리고 떠나갔을 때, 제프리는 "오! 이본 우리는 우리가 만들어 온 관계를 이처럼 *저속한* 방식으로 망각 속으로 빠져들게 해서는 안 되오"(45)라고 절규한다. 그는 죽는 순간에도 "의아해하면서 하느님 이건 *저속한* 방식으로 죽는 것입니다"(374)라고 절규한다(이탤릭체는 작가 강조). 그가 "저속한"(dingy)이란 단어를 반복적으로 사용하고 있는 것은 "고상함"(decency)이 부재한 현실에 대한 탄식처럼 들린다. "예수의 영성체를 받는 것처럼 술을 마신다"(45)에서 알 수 있듯이 그에게 술은 신의 대체물이 된다. 그가 술을 "필요한, 심리치유적인 음료"(54)로 정당화시키고 술집을 일종의 "성역"(sanctuary)으로 간주하는 것은 신에 대한 믿음을 상실했다는 증거이다. 멕시코 친구인 비힐 의사(Dr. Vigil)는 제프리의 알코올중독증이 "육신뿐만 아니라, 영혼의 병듦"에서 생겨나고 있다고 진단한다. 수전

손택(Susan Sontag)은 "[문학 작품들 속에서 언급되는] 질병들은 사회가 타락했거나 정의롭지 못하다는 비난을 상기시키기 위해서 고안된 은유체로서 사용돼 왔었다"(Sontag 73)라고 주장하는데, 이는 제프리에게도 해당하는 말이다.

제프리는 절망적인 정치 현실에 직면해서 냉소주의와 철저한 비개입의 원칙으로 일관한다. 그의 냉소주의는 자기 갱생의 노력과 현실 참여의 가능성을 배제하지만, 적어도 감상성과 자기기만이 들어설 자리를 주지 않는다. 파시즘과 팽창 제국주의에 대한 그의 비판은 강자가 약자를 무력으로 정복해온 인류의 비극적 역사로 확대된다. 그는 무방비상태에 놓인 개인들과 무방비상태에 놓인 국가들 사이의 유사한 비극적 운명을 다음처럼 통찰한다.

> 얼마 전에는 이탈리아의 정복의 힘 아래 무방비 상태에 놓인 에티오피아였다. 이전에는 가엾은 무방비상태의 플랑드르. 물론, 가엾은 벨기에령 콩고는 말할 것도 없다. 내일은 가엾은 무방비상태의 라트비아. 혹은 핀란드. 혹은 피들디디. 혹은 심지어 러시아. 수천 년을 거슬러 가보자. 무가치한 어리석은 역사의 과정에 간섭한들 무슨 소용이 있겠는가? (311)

그런데 제프리의 비간섭주의와 침묵은 반항의 무게를 지닌다. "가엾은 벨기에령 콩고"에 대한 언급에 미루어 볼 때, 그는 콘래드처럼 백인 제국주의자들의 잔학성을 비난한다.

제프리의 다양한 정체성은 독자를 매우 혼란스럽게 한다. 심문을 당하는 과정에서 그의 몸에서 휴의 것인 "무정부주의자들의 군사 동맹 카드"가 발견되어 오해를 받게 된다. 이것은 그가 부주의하게 휴가 빌렸던 자신의 옷을 그냥 입고 나왔기 때문이다. 더구나 이런 위기의 순간에 그는 자신의 신분을 입증할 수 있는 여권을 소지하지 않고 있는데, 이것은 여러 가지 해석을 가능케 한다. 그가 놀이동산에서 빙빙 돌아가는 회전 기구를 타다가 여권을 분실했을 가능성이 있고, 여권을 집에 두고 왔을 수도 있으며, 자신이 세계시민이라는 점을 당당하게 선언이라도 하듯 여권 휴대를 거부하는 것일 수도 있다. 심문을 당하는 과정에서 그는 자신의 진짜 이름이 멕시코의 전설적인 혁명가인 윌리엄 블랙스톤(William Blackstone)이라고 거짓 진술을 하는데, 이것은 그렇게 되었으면 하는 소망의 투영이다. 궁지에 몰린 그가 자신의 직업이 작가라고 고백하자, 심문자는 "작가가 아닌 스파이"(not a wrider[writer] but a spider[spy])라고 빈정거린다. 여기서 작가는 언어유희(pun)를 사용해서 spy와 writer를 결합한 spider(거미)라는 단어를 만들어낸다. 라우리는 상호 불신감에서 생겨나는 의사소통의 완전한 단절로 인한 제프리의 죽음을 통해 혼란의 도가니에 빠진 세상을 잘 보여준다.

3. 반(反) 사실주의

라우리에게서 글쓰기가 지니는 의미가 무엇일까? 조지 오웰(George Orwell)은 「왜 내가 글을 쓰는가?」라는 글에서 자신의 이름을 알리고 싶어 하는 순전한 이기심, 미학적 열정, 역사적 충동(사물을 있는 대로 보고 진실을 후세에 보존하려는 욕구), 그리고 정치적 목적을 꼽았다. 그는 정치적 목표의 추구에 가장 큰 비중을 두는데 이것을 "세상을 특정 방향으로 밀고 나아가려는, 어떤 사회를 지향하고 분투해야 하는지에 대한 남들의 생각을 바꾸려는 욕구"로 정의한다(Orwell 19). 라우리의 경우에도 정치적 목표가 가장 큰 비중을 차지한다. 작가들의 글쓰기는 곧 정치적 행위나 다름없는 것으로 간주하는데, 이

것은 펜이 총의 위력을 지닐 수 있음을 의미한다. 살만 루시디(Salman Rushdie)는 글쓰기가 지니는 정치적 목적에 대해서 다음처럼 언급한다. "난 무엇보다도 [작가들의] 묘사 그 자체가 정치적 행위라는 점을 말해야만 한다. […] 세상을 다시 묘사하는 것은 그것을 변화시키기 위해 필요한 첫 단계다"(Rushdie 13-14). 라우리는 '정치성의 미학화', 즉 정치성과 예술성의 조화를 글쓰기의 신조로 삼는 작가다.

라우리가 추구하는 '정치성의 미학화'의 구체적인 예를 들어보자. 작가는 논리성이 아닌 우연성의 원칙에 의존하는 서술방식을 택하고 있다. 제프리가 우연히 마주치게 되는 정원의 표지판, 영화 포스터, 기차역의 안내방송, 진열된 확대된 사진 등은 그의 주관적 의식을 촉발해 예상치 못한 풍부하고 절묘한 의미를 만들어 낸다. 이런 임의적인 구성방식은 논리적 구성방식에 대한 그의 근본적인 불신감에서 생겨난다. 이런 접근방식은 "개인이 경험하는 현실은 일관성이 없는 것이기에 그것은 일관성 없는 방식으로 경험되어져야 한다"는 사무엘 베케트(Samuel Beckett)의 잘 알려진 예술적 신조와 일맥상통한다.

제프리는 자신이 에덴동산에서 추방된 존재이며 파우스트처럼 저주받은 인간이라는 비극적 인생관을 지닌다. 낯선 멕시코에서 자신이 강제추방을 당할지 모른다는 두려움에 사로잡혀 있다. 이것은 "일종의 정신 전위"(displacement)에 해당한다(Bareham 19). 따라서 그의 불안한 주관적 의식은 객관적 대상물의 묘사에 큰 영향을 미친다. 그는 자기 집의 담장에 부착된 경고 표지판(이것은 멕시코식 스페인어로 쓰여 있으며 그가 술에 취해 있기 때문에 해독하기도 어렵다)을 자기 멋대로 해석한다. "당신은 이 정원을 좋아하나? 왜 정원이 당신의 것이지? 우리는 정원을 해치는 아이들을 강제로 추방할 것임!"(132). 반면에 온전한 이성적 분별력을 지닌 휴는 경고문을 다음처럼 제대로 읽는다. "당신은 이 정원을 좋아하나? 당신의 아이들이 정원을 해치지 않도록 주의하라!" 제프리의 이런 존재론적인 불안감은 낙원에서 추방당한 인간의 보편적인 상황과도 맞닿아 있다. 그의 다른 작품 속에서도 라우리는 자연의 재앙, 불길에 휩싸인 정유소, 기름의 유출에 의한 생태계의 파괴 등을 언급하면서 인간의 낙원 상실로 인한 종말론적 세계관을 피력한다. 정원에서 "고양이의 입으로부터 격렬하게 도망쳐 날아가려고 몸부림치는 벌레"(144)를 보았을 때, 제프리는 자신이 처한 비극적 운명을 곰곰이 생각하게 된다. 이 장면은 소설의 결말부에서 입을 벌리고 있는 어두운 골짜기의 밑바닥을 내려다보는 순간 그가 느낀 절망감과 다시 연결된다.

비유적으로 말하자면, 『화산 아래서』에서 라우리는 희망과 절망의 이중주를 연주한다. 제프리는 절망을, 이본은 희망을 각기 대변하고 있는데, 작가는 이들 사이에 팽팽한 긴장 관계를 유지하며 결말부에서 구원의 희망이 사라지는 방식을 택하고 있다. 이본이 흰 눈이 덮인 두 화산의 정상을 바라보며 초월을 꿈꾸지만, 제프리는 입을 벌린 골짜기 밑바닥을 내려다보며 절망한다. 그녀의 상승적·초월적 욕구와 그의 하강적·파괴적 욕구를 병치시켜, 작가는 천국과 지옥, 구원과 파멸이 공존하는 이중적인 이미지를 제시한다. 제프리와의 깨진 결혼 관계를 재건할 희망을 품고 역에 도착했을 때, 이본은 "시신이 급행열차로 운송될 것이다"라는 안내 방송을 우연히 듣게 된다. 이런 불길한 말은 그들의 죽음을 예고하는 복선적인 기능을 한다. 역에서 집을 향해 걸어가는 두 사람은 우연히 사진 현상소의 진열장에 전시된 확대된 사진을(제목은 '이별'을 의미하는 *La Despedida*이고, '시에라 마드레'라는 산에 있는 거대한 얼음 바위가 산불로 인해 갈라지는 자연의 재앙을 보여준다) 쳐다보지만, 두 사람은 아주 다른 반응을 보인다. 이 사진은 그들의 깨진 결혼을 지시하는 은유로서 구실을 한다. 이처럼 동일 현상을 바라보는 이들의 상반된 태도는 눈 덮인 화산들의 정상 위로 높게 비상하는 새들의 움직임을 바라보는 장면에서도 잘 나타난다. 그녀가 억압과 속박의 굴레에서 벗어나 비상하는 새들을 바라보면서 자유와 희열을 느끼지만 그는 "불에 타버린 후 공중으로 올라가 버린 종잇조각"(97)으로 인식한다. 이것은 그 자신의 절망의 투영이다. 이런 예는 내면적 심리상태(mindscape)가 외적 풍경(landscape)과 상호작용의 관계에 있음을 잘 보여준다. 작가의 반재현적 시도가 절묘한 의미를 만들어낸다.

라우리는 나치 정권 하에서 정신적 고통을 겪는 예술가들의 절망적 상황도 미학적으로 제시한다. 소설의 여러 곳에서 피터 로르(Peter Lorre)가 만든 영화 〈오를락의 손〉(*Las Manos de Orlac*)의 대형 영화 광고 포스터를 접하게 된다. 길가의 곳곳에서 마주치게 되는 이 영화 포스터는 '피 묻은 손들'이라는 강력한 시각적 이미지를 부각하며, 정치적 폭력이 만연한 시대상을 보여준다. 이 영화는 비극적으로 손을 잃게 된 한 피아니스트가 나치의 정당에 속한 독일 과학자한테서 살인자의 손으로 접합 수술을 받는다는 이야기에 바탕을 둔다. 피아니스트는 살인자의 손을 떠올리며 피비린내를 지우기 위해 항상 손을 씻는다. 무리한 수술 과정이 보여주듯, 작가는 인간의 개체성을 짓뭉개는 파시즘의 횡포를 강조한다. 절망과 분노가 제프리를 알코올에 의존하게 만든다.

피 묻은 손들의 섬뜩한 이미지는 도로에서 피를 흘리며 죽어 가는 인디언 배달원의 죽음 장면과 투우장에서도 계속해서 나타난다. 피아니스트, 인디언 배달원, 제프리는 공통적으로 파시즘의 희생자들이다. 이처럼 작가는 개별적인 사건들 사이에 연결고리를 만들어 파시즘의 전 지구적 확산과 폭력성을 부각시킨다. 라우리는 메타픽션 형식을 통해 강한 정치성을 예술적으로 표현한다.

V. 맺는 말

지금까지 라우리의 대표작 『화산 아래서』에 내포된 그의 반(反)파시즘, 반(反)이성주의, 반(反)사실주의를 중심으로 메타픽션의 특징을 살펴보았다. 적어도 『화산 아래서』에서 만큼은 '정치성의 미학화'가 일관되게 성공적으로 시도되고 있다.[2)] 라우리는 다음과 같은 신조를 견지한다. 예술가의 분명한 현실참여는 예술적 비전을 왜곡시키거나 변질시킬 위험성이 있으며, 정치 현실과 완전히 분리된 예술의 독자성 추구는 미학적 즐거움 속으로 무책임한 도피라는 위험성을 내포한다. 지역주의와 사실주의 전통이 강한 영국 밖에 위치함으로써, 라우리는 급진적 이념과 실험적 문학 양식을 좀 더 자유롭게 시도할 수 있었다. 메타 픽션은 이런 시도의 산물이다.

그러면 과연 메타픽션을 통해 라우리가 급진적인 정치적 목적을 달성했는가? 메타픽션이 지니는 장점 중 하나는 일상세계를 변형시킬 힘(the transformative power)이다. 즉, 현실의 모방과 재현을 넘어 역동적이고 복합적인 심리적 진실을 보여줄 수 있다는 점이다. 라우리는 자기 생각을 이미저리로 옮기는 재능을 지녔고, 언어의 비유적 수사학적 기능을 강조했다. 그 결과 라우리는 메타픽션이라는 새로운 장르를 낳았다. 우리는 놀랍게도 라우리의 메타픽션 속에서 정치성과 전복성을 발견하게 된다. 『화산 아래서』는 이런 점을 잘 입증한다.

1) 사용한 판본은 Malcolm Lowry. *Under the Volcano* (Harmondsworth: Penguin Books, Ltd., 1963)이다. 이후 텍스트 인용은 괄호 속에 쪽수만 표기함. 번역은 필자의 것임.

2) 이 소설 이후 라우리는 차츰 견고한 예술성을 상실해 간다는 비난을 종종 받는다. 바로 이런 이유로 그는 한 권의 위대한 소설을 쓴 작가로 폄하된다. 그러나 이 소설 이후로 그는 인위적인 허구성과 차가운 예술성을 배격하고 좀 더 자연스러운 글쓰기를 택한다. 예를 들면,『나의 친구가 묻힌 무덤 속처럼 어두운』(*Dark as the Grave Wherein My Friend is Laid,* 1968)에서 그는 삶과 예술의 융합을 추구하기 위해서 메타픽션을 시도하고 있으며,『가브리올라행(行) 10월의 훼리』(*October Ferry to Gabriola,* 1970)에서는 더욱 실험적 문체에 의한 파편적인 구성의 소설을 쓴다. 그의 실험적 글쓰기는 곧 예술성의 실패를 의미하지 않는다.

인용문헌

김욱동.『문학이란 무엇인가』. 문예출판사, 1996.

______.『포스트모더니즘의 이론』. 민음사, 1997.

맬컴 라우리 지음. 권수미 옮김.『화산 아래서』. 문학과 지성사, 2011.

조지 오웰 지음. 이한중 옮김.『나는 왜 쓰는가』. 한겨레출판, 2010.

Bareham, Tony. *Malcolm Lowry.* London: Macmillan, 1989.

Binns, Ronald. *Malcolm Lowry*. London: Methuen, 1984.

Bowker, Gordon. *Malcolm Lowry Remembered*. London: British Broadcasting Corporation, 1985.

______. *Pursued by Furies: A Life of Malcolm Lowry*. London: Flamingo, 1994.

Bradbrook, Malcolm. *Malcolm Lowry: A Study & Early Life*. Cambridge UP, 1974.

Bradbury, Malcolm. "'Design-governing Postures': Malcolm Lowry and Modern Fiction." *No Not Bloomsbury.* London: Arena, 1989. 151-72.

Laing, R.D. *The Politics of Experience.* Harmondsworth: Penguin Books, 1967.

Lowry, Malcolm. *Ultramarine*. Harmondsworth: Penguin Books, 1974.

______. *Under the Volcano.* Harmondsworth: Penguin Books, 1963.

Orwell, George. "Why I Write." *The Penguin Essays of George Orwell*. Harmondsworth: Penguin Books, 1984. 7-13.

Rushdie, Salman. "Imaginary Homelands." *Imaginary Homelands: Essays and Criticism 1981-1991.* London: Granta, 1992. 9-21.

Sontag, Susan. *Illness as Metaphor & Aids and Its Metaphors.* Harmondsworth: Penguin Books, 1991.

Vice, Sue. ed., *Malcolm Lowry Eighty Years on.* London: Macmillan, 1989.

York, Thomas. "The Post-Mortem Point of View in Malcolm Lowry's *Under the Volcano.*" *Canadian Literature* 99 (Winter, 1983): 35-46.

* **출처**: 이 글은 저자의 이전 논문「정치성의 미학화: 말콤 라우리의『화산 아래서』」(『현대영미소설』 제6권 1호(1999): 239~264)을 수정 및 보완한 것이다. 특히, I. 메타픽션, II. 라우리의 메타픽션, III. 작가의 삶과 시대상 부분은 새로 썼다.

SF 소설:

어슐라 르 귄의『어둠의 왼손』

이동신

I. SF 문학의 태생과 정의

대중문학 혹은 장르문학의 하나로 여겨지며 인기에 비해 비교적 비평적 관심 밖에 있던 SF 문학은 20세 후반부터 문학비평뿐만 아니라 문화연구, 철학 등의 학문분야에서 그 가치를 인정받고 있다. 하지만 뒤늦은 관심과 연구는 회귀적으로 장르를 자리매김하려는 시도로 이어졌고, 결과적으로 SF 문학의 태생과 역사, 정의와 범위, 영향과 방향에 대해 일관적이지 못하고 때로는 상반된 이론들이 등장하는 결과를 낳았다. 어느 하나의 이론의 손을 들어줄 수 없는 상황이 본격적인 SF 문학 연구에 걸림돌이 되기도 하지만, 다른 한편으로는 그러한 복잡한 다양성이 바로 장르의 특징이자 지속가능성을 보장하는 힘이기도 하다.

SF 문학에 대한 다양한 이론을 간단히 살펴보자면 우선 태생에 관한 논의가 있다. SF 문학은 언제 태어났는가? SF라는 약자로 통용되는 사이언스 픽션(science fiction)이라는 용어 자체는 20세기 초중반 존 W. 캠벨(John W. Campbell)과 함께 펄프 매거진(pulp magazine)을 통해 SF의 황금시대를 구축했던 휴고 건스백(Hugo Gernsback)이 대중화시켰다.[1] 그 이전에 웰스(H. G. Wells)는 '사이언티픽 로맨스'(Scientific Romance)라는 용어로 자신의 작품을 지칭했고, 건스백이 처음 사용했던 말은 '사이언티픽션'(scientifiction)이었다. 하지만 건스백이 장르에 발전에 기여한 영향력으로 인해 사이언스 픽션이 통용되었다는 점을 고려한다면, 그가 용어를 시작했다고 해도 무방하지 않을까 싶다. 그렇지만 누구도 용어의 탄생을 장르와 탄생이라고 보지는 않는다. 문제는 용어 이전에 존재하던 다양한 문학 형태를 SF 문학의 범주에 포섭하는 과정에서 태생이 불분명해졌다는 점이다. 어떤 이는 이른바 17, 18세기 과학의 시대를 기점으로 등장한 이성적이고 합리적인 사고, 마법이나 종교가 아닌 과학적인 세계의 이해, 지구 너머 우주에 대한 비신화적 상상 등이 SF 문학의 시작이라고 말하면서, 조너선 스위프트(Jonathan Swift)의 『걸리버 여행기』(*Gulliver's Travels,* 1726)나 볼테르(Voltaire)의 「마이크로메가」(Micromegas, 1752) 등이 장르의 시작을 알렸다고 한다. 다른 이들은 종교나 신화에서 벗어난 초현실적, 비현실적 상상이 장르의 토대라고 제안하면서 과학시대 이전에 등장했던 작품들, 예를 들어 윌리엄 랭글랜드(William Langland)의 14세기 작품, 『피어스 농부의 꿈』(*Piers Plowman*)을 포함해 판타지에 가까운 모든 우화적 문학(fabulation)을 SF의 시초라고 얘기하기도 한다. 혹은 이제는 SF 문학과 판타지, 공포소설 등의 비사실주의적 특징을 가진 문학 전반을 지칭하는 용어가 된 사변소설(speculative fiction)을 협소하게 적용시켜, 일종의 철학적 사고실험을 하는 작품인 토마스 무어(Thomas More)의 『유토피아』(*Utopia*, 1516)나 윌리엄 모리스(William Morris)의 『미지에서 온 소식』(*News from Nowhere*, 1890) 등의 유토피안 장르와 과학적 사고실험을 하는 에드윈 A. 애봇(Edwin A. Abbott)의 『플랫랜드』(*Flatland*, 1884)를 SF 문학의 시작점이라고 설명하는 이도 있다. 하지만 태생에 대한 다양한 이론 중에서 가장 많은 동감을 받는 두 가지는 아마도 메리 셸리(Mary Shelley)의 『프랑켄슈타인』(*Frankenstein,* 1818)을 시작점으로 보는 이론과 웰스가 장르를 시작했다는 이론일 것이다. 셸리의 작품은 여러모로 SF 문학의 시초라고 할 만하다. 주인공이 과학자고, 마법이 아닌 과학적인 실험으로 괴물이 탄생하고, 현실세계를 배경으로 상상력을 동원한 작품이기에 현재의 SF 문학 기준에서 봐도 전혀 손색이 없다. 더구나 페미니즘 연구의 주요작품이 되면서 20세기 후반 장르에 대한 학문적 관심을 불러일으키는데 결정적 역할을 담당했다는 점에서도 SF 문학의 시발점이라고 할 수 있다. 반면 웰스는 SF 장르의 아버지라고 인정받을 만큼 장르에 공헌을 한 작가다. 과학기술을 전면에 내세워 서사를 구성하며 장르의 전형을 성립했고, 동시에 엄청난 성공으로 장르의 대중화를 이룬 점에서 SF 문학의 시대를 열었다고 할 수 있다.

태생에 대한 다양한 이론 중에 하나만 옳다고 하기는 힘들어 보인다. 그런 시도가 큰 의미가 있을까하는 의구심도 들 수 있다. 그러나 태생에 대한 답이 장르를 어떻게 정의하는가라는 질문에 대한 답과 궤를 같이 한다는 점에서 충분히 고민할 문제다. SF 문학은 무엇인가? 무슨 특성을 가져야 이 장르에 속하는 작품이라고 할 수 있을까? 여기에 대한 이론도 태생에 대한 이론과 버금갈 정도로 다양하다. 현실을 초월한 상상력이나 사고실험, 현실과 다른 세상의 서사를 강조한다면 사변소설과 유토피안 문학, 판타지 등이 SF 문학의 시작이 될 것이고, 따라서 장르의 역사는 매우 확장될 것이다. 동시에 장르의 '현실도피주의'(escapism)나 풍자적인 기능이 강조될 것이다. 반면 과학기술이 동반된 상상력만이 장르에 적합하다는 의견이라면 셸리의 작품에 주목하게 되고, 과학기술시대에 사는 현대인들에게 SF 문학은 과학기술의 폐해나 가능성을 상상하며 미래를 예측하는 '외삽'(extrapolation)의 기능을 수행하는 장르로 다가온다. 하지만 대중문학으로서 장르가 근대사회에서 수행해왔던 역할, 즉 대중문화의 매체로서 갖는 재현성(representability)을 강조한다면 대중이 아직 존재하지 않았던 시대의 작품인 『프랑켄슈타인』보다는 대중의 시대에 등장한 웰스의 작품을 SF 문학의 시초로 봐야 한다. 물론 태생에 대한 이론과 마찬가지로 SF 문학의 정의에 있어서도, 하나의 이론만을 옳다고 할 수는 없다. 더구나 SF 문학이 빈번히 다른 장르와 조합되고, 갖가지 매체로 생산되고, 다양한 학문적 논의의 대상이 되는 현시대에서 하나의 정의를 요구하는 것은 시대착오적인 생각일 수도 있다. 그럼에도 단일 장르로서 얘기할 수 있는 무언가가 필요한 것도 사실이다. 무조건적인 외연확장은 장르 자체를 경계를 흐리고, 결국 장르를 소멸시킬 수 있기 때문이다. 이 고민을 받아서 다음 절에서는 SF 문학의 특성에 대한 필자의 생각을 정리하고자 한다. 여기서 주목할 점은 SF 문학이 '끝'에 집착하는 장르라는 사실이다. 그리고 이를 바탕으로 어슐라 K. 르 귄(Ursula K. Le Guin)의 『어둠의 왼손』을 분석할 것이다.

II. SF 문학과 끝

SF 문학처럼 끝에 집착한 장르가 있을까? 물론 프랭크 커모드(Frank Kermode)가 지적하듯 모든 문학서사는 끝을 향하지만 일반적으로 끝은 정해진 지향점으로, 그 곳으로 이르는 과정 혹은 플롯의 항상성을 유지하는 수단이다. 행복한 결말처럼 미리 정해진 결말을 위해 플롯을 만들어가거나 플롯의 복잡함을 위해서 끝을 열어놓는 경우 모두, 끝은 작품에 있어 부수적인 요소일 뿐이다. 반면 종말론 서사에는 끝의 집착이 분명히 존재한다. 그래서인지 SF와 종말론 서사는 자연스럽게 합쳐져 왔다. 하지만 전통적 종말론 서사, 특히 기독교적 종말론 서사는 항상 끝의 너머를 더 중시해왔다. 숨겨져 있던 진실과 세계가 드러나는 계기로 끝은 새로운 시작을 보장하기에, 반드시 거쳐야만 하는 단계로 남는다. 결국 일반적 서사이든 아니면 종말론적 서사이든 끝 자체에 관심을 두고 있지 않기에, SF 문학만큼 끝에 집착한다고 보기는 힘들다.

그렇다면 SF 문학은 왜 이리 끝에 집착하는 것일까? 역설적으로 들리겠지만 끝에 집착하면서도 SF는 끝을 내지 못하는 장르이기도 하다. 모호한 결말로 서사를 끝내지 못하는 고질적인 증상이 이 장르에서 발견된다. 어쩌면 근대과학소설의 시작을 알린 웰스의 『타임머신』(*The Time Machine*, 1895)에 등장하는 '시간 여행자'에게 그 책임을 물어야 할지도 모르겠다. 시간여행자의 이야기를 전달한 화자는, "나는 시간 여행자를 기다렸다. 그가 가져올 두 번째, 아마도 더욱 기묘한 이야기와 표본과 사진을 기다렸다. 하지만 이제 평생을 기다려야 할지도 모른다는 의심이 들기 시작했다. 시간여행자는 3년 전에 사라졌다. 다들 짐작하겠지만, 그는 여전히 돌아오지 않았다"고 말한다(Wells 105-6). 결국 그에게 남겨진 질문, 그리고 독자에게 영원히 남겨진 질문은 시간 여행자가 "과연 돌아올 것인가?"다. 이는 많은 이들이 과학소설의 시초라고 말하는 『프랑켄슈타인』의 경우에도 별다르지 않다. 괴물의 얘기를 다 듣고 난 월튼은 괴물을 죽임으로써 서사를 마무리하지 못한다. 월튼이 할 수 있는 일이란 "선실 창문으로 휙 나가더니 배 근처에 떠 있던 얼음장 위로 뛰어내린" 괴물을 바라보면서,

"파도에 떠밀리던 그의 모습은 곧 어둠 속으로 멀리 사라졌다"고 적는 것뿐이다(Shelley 156). 시간 여행자와 마찬가지로 우리는 괴물이 "과연 돌아올 것인가?"라는 질문을 할 수밖에 없다.

물론 이처럼 제대로 결말을 내지 못하는 현상은 위의 두 작품에만 해당하지 않는다. 수많은 SF 문학과 영화가 시리즈의 형식으로 등장한다는 사실은 이를 입증한다. 그렇다면 이러한 현상이 의미하는 바는 무엇일까? 상상력의 부재일까, 아니면 꼭 필요하기에 상투적으로 느껴짐에도 불구하고 지킬 수밖에 없는 것일까? 끝에 대한 SF의 집착은 후자를 답으로 제시한다. 끝임에도 끝이 아닌 듯 한 끝에 대한 SF 문학의 집착이 답인 것이다. 결론부터 말하자면 끝에 대한 집착과 SF의 상상력은 떼어낼 수 없는 관계이기에 집착은 사라질 수가 없다. 다시 말하면 끝에 대한 집착에서 SF만의 상상력이 나온다는 의미다. 그렇다면 SF 문학의 끝에 대한 집착이 어디에서 유래했는가? 우선 장르의 탄생에서 답을 찾아본다. 앞서 언급했듯이 『프랑켄슈타인』을 SF 문학의 시초로 보지 않는 근거는 쉘리의 작품이 문학가들의 테두리 내에서 탄생했다는 사실이다. 주제나 내용 모두 SF 문학의 전형을 담고 있지만 작품은 태생이 다르다. "근대과학소설은 어떤 의미에서 시장에서 탄생한 문학 장르"라는 웨스트팔(Gary Westfahl)의 지적을 수용한다면 SF 문학은 웰스에서 시작했다고 보는 것이 맞다(10). 시장을 의식한다는 의미는 다양한 독자층을 의식하고 글을 쓴다는 것으로, SF 문학이 "고대 그리스의 아고라처럼, … 친구관계가 형성되고, 아이디어가 교환되고, 통합된 목표라는 감정이 만들어지는 만남의 장소로 기능했다"는 말이다(Westfahl 11). 이처럼 독자층을 의식하고, 금전적인 성공을 목표로 하였기에, SF 문학은 문학 비평가들의 끊임없는 천대를 받아왔다. 하지만 황금시대를 거친 장르의 엄청난 성공은 바로 시장과의 긴밀한 관계에서 나왔다. 여기서 꼭 짚고 넘어가야 할 점은 SF 문학에게 시장은 끝임 없이 개척하고 개발함으로써 얻어진 결과라는 것이다. 독자를 찾는 것이 아니라 만들어내야 했고, 작품을 소개하는 일보다 선별하는 일이 더 중요했다. 그렇기에 황금시대를 이끈 가장 중요한 인물들은 작가가 아니라 편집자일 수밖에 없다. 건스백과 켐밸이 당시에 등장했던 그 어느 작가보다 SF 문학의 성장에 큰 역할을 했다는 사실은 누구도 의심하지 않을 것이다. 이들 편집자에 의해 선별되어 잡지에 실린 작품들은 출판물의 특성상 연재되는 것을, 즉 끝이 없는 것을 전제로 하였다. 작품의 끝은 작가나 작품의 줄거리 진행보다는 작품 밖 시장과의 긴밀한 관계를 통해서 정해져야만 했다. 반면 편집자는 SF 문학이 당시의 고급 모더니즘적 예술주의에 빠지지 않도록 막아야했고, 동시에 동화 수준의 가벼운 이야기를 반복하지 않도록 해야만 했다. 즉, SF 문학의 탄생과 초기 성공은 장르에 맞는 현실적, 문학적 공간을 마련하는데 기인했다. 물론 이후 출판의 형태가 책으로 변하는 60년대, 영화와 게임 등 다른 미디어로 SF 장르가 확장하는 80년대를 거치면서 초기에 형성된 공간이 상당히 변화한 것은 사실이다. 그럼에도 분명한 것은 SF 문학은 장르의 끝이 어디에 있는지 끊임없이 의식한다는 점이다.

하트웰(David G. Hartwell)은 모더니즘 문학과 SF 문학을 비교하면서, 후자는 "작가들이 명백한 저널리스트 스타일 기준에 맞추면서 급진적으로 새로운 세팅, 인물, 아이디어를 창조하는 장"이라고 말한다(52). 즉, SF 문학은 "탁월한 상황에서 평범한 스타일로 탁월한 행동을 하는 탁월한 사람들에 대한 것"이라고 하트웰은 정리한다(52). 전통적 문학비평가에게 폄하를 당했지만, SF 문학은 '독자적인 비평 기반'을 마련하여 생존하였고, 이 기반은 이른바 '팬돔'(fandom)으로 성장하여 장르만의 '처벌과 보상 시스템'이 되었다(54). 하트웰은 60년대 이른바 뉴웨이브 SF의 성공으로 팬돔을 통한 비평 시스템이 잠시 주춤했지만 80년대 이후에 다시 회복했다고 지적하면서, 이를 "돈과 마케팅과 작품에 대해 잘 알고 있는 청중의 감소로 힘들었던 분야의 잠재적 재생 신호"라고 기대한다(55). 상업주의적 시각에서 장르의 흥망을 가늠하는 하트웰의 지적에 의문이 들지만, SF 문학이 기본적으로 자신만의 독자층과 비평적 기반이 필요하다는 그의 주장은 동의할 만하다. 결국 SF 문학은 무한한 확장을 추구하는 장르가 아니라, 현실적이고 문학적인 끝을 고민하면서 자신만의 독자적인 영역과 지지층이 작가와 작품을 만나 교류하는 제한적 공간을 추구하는 장르다. 다시 말해서 끝에 대한 집착은 SF 장르의 생존을 담보한다.

당연한 얘기지만 끝에 대한 집착으로 생긴 공간은 SF 문학의 특징 형성에 큰 영향을 주었다. SF 문학을 SF 문학으로 알아보게 하는 특징, 다시 말해서 장르의 핵심은 무엇보다도 수빈(Darko Suvin)이 말하는 '인지적 소격효과'(cognitive estrangement)라고 할 수 있다. SF 문학비평을 확립했다고 인정받는 수빈은 장르의 특징을 '노붐'(Novum)와 '인지적 소격효과'라고 말한다. 우선 '노붐'은 모든 문학에서 찾아볼 수 있는 그냥 신기하고 흥미로운 소재나 인물 혹은 상황을 의미하지 않는다. 그보다 더 큰 영향력을 지닌 것으로 그 자체로 작품이 그리는 세계가 재편될 정도의 파급력이 있는 새로움을 가져야만 한다. 수빈의 말을 인용하자면, "노붐 혹은 인지적 혁신은 작가와 잠재적 독자의 정상적 현실에서 빗겨나는 총체적인 현상이나 관계다"(68). 가장 좋은 예로는 외계인이 아닐까 싶다. 외계인의 존재 자체가 가지는 파급력, 특히 기존의 기독교적 세계관에 미치는 영향을 고려한다면 총체적인 변화를 가져오는 '노붐'임에 틀림없다. 물론 현실세계에서 외계인이 등장하고 인류와 교류하는 상황이 발생하면 외계인은 더 이상 '노붐'으로 인정받기 힘들다. '인지적 소격효과'가 중요한 이유는 바로 이런 가능성이다. 어쩌면 SF 문학의 진정한 특징은 바로 '인지적 소격효과'라고 할 수 있다. 왜냐면 '노붐'이 다른 장르에서도 가능할 수 있지만, '인지적 소격효과'만이 SF 장르와 다른 장르, 특히 판타지를 구분시키기 때문이다. "인지적"이라는 의미는 "우리 시대를 포함한 그 어떤 시대의 기준을 독특하고, 변화가능하고, 따라서 인지적 관찰에 적합하다고 보는" 것이며, 이는 "현실을 반영하면서도 동시에 고찰하는"(not only reflecting *of* but also *on* reality) 행위다(Wegner, xix).

'인지적 소격효과'는 끝에 대한 집착을 고스란히 담아낸 SF 문학의 특징이라고 할 수 있다. 장르의 끝을 현실에서 그리고 다른 문학 장르에서 찾아내려는 노력이 장르 자체의 형식과 내용 형성에 결정적 영향을 준 것이다. '인지적 소격효과'가 이후 많은 SF 비평가들에게 적극적으로 수용된 이유도 바로 여기에 있을 것이다. 예를 들어 프리드만(Carl Freedman)은 SF 문학과 비평이론(critical theory)이 불가분의 관계에 있다고 주장하면서 '인지적 소격효과'를 강조하며, SF 문학이 기본적으로 "인지적 문학"(cognitive literature 19)이라고 지적한다. 하지만 프리드만은 '인지적 소격효과'로 인해 SF 문학을 하나의 장르로 정의내리기 어렵다는 점도 밝힌다. 왜냐하면 인지적으로 낯선 것은 시시각각 변화할 수밖에 없고, '인지적 소격효과'는 일종의 경향(tendencies)이지 '장르적 범주'(generic category)가 아니기 때문이다(20). 다시 말해서 '인지적 소격효과'라는 특징은 "텍스트 내에서 발생하는 장르적 경향"(generic tendency)이라고 할 수 있다(20). 이 말은 SF라는 장르가 계속해서 변화하여 통일시키기 어려운 무언가라는 뜻이고, 그 내부적 변화의 기인은 인지의 끝자락을 붙잡고 엎치락뒤치락하는 경향에 있다. 끝에 대한 집착은 SF의 외부뿐만 아니라 내부에서도 끊임없이 일어나며 장르를 지탱하고 있는 것이다. 프리드만은 특히 '엎치락뒤치락하는 경향'이 변증법적인 과정으로 이어짐을 주목하며, "장르의 변증법적 성격과 인지효과의 중요성을 강조하기 위해 조정"을 거친 "인지적 소격효과의 문학이라는 수빈의 SF 정의"를 적극적으로 활용한다(23). 기본적으로 변증법적이기에 맑시즘을 기반으로 발달한 비평이론에 있어 SF 문학은 매우 적절한 장르며(30), 따라서 또 다른 적절한 장르인 역사소설(historical novel)과 궤를 같이한다. 두 장르를 비교하며 프리드만은 다음과 같이 정리한다.

> 이제 우리는 SF와 역사소설의 유사점과 차이점을 좀 더 정확하게 설명할 위치에 서있다. 두 장르 모두 급진적으로 비판적인 충동(critical impulse)을 보여준다. 왜냐하면 둘 다 급진적으로 변증법적이고 역사화하는 문학적 경향을 지니고 있고, 둘 다 (근대적 개념의) 역사 자체를 양산했던 자본주의적-혁명적 역학의 결정적 산물이기 때문이다. … 하지만 역사소설에서 실재의 대안은 알 수 있는(그리고 일반적으로 국가의) 과거에 자리해 있다. … 반면 SF에서는 인지적 소격효과가 중심이다. 작가와 독자가 공유하고 있는 일상적 현실은 역사적으로 결정되어 있는(적어도 문학적 효과에 의하면), 하지만 그 어떤 과거보다 덜 사실적으로 정해져 있는 성격을 가진 잠재적 미래와 비록 연결되어 있으면서도 대조를 이룬다. (54)

'인지적 소격효과'를 통해 변증법적으로 현실의 대안으로서의 '잠재적 미래'를 제시할 수 있는 장르로서 SF 문학은 "SF적 역사소설"(science-fictional historical novel 61)이 될 수 있으며, 만일 그것이 가능하다면 SF 문학은 유토피아 장르를 "비판적 유토피아"(critical utopia 81)로 이끌 수 있다. 이런 맥락에서 프리드만은 "1516년에 모어가 창시한 장르는 3세기 반이 지난 후에야 비로소 제 자리를 찾았다"고 주장하면서,

그 이유는 바로 "그 장르가 소설, 무엇보다도 SF의 비판적 자원을 사용할 수 있기" 때문이었다고 밝힌다(83).

'인지적 소격효과'로 인해 SF와 유토피아 문학이 괘를 같이하게 되었다는, 정확히 말하자면 유토피아 문학이 마침내 완성되었다는 시각은 제임슨(Fredrick Jameson)의 연구에서도 찾아볼 수 있다. 제임슨은 수빈과 마찬가지로 유토피아가 SF의 "경제사회적 하위 장르"라고 정의내리면서, "같음과 다름(identity and difference)에 대한 유토피아적 변증법에 관련된 SF의 측면들이 있다"고 말한다(xiv). 우선 "유토피아적 변증법"을 좀 더 자세히 밝히기 위해서 제임슨은 유토피아 장르를 시작한 무어의 책에서 두 가지 지류가 나왔다고 말한다. 첫 째는 "유토피아적 프로그램(utopian program)의 실현 의도"이고, 다른 하나는 "다양한 은밀한 표현과 관습에서 드러나는 모호하지만 편재하는 유토피아적 충동(utopian impulse)"이다(3). 유토피아적 프로그램은 "총체성"을 목표로 하고 있으며, 이는 "자주성과 자급자족이라는 명목으로 폐쇄와 시스템을 조합한 것"이고 "유토피아적, 도시, 유토피아적 혁명, 유토피아적 코뮨이나 마을, 그리고 물론 유토피아적 텍스트" 등을 통해 실현된다(5). 반면 유토피아적 충동은 "다양한 유토피아적 형상들이 사물과 인간의 일상생활에 침잠되어가는 알레고리적 과정"으로 작동한다(5). 제임슨은 이 둘, 유토피아적 프로그램과 유토피아적 충동 사이에 변증법적 과정이 일어나는 현장이 바로 유토피아 프로젝트라고 말한다. 하지만 이러한 프로젝트의 성공은 이 과정을 단순화시켜야지만 가능하다. 즉, 과정이 해결해야 할 문제의 원인이 하나고, 따라서 "모든 생명체에 대한 단순하고, 일회적인 해결책"만이 필요하다는 가정에서만 성공할 수 있다는 뜻이다(11). 물론 현실은 그렇게 단순하지 않다. 따라서 "유토피아적 공간은 진정한 사회적 공간 내에 위치한 상상의 고립된 영토(enclave)다. 다시 말해서 유토피아적 공간의 가능성은 바로 공간적, 사회적 분화(differentiation)의 결과다"라고 제임슨은 비판한다(15, 16). 문제는 총체성을 갈구하는 특성상 유토피아적 공간이 그렇게 분화된 상태로 남아있을 수 없기에, 결국 유토피아적 프로그램은 실패로 돌아갈 수밖에 없다. 선택은 자연스럽게 두 가지가 된다. 분화를 고수하면서 유토피아를 "고립된 영토"로서 남기는 환상적, 비판적으로 말하자면 거짓된 성공을 누릴 것인가. 아니면 분화를 무너뜨리는 조건을 인지하고, 그로인한 '인지적 소격효과'로 유토피아의 실패를 비판적으로 접근할 것인가. 제임슨의 선택은 자명하다. 끊임없이 '인지적 소격효과'를 적용하여 "새로운 버전의 긴장을 만들어내"서 "오래된 것들을 붕괴시키는" 것, 즉 "자기모순(antinomy) 자체를 유토피아의 중심 구조와 뛰는 심장으로 만드는 것"만이 유토피아를 이어가는 방법이기 때문이다(214).

'인지적 소격효과'가 유토피아 장르의 핵심으로 자리 잡으면서, SF 문학은 자연스럽게 이 장르를 포섭한다. 물론 이는 SF 장르 자체에 대한 수정을 의미하기도 한다. 유토피아를 상상하는 이른바 "미래의 역사와 SF의 관계"를 고려한다면 "장르의 전형적인 설명을 뒤집어야만 한다"고 제임슨은 주장한다(288).

> 서사의 모드나 지식의 형식으로서 [SF]에게 정말 진정한 것은 미래를 생생하게 만드는 능력이 아니다. 상상을 통해서도 말이다. 정 반대로, 장르의 가장 심오한 사명은 미래를 상상하지 못하는 우리의 무능력을 반복해서 보여주고 극화시키는 것이다. 즉, 겉으로는 완전하지만 자세히 들여다보면 구조적으로 그리고 체질적으로 빈약하기만 재현으로 통해서 마르쿠제가 유토피아적 상상력이라고 불렀던 것이 우리 시대에 위축되어 있음을 체화시키는 것이다. 타자성과 급진적 다름에 대한 상상력 말이다. 그 사명은 또한 실패를 통해 성공하는

> 것이며, 미지의 것을 향해 나가면서 스스로가 회복하기 힘들 정도로 너무도 익숙한 것에 빠져있음을 깨닫고, 그로 인해서 예기치 않게 우리 자신의 절대적 한계에 대한 고찰로 변형되는 우연적인, 심지어는 원하지 않은 명상의 기회를 제공하는 것이다. (289)

"절대적 한계에 대한 고찰", 단순히 현재의 문제가 사라진 유토피아적 미래가 아닌 미래를 그렇게밖에 상상할 수 없는 우리의 한계에 대한 비판이 바로 진정한 "유토피아적 상상력"을 발휘하는 것이다. 그리고 제임슨은 SF 문학이 바로 이를 위한 장르라고 말한다. 이른바 '반-반-유토피아니즘'(ant-anti-utopianism)을 추구하는 것이 SF 문학이라고 정의하는 것이다. 정리하자면 유토피아의 끝에 가서 그 주위를 살피고, 또 현재를 비판하는 상상력, 그 상상력을 짊어지는 장르가 SF 문학이다. 끝에 대한 집착은 SF 문학의 상상력의 기원이며, 그 비판력의 필수조건인 것이다.

III. 끝을 건드리는 '어둠의 왼손': 르 귄의 『어둠의 왼손』과 SF 문학

2018년 작고한 어슐라 K. 르 귄은 SF 문학과 판타지뿐만 아니라 시와 에세이 등 다양한 장르의 작품과 비평을 출판하며, 20세기 후반의 가장 영향력 있는 작가의 하나로 인정받았다. 작고 후에 르 귄을 기념하는 글에서 나이몬(David Naimon)이 밝히듯, 그는 미국 의회 도서관(Library of Congress)에서 '살아있는 전설'(Living Legend)로 선정되었고, 생존작가로서 라이브러리 오프 아메리카(Library of America)에서 저작을 출간한 몇 안 되는 작가 중 한 명이다(다른 작가로는 유도라 웰티[Eudora Welty], 솔 벨로우[Saul Bellow], 필립 로스[Philip Roth]가 있다). 르 귄은 1929년에 미국 캘리포니아 주 버클리에서 인류학자인 아버지(Alfred Louis Kroeber)와 작가인 어머니(Theodora Kroeber) 사이에서 태어났다. 여기서 다룰 작품인 『어둠의 왼손』을 보면 잘 알 수 있듯이, 아버지가 연구한 인류학, 특히 문화인류학은 르 귄의 작품세계에 지대한 영향을 주면서 SF 장르의 성장에 한 몫 하였다. 서른 살이라는 비교적 늦은 나이에 작가로 데뷔한 르 귄은 시와 SF 단편소설 등을 출판하다가 1958년 『어스시의 마법사』(*A Wizard of Earthsea*)로 주목을 받았으며, 이듬해 출판한 『어둠의 왼손』이 SF 장르의 최고영예인 휴고상(Hugo Award)과 네뷸라상(Nebula Award)을 동시에 수상하면서 대표작가로 자리매김하였다.

르 귄의 저작에서 명실상부 가장 많이 읽히고, 가르쳐지고, 논의되는 『어둠의 왼손』은 여러모로 끝을 탐구한 작품이라 할만하다. 우선 장르의 끝을 건드리고 있다. 르 귄의 작품이 나온 1969년은 미국의 SF 장르에도 큰 변화가 일어난 시기다. 펄프매거진을 중심으로 황금시대를 구축했던 1930년대와 40년대 중반에는 스페이스 오페라(space opera)라는 서브 장르가 외계인과의 전쟁과 우주정복 그리고 영웅주의를 전파했고, 그 이면에 미국적 국가주의와 과학기술발전의 유토피아적인 이데올로기가 담겨있었다. 하지만 이러한 긍정적 에너지는 세계 제2차 대전을 겪으면 급격하게 사그라지고, 핵폭탄이라는 사상초유의 무기, 즉 전쟁을 끝내는 것이 아니라 인류를 종말로 이끌 수 있는 과학기술의 종합체가 등장함으로써 과학기술에 대한 비판과 인간성에 대한 반성이 대두되었다. 게다가 50년대 이후에 본격적으로 미국 가정에 보급되기 시작한 텔레비전은 잡지를 대신해 광고의 주요 매체가 되었고, 따라서 광고료 덕분에 값싸게 SF 장르를 보급하던 매거진 시대의 종말을 알린다. 이는 주간지나 월간지에 실리는 단편소설 혹은 시리즈물 대신에 단행본이 SF 장르의 주된 무대가 되었음을 의미하고, 내용적으로는 단면적인 인물과 에피소드 위주의 글쓰기에서 복합적인 인물개발, 기승전결이 필요한 서사, 긴 서사에 적합한 주제와 상황 등을 고려한 글쓰기가 요구됨을 뜻한다. 50년대와 60년대를 거쳐 등장한 문학적으로 수준 높은 작품들은 이러한 시대적 배경을 반영한 결과라고 할 수 있다.

르 귄의 소설이 등장한 60년대 후반과 70년대는 그 이전 시기의 SF 장르의 문학적 성숙에 60년대 인권운동으로 인한 사회적 변혁 열기를 더해진 작품들, 특히 이전에 소외받았던 여성작가와 흑인작가의 작품들이 주목을 받기 시작한 때이다. 즉 SF 장르가 문학적으로 그리고 사회적으로 성숙해지면서, 더 이상 하급문화의 하나로 여겨지지 않게 된 것이다. 이처럼 급격한 변화를 이끌어낸 작품 중의 하나가 바로 『어둠의 왼손』이다. 여기서 작품이 시도한 SF 장르 자체에 대한 실험은 그 변화의 토대라고 할만하다. 에큐멘(Ekumen)이라는 전우주적 동맹을 대표해서 혼자 게센(Gethen) 혹은 윈터(Winter)라는 행성에 온 겐리 아이(Genly Ai)가 전하는 세상은 SF 문학에서 흔히 등장하는 과학기술로 인해 발달했거나 혹은 퇴보한 미래의 세상과는 사뭇 다르다. 국왕을 두고 봉건적인 왕정체제를 유지한 윈터의 두 나라 중 하나인 카하이드(Karhaide)와 작품 중반에 겐리가 가게 되는 군주정체제의 또 다른 나라인 오르고레인(Orgoreyn)은 톨킨의 『반지의 제왕』(*The Lord of the Rings*) 시리즈에 나오는 "미들어스"(Middle Earth)의 세상을 연상하게 만든다. 비록 용이나 마법사 등이 등장하지는 않지만, 윈터의 모습과 그곳의 건축과 관습은 판타지 소설에 적합해 보인다. 윈터의 모습을 전달해야 하는 임무를 띤 겐리도 이 점을 인식한 듯 자신의 얘기가 상상의 결과가 아닌 진실임을, 즉 상상력만으로 이루어진 판타지가 아닌 이성적이고 합리적인 입장에서 쓴 것임을 조심스레 밝히고 있다. 작품의 첫 장은 다음과 같이 시작한다.

> 이야기를 전하듯 나의 보고서를 쓸 것이다. 왜냐면 어릴 적 고향세계에서 나는 진실은 상상의 문제라고 배웠기 때문이다. 가장 그럴 법한 사실도 그걸 전하는 스타일에 따라 실패할 수도 성공할 수도 있다. 한 여성이 걸치면 점점 빛이 나지만, 다른 여성의 경우에는 빛을 잃고 먼지가 되어버리는 우리 행성의 바다에 있는 독특한 유기물[organic] 보석처럼 말이다. 사실은 진주보다 더 단단하지도, 균일하지도, 둥글지도 않다. 하지만 둘 다 모두 민감하다. (1)

겐리는 이처럼 독특한 설명으로 보고서를 시작한다. 그가 전하고자하는 의도는 상상과 진실은 깊게 연결되어 있으며, 사실은 그 사이에서 변할 수 있다는 말이다. 만일 그의 설명에서 상상이 사실을 호도하여 진실을 만들어낸다는 의미를 이끌어낸다면 이어지는 보고서는 믿을 수 없는 글이 된다. 스스로 이러한 위험을 자초한 이유는 무엇일까? 바로 보고서가 전달하는 사실이 상상과 별다르지 않게 보일 수 있음을 인지하고 있기 때문이다. 즉 윈터는 에큐멘 사람들이 보기에는 상상의 공간처럼 보이고, 따라서 그곳에 대한 보고서는 사실로서 받아들이기 힘들 거라는 생각이 담겨 있는 것이다. 겐리는 그러한 이분법을 보고서 첫 문단에서 흔들어놓음으로써 상상처럼 들리는 내용을 사실로 받아들여 진실을 파악해달라고 호소하는 것이다.

수빈이 초기에 그토록 엄격하게 구분하고자 했던 판타지와 SF의 차이를 고려한다면, 겐리의 호소는 작품을 판타지에 가깝게 두고 시작하는 듯하다. SF 장르에서 '노붐'의 중요성을 논의하면서 수빈은 노붐이 "과학적으로 체계적인 인지"라고 정확히 말하며, 따라서 과학적 토대가 없는 새로움을 추구하는 판타지와 SF 장르를 엄밀하게 구분한다(68). 판타지의 새로움은 별다른 의심 없이 그 존재와 방식을 믿는 것으로, 예를 들어 판타지에 용이 나오면 용이 존재하는가에 대한 합리적 의심이나 과학적 설명을 시도할 필요가 없다. 반면 SF 문학에 용이 나오면 인물이나 독자는 그 존재에 대한 의심과 그게 어떻게 가능한지 '과학적으로 체계적인' 설명을 요구한다. 따라서 '노붐'은 그럴 법한 논리가 동반되어야 하며, 그 논리를 '인지'하는 과정에서 '인지적 거리두기'가 수행되는 것이다. 하지만 판타지 장르의 급성장과 SF 장르의 다변화, 더 나아가 어쩌면 과학기술의 혁신적 발전으로 무엇이 '과학적으로 체계적인 인지'인지 불분명해짐에 따라, 수빈도 두 장르 사이의 구분을 최근에는 엄밀하게 적용하고 있지 않다. 그럼에도 그 의 구분은 다시 한 번 들여다볼 필요가 있다. 무엇보다도 최근의 블록버스터 영화에서 두 장르의 혼재가 빈번히 이루어지고 있다는 사실(예를 들어 〈어벤져스〉 시리즈에 과학기술적 영웅인 아이언맨과 헐크가 신화적 영웅인 토르와 같이 등장한다는 점)을 감안한다면, 이러한 변화에 담긴 의미를 유추해야만 한다. 즉 이는 수빈의 구분이 애초에 틀렸다는 결론이 아니라 두 장르로 대치되는 과학과 신화, 합리성과 상상력의 관계에 근본적인 변화가 일어나고 있음을 의미하는 것이다. 가상현실과 증강현실 기술의 발전, 지능과 감성의 관계 연구, 과학적 사실의 제약성 등 20세기 후반부터 불고 있는 융합의 바람은 그러한 근본적 변화가 폭넓게 진행 중임을 입증하고 있으며, SF 문학과 판타지의 혼재는 그러한 변화에 두 장르가 능동적으로 반응하고 있음을 알린다. 겐리의 호소를 판타지로의 회귀가 아니라 판타지와 SF 장르의 혼재를 유도하는 것으로 읽어야 하는 이유도 여기에 있다. 르 귄은

SF 장르를 포기하는 것이 아니라 발전시키고자 하는 것이다.

하지만 르 귄이 무차별적으로 두 장르의 경계를 무너뜨리고 혼합하는 것은 아니다. 작품은 SF 문학의 끝을 판타지에 밀착시킴으로써 혼재의 가능성을 탐색하고 있기 때문이다. 겐리의 조심스러운 호소에서 볼 수 있듯이 둘 중 하나를 확정적으로 선택하지 않도록 하는 것이다. 호소에 이어 겐리는 소설의 첫 장에서 카하이드의 수도인 에르헨랑(Erhenrang)의 행진 행사를 기술한다. 행진으로 보고서를 시작한 이유는 각계각층의 사람들이 한데 모여 등장하는 가운데 카하이드가 어떤 곳인지 짐작하게하기 때문이다. 행진의 선두에는 "도시의 상인, 지도자, 기술자" 들이 자리 잡고, 그 뒤에는 카하이드 다른 지역의 "귀족, 시장, 대표"가 따른다. 다음으로는 "저글러"(jugglers)와 악단이 나오고, 이어서 왕족, 저명인사, 상원의원, 수상, 대사 등 최상류층이 국왕인 "아르가벤 15세"(Argaven XV)와 함께 나온다(2-4). 그 뒤로 경호대가 있고, 행진의 마지막을 장식하는 검은 차 앞에 학생들과 아이들과 청년 등이 등장한다. 마지막 자동차를 제외하고는 행진은 현대 독자에게 마치 중세시대나 르네상스 시대를 재현하는 모습을 떠올리게 한다. 총 83개의 행성에 자리 잡은 3,000여 개의 나라들이 전쟁이나 정복이 아닌 물질적 이익, 지식, 조화를 위해 결성된 연합체인 에큐먼 출신이자, 행성간 여행을 통해 먼 우주까지 올 수 있는 과학기술에 익숙한 겐리에게도 아마도 행진은 비슷한 인상을 주었을 것이다. 더구나 행진의 하이라이트는 국왕이 주춧돌에 회반죽을 바르며 아치를 완성시키는 작업이다. 겐리에게 놀라운 순간은 국왕의 행동이 아치의 완성을 상징적으로 이루는 행동이 아니라는 점이다. 국왕은 "그냥 대충 바르고 흙손을 석공에게 돌려주는 것이 아니라 체계적으로 일을 한다"(5). 겐리가 상징적인 행동일거라고 기대한 것이 실제적인 현실로 벌어지고 있는 것이다. 마찬가지로 재현극처럼 보이는 행진도 실제임이 암시되고 있다. 이처럼 겐리의 상식으로 상징에 속하는 것, 혹은 판타지에서 나올 법한 상상의 일들이 사실이고 진리가 되는 곳이 바로 윈터다. 이런 맥락에서 회반죽이 붉은 색인 이유를 묻는 겐리의 질문에 이전에는 인간의 뼈와 인간의 피를 섞어야 아치가 무너지지 않는다고 믿었고, 현재는 동물피를 섞기에 붉은 색이라는 답은 곱씹어 볼 필요가 있다(5). 붉은 색을 상징적으로 유지하는 전통이 아니라 실제로 피가 섞어야 한다는 말이기 때문이다. 더 나아가 이는 겐리에게 그가 윈터에 머무는 동안 이곳 사람들의 말과 행동이 상징적인 것인지 아니면 사실인지 끊임없이 고민하며 진실을 찾아야 한다는 의미다. 그리고 그 고민은 기존의 논리나 지식으로 수행할 수 없기에, 겐리는 오직 상상력으로 진실에 도달할 수밖에 없다. 따라서 그가 "진실은 상상의 문제"라는 말을 떠올리며 보고서를 시작하는 것도 놀랍지 않다.

사실 상징과 상상, 현실과 현재가 혼재된 세상에 주인공을 던져놓는 선택은 르 귄에게 소설의 서사를 구성하는 것 이상의 의의를 갖는다. 작품의 서문에서 르 귄은 기존의 SF 소설(extrapolative)이 자신의 소설은 이와 다르다고 선언한다. 외삽적이라는 의미는 "지금 여기의 현상이나 경향을 선택해서, 이를 극적효과를 위해 정화시키고 강화시킨 후에, 미래로 연장시키는 것"이라고 르 귄은 설명한다. 따라서 SF 소설은 종종 '예측'(prediction)을 하는 것으로 인식되고, 대부분의 예측이 "인간 자유의 점차적 소멸과 지상생물의 완벽한 멸종 사이"의 미래를 떠올리기에, 너무 "우울한"(depressing) 장르로 여겨졌다고 르 귄은 설명한다. 이처럼 정제된 논리로 미래를 예측하는 과정에서 SF 문학의 상상력이 축소된다고 우려하면서, 르 귄은 자신의 소설이 "외삽적이 아니다"고 밝힌다. 그리고 SF 문학은 예측하는 장르가 아니라 '묘사'하는 장르라고 말한다. 하지만 소설의 묘사가 "현상이나 경향"을 신문기사나 과학논문처럼 전달하려는 목표를 가지는 것은 아니다. 겐리의 호소와 마찬가지로 르 귄은 자신과 같은 소설가들이 하는 일은 상상 속에서 듣고 본 일을 사실 그대로 전달하는 '거짓'을 행하는 것이다. 여기서 역설적이면서 모호한 상황이 발생한다. 상상 속의 사실을 그대로 묘사하면 상상이기에 '거짓'일까? 아니면 '거짓'을 거짓으로 꾸미지 않고 정직하게 묘사하기에 '진실'일까? 말장난처럼 들리지만 르 귄에겐 중요한 역설이다. 그래서 그는 "내가 말하는 건 다 믿지 마라. 지금 이 말은 진실이다"라는 잘 알려진 역설로 자신이 하는 일을 소개한다. 이러한 역설로 점철된 서문은 SF 소설에 대한 설명으로 마무리된다. 모든 소설과 마찬가지로 SF 소설도 은유라고 설명하면서도 르 귄은 여느 장르와 다른 점은 "과학, 모든 지식, 테크놀로지, 상대적이고 역사적인 전망 등, 우리 현시대 삶의 주요한 것들로부터 이끌어낸 새로운 은유를 사용"하는 것이라고 덧붙인다. 그러면서 미래도 은유라고 말하면서 "무엇에 대한 은유인가?"라는 질문을 던진다.

르 귄의 질문을 앞서 그가 밝힌 SF 소설, 적어도 자신의 소설은 '예측'이 아니라 '묘사'한다는 설명, 그리고 상상을 사실 그대로 전하는 '거짓'이라는 역설과 함께 두고 고민한다면 적절한 답이 나올 듯하다. 미래를 그리는 서사라도 그건 미래를 '예측'하는 것이 아니고, 미래라는 상상의 공간에서 현재를 '묘사'하는 것이다.[2] 그렇게 묘사되는 현재는 보이는 현실과 다르기에 미래라고 받아들이거나, 혹은 미래로 가장된 '거짓'이라고 여겨지기 쉽다. 하지만 그건 상상만을 통해 파악될 수 있는 현재의 숨겨진 모습, 즉 '거짓'을 통해서만 재현될 수 있는 현재의 이면이기에 결국 SF 소설의 미래는 현재의 은유라고 할 수 있다. 판타지 장르와 SF 장르의 혼재라는 화두로 다시 돌아가서 풀어내자면, 르 귄이 시도하는 '거짓'은 전혀 현실성이 없는 세상을 그리는 판타지나 단순화된 논리로 예측된 미래가 아니라 현재의 또 다른 모습인 것이다. 그리고 겐리가 말하듯이 그 모습의 진실은 오직 상상을 통해서만 가능하다. 『어둠의 왼손』에서 르 귄의 이러한 시도가 가장 돋보이는 부분은 작가 자신도 서문에서 언급하듯이 '양성적인'(androgynous)인 윈터의 사람들이다. 소설이 출판되자마자 '남녀 양성'이라는 아이디어, 수빈의 '노붐'에 딱 들어맞는 이 특징은 수많은 논의와 논란의 대상이 되었다.[3] 간단히 말하자면 윈터 행성의 사람들은 양성의 가능성을 가진 이들이다. 이는 동성애나 양성애 등의 성적 취향이나, 다른 성의 행동이나 관습을 따라하는 성적 수행성(performativity), 혹은 다른 성으로 전환하고자 하는 성정체성의 변화를 의미하지는 않는다. 윈터 사람들은 평소에는 무성에 가깝게 지내다 28일마다 오는 케머(kemmer)라는 일종의 성적성숙기에 주변의 사람과의 관계에 따라 남성이나 여성이 된다. 두 가지 성으로 분리된 이 시기에 성관계를 맺고, 이때 여성이 된 사람은 임신을 할 수도 있다. 하지만 케머 시기가 지나면 다시 무성의 상태로 돌아가게 되기에 양성적이라는 것보다는 양성의 가능성을 가진다는 설명이 더 적합한 것이다.

남성과 여성이 생물학적으로 확연히 구분된 세상, 독자에게는 정상적인 세상에서 온 겐리는 항상 남성으로 지낸다는 사실로 윈터에서는 "성적 괴물"(sexual freak, 32)이라고 인식된다. 그리고 자신에게는 너무도 자연스러웠던 성정체성을 의심받게 된 겐리에게, 그리고 그보다 먼저 왔던 사절에게도 마찬가지로, 윈터의 성은 가장 이해하기 힘든 의문점으로 남는다.[4] 겐리를 포함한 일인 사절들은 이 의문점에 나름대로의 답을 만들어왔다. 겐리 이전에 윈터에 왔었던 옹 톳 오퐁(Ong Tot Oppong)은 윈터의 양성성이 이성(heterosexual) 인간들이 오래 전에 시행한 일종의 실험의 결과라는 이론을 제시한다. 윈터처럼 생존하기 힘든 행성에서 그와 같이 '야만'(barbarism)적인 실험을 한 이유로 오퐁은 "지속적인 성적 잠재성이 없는 인간들이 지능과 문화를 유지할 수 있는지 확인하고자" 했다는 것과 "성적 욕구를 비연속적인 시간 단위로 제한하고, 양성성으로 그 욕구를 '평준화' 하는 것이 … 욕구의 착취와 불만을 방지"하는지 보려고 했다는 점을 제안한다. 그리고 궁극적으로는 "전쟁의 제거"를 목표로 한 실험이 아닐까 생각한다(95-96). 오퐁의 이론은 이성성(heterosexuality)이 정상이고, 인간의 행동에 성적 요인이 가장 우선이라는 남성중심주의적 사고를 반영한다(르 귄은 오퐁의 보고서 끝에 그가 여성이라는 사실을 밝히게 함으로써 반전을 제시하기도 한다). 오퐁의 보고서를 읽었기에 윈터의 양성성을 알고 온 겐리도 그러한 편견에서 자유롭지는 않다. 자신이 묵는 숙소의 주인을 그의 외형과 성격을 보고 "주인아주머니"(landlady)라고 부르는 겐리는 윈터에서 그 어떤 분쟁도 전쟁으로 이어지지 않음을 주목하면서, 그 이유로 이들이 "[군대를] 동원할 능력"이 없다고 말한다(48, 49). 그러면서 그는 윈터의 사람들이 "동물처럼, 아니면 여성처럼 행동했다"고 말하며, 이성성에 근거한 편견이 고스란히 투영된 의견을 개진한다.

성(sexuality)이 주가 아닌 세계에 지내면서 겐리가 보여주는 이성성적 사고의 한계는 물론 작품이 등장했던 시기에 가장 첨예했던 이슈인 남성중심주의의 모습과 병치된다. 60년대 내내 거칠게 몰아친 시민운동의 파도는 기존 미국사회를 거세게 몰아치며 위협했다. 백인사회의 근저에는 인종문제, 중산층사회의 근저에는 계급갈등, 민주주의의 근저에는 제국주의가 해결되기는커녕 더 심각해져 왔다는 인식이 팽배하면서 안정되고 풍요로워 보이던 미국사회의 끝을 알려왔다. 하지만 이는 동시에 이러한 문제들을 직시하고 해결해야지만 미국사회의 끝을 피할 수 있음을 의미했다. 여성인권운동이 정면으로 맞선 남성중심주의도 그처럼 끝을 알리는 문제였고, 수많은 여성작가들이 다양한 방식으로 이를 재현하고, 비판하고, 나름대로의 해결책을 제시하였다. 르 귄이 그 중 하나였음은 의심할 바가 없다. 하지만 끝을 탐구하는 SF 작가로서 르 귄이 『어둠의 왼손』에서 하는 시도는 사뭇 다르다. 판타지와 SF 소설의 경계에서 한쪽을 선택하거나 아니면 둘을 하나로 만들기보다는 둘의 혼재를 선택했던 것과 마찬가지로, 성에 대한 르 귄의 선택은 남성과의 적대적 관계에서 여성이 우위에 있는 관계나 여성만이 남는 세상을 실험하는 것이 아니다. 대신 르 귄의 '사고실험'은 양성관계의 끝에서 맴돌면서 둘의 혼재가 어떻게 기존의 관계, 그리고 더 나아가 남성중심주의를 흔드는지 상상하고자 한다. 서문에서 르 귄은 이 점을 확실히 밝히고 있다.

> 실제로 소설의 인물들은 양성적이다. 하지만 그렇다고 내가 천만년 후에 우리가 모두 양성적이 될 거라고 예측하는 것은 절대 아니다. 우리가 양성적이 되어야만 하다고 선언하는 것도 전혀 아니다. 나는 그저 SF 소설에 적합한 독특하고, 우회적이고, 사고실험(thought-experiment)적인 방식으로 특정한 날씨에 특정한 하루 시간에 우리를 바라보면 우리가 이미 그 상태임을 단순히 관찰하는 것뿐이다. 나는 무엇을 예측하거나 규정하는 것이 아니라 묘사하고 있는 것이다. 소설가적인 방식, 즉 교묘하게 정황적인 거짓말을 만드는 방식으로 심리적 사실의 특정한 측면을 묘사하는 것이다.

다시 한 번 르 귄은 자신의 일이 묘사라고 역설한다. 겐리가 보기에는, 어쩌면 독자들이 보기에는 판타지와 다름없는 윈터 사람들의 양성은 사실인 거짓, 거짓인 사실인 것이다. 남성과 여성의 관계라는 시대적 이슈의 끝을 넘어 다른 관계 혹은 다른 세상을 꿈꾸는 것이 아니라 그 관계 끝자락에 숨겨진 또 다른 진실, 상상을 통해서만 알 수 있는 진실을 탐구하고 있음을 짐작할 수 있다.

작품에서 겐리가 겪는 일 또한 이러한 진실 탐구의 과정이라고 할 수 있다. 여느 SF 소설과 달리 작품은 격렬한 전투나 엄청난 반전을 제공하지 않는다. 대신 카하이드에서 성과를 못 이루고 이웃 나라인 오르고레인으로 간 겐리가 정치적 암투에 희생되어 수감생활을 하다 탈출하여 다시 카하이드로 돌아가는 여정이 주 내용이다. 에큐먼과의 연맹이 윈터의 두 나라의 정체된 상태를 변화시킬 거라는 믿음으로 겐리를 돕다가 권력에서 축출된 에스트라벤(Estraven)은 오르고레인으로 망명한 후 겐리의 탈출을 돕는다. 이 과정에서 앞서 논의한 내용과 관련지어 주목할 점은 두 가지다. 우선 서사의 복잡성이다. 겐리나 오퐁과 같은 사절이 윈터에 대해 보고하는 형식을 가진 서사이기에 겐리가 자신에게 일어난 일을 적는 것은 당연해 보인다. 하지만 서사는 그 외에 에스트라벤이 직접 얘기하는 부분과 윈터의 신화를 옮겨 적은 부분으로 점철되어 있다. 신화가 그 사회의 정서나 전통을 이해하는데 중요하기에 겐리의 보고서에 들어가는 것이 당연할 지도 모른다. 문제는 윈터의 신화를 신화로서, 즉 상상의 이야기로서만 받아들여야 하는지 판단하기 힘들다는 점이다. 앞서 행진장면에서 왕이 아치를 완성시키는 모습에서 암시되었듯이 상상과 현실의 경계가 모호한 곳이 바로 윈터이기 때문이다. 처음으로 2장에 나오는 신화에 따르면, 샤트(Shath) 가문의 형제가 같이 케머링에 들어가 한 명이 임신을 하게 된다. 당시에는 형제는 케머링을 한 번 할 수 있지만, 그 이후에는 하지 않는 것이 법이였다. 하지만 형제는 이를 어겼고, 이에 왕이 이들을 분리시키라고 명령하자 형제 중 한 명인 호드(Hode)는 자살을 하고 남은 '게서렌'(Getheren)은 홀로 망명길에 오른다. 게서렌은 우연히 마주친 눈보라 속에서 호드를 다시 만나지만 자신의 이름을 말하지 못하는 것을 보고 도망치다 그에게 왼손을 잡힌다. 이렇게 잡혔던 왼손은 얼어버렸기에 잘라냈어야만 했고, 이후 게서렌은 이노크(Ennoch)라는 이름을 살다가 죽기 직전에 자신의 본명을 찾아감으로써 자신이 고향에 내렸던 저주를 거둔다. 신화라고 여기며, 작품에서 겐리가 겪는 일과 상관없다고 할 수 있지만 르 귄은 이 신화에서 책의 제목을 따온다. 즉, 겐리의 보고서에 묻혀 있어야 할 '어둠의 왼손'이 이를 뚫고나와 책의 독자와 직접 대면하도록 의도한 것이다. 상상의 신화와 현실의 독자가 이처럼 이어지고, 겐리의 여정은 그 사이에 위치하게 됨으로써 그가 찾는 진실 또한 그 사이 어딘가에 있다는 의미다.

서사의 복잡성은 또 다른 차원에서 일어나며 두 번째로 주목할 점으로 낳는다. 작품은 6장에서 에스트라벤의 서사를 갑자기 등장시키며, 잠시 동안 겐리의 서사와 겹치는 인상을 남긴다. 내용상으로도 이 장에서 에스트라벤은 오르고레인으로 홀로 망명길에 오르기에 낯선 곳에 홀로 온 겐리와 비슷한 운명에 처하게 된다. 더 정확하게 말하자면 망명생활에서 자신의 안위를 걱정하기보다는 겐리의 사명을 돕기로 결정함으로써, 에스트라벤의 운명은 겐리의 운명과 겹쳐진다. 따라서 이후에 두 사람이 같이 오르고레인을 탈출하고, 정신을 공유하는 '마인드스피치'(mindspeech)에 성공하는 모습은 놀라운 일이 아니다. 두 인물의 서사의 중첩, 함께하는 여정은 서사의 복잡성과 더불어 매우 중대한 순간을 가능하게 만든다. 바로 겐리가 양성성을 친밀하게 경험하게 되는 것이다. 에스트라벤과 오르고레인을 탈출해 카하이드로 몰래 들어가기 위해 두 사람은 겨울에는 아무도 다니지 않는 북쪽의 산악지대인 고브린(The Gobrin)을 넘기로 결정한다. 총 85일이 걸린 불가능한 여정을 단 둘이 함께 하면서 겐리와 에스트라벤은 서로를 더 알아가고 이해하게 된다. 물론 두 사람의 관계의 변화는 이후 에큐먼과 윈터라는 두 세계의 관계 변화의 가능성을 암시한다. 하지만 그 변화는 이성성과 양성성의 대립이 해소되지 않으면 불가능할 것이고, 두 사람의 여정이 중요한 점은 바로 이 때문이다. 여정 중에 케머 시기에 들어간 에스트라벤은 '이인용 텐트'에서 겐리의 존재를 무시하기 힘들다는 사실을 발견한다(232). 더구나 "문제는 물론 그[겐리]가 기묘한 방식으로 케머 시기에 있다는 것"임을 에스트라벤은 깨닫는다(232). 즉, 겐리가 남성이기에 에스트라벤은 자신이 여성으로 변하는 것을 느끼는 것이다. 갑자기 자신에게 차갑게 구는 이유를 겐리가 묻자 에스트라벤은 '부끄러움'을 느끼며 설명하고, "그가 웃을까봐 걱정"한다(232). 그러다 그는 겐리와 자신이 이제 "똑같이 특이한 사람, 성적 별종일 뿐이다. 이곳 얼음 위에서 우리는 각자 단일하고, 홀로인 존재다. 나는 나와 비슷한 사람들, 나의 사회와 그 사회의 법규에서 떨어져있고, 그도 이는 마찬가지다. 내 존재를 설명하고 지원해줄 다른 게센인들의 세상은 이곳에 없다. 우리는 마침내 동등한 존재가 된 것이다. 평등하고 혼자인 외계인인 두 사람"임을 깨닫는다(232). 서로 이해할 수 없었던 성적 차이가 더 이상 두 사람의 관계를 방해하지 않게 된 것이다. 마찬가지로 겐리도 서로를 건드리면 안 된다는 에스트라벤에 말에 동의하면서 다음과 같이 생각한다.

> 왜냐하면 내가 보기에는, 그리고 내 생각에는 그가 보기에도, 우리 사이의 성적 긴장감이 절대 줄어들지는 않았지만, 이제 인정되고 이해되면서 우리 사이의 엄청나고 급작스러운 우정이 생겨난 것 같았다. 우리의 망명 중에 그처럼 우리에게 필요했고, 우리의 힘든 여정의 밤과 낮 동안에 그처럼 제대로 증명된 우정,

> 그래서 이제는 그리고 나중에도 사랑이라고 부를 만한 우정이었다. 하지만 그건 우리 사이의 차이에서 생긴 것이지, 친화성이나 유사점에서 생긴 것이 아니었다. 그 차이로부터 사랑이 생긴 것이었다. 그리고 그것만이 우리를 갈라놓은 무언가를 연결시킬 다리였다. 우리가 성적으로 만나는 것은 다시 한 번 외계인으로 만나는 것과 다름없을 것이다. 우리는 우리에게 가능한 유일한 방식으로 서로를 건드렸다. 우리는 그렇게 지내기로 했다. 우리가 옳았는지, 나는 알지 못한다. (249)

하나의 성을 억누르거나 혹은 두 개의 성을 하나로 합치며 성적차이를 없애는 것이 아니라, 그 차이를 안고 살면서 그에 맞는 새로운 관계를 찾은 것이다. 이 관계는 물론 기존의 입장에서 보면 우정인지 사랑인지, 그리고 서로와 접촉한 건지 아닌지도 불분명하다. 그런 관계가 옳은지 아닌지도 알 수 없다. 겐리와 에스트라벤은 불분명하고 알 수 없는 관계, 혼란한 미지의 세계를 받아들인 것이다.

IV. 총평

르 권의『어둠의 왼손』마지막에 겐리가 찾은 진실은 모호하고, 심지어 모순된 듯이 보인다. 상상하기도 힘든 진실인 것이다. 하지만 작품은 그러한 진실을 받아들이고 살아가는 겐리의 모습을 통해서 모순이 거부할 수 없는 논리나 범할 수 없는 법칙의 문제가 아니라 시점의 문제임을 알린다. 결국 상상할 수 있는 문제였음을 전하는 것이다. "진리는 상상력의 문제다"라는 책의 첫 문장이 다시금 생각날 수밖에 없다. 르 권의 '사고실험'은 바로 상상력을 통해 양립할 수 없는, 혹은 동등할 수 없는 것들이 공존하는 세상을 보여주는 일을 한다. 콜(Lewis Call)은 이 작품이 "이분법적 사고와 질서정연하고 닫힌 서사의 안정감을 거부"한다고 관찰하면서 르 귄이 개발한 "새로운 형식의 무정부주의적 사고"가 드러난다고 설명한다(92, 88). "이분법적 사고"를 분명 지양하지만, 그것이 꼭 "무정부주의적"인 결과로 이어지는지는 의문이다. 어쨌거나 작품의 결말에서 에큐먼과 윈터는 연맹을 맺을 듯이 보이고, 양성성과 이성성이 완전히 해체되지도 않기 때문이다. 오히려 르 귄이 하는 작업은 SF 문학과 판타지나 남성과 여성 등의 대립항들을 끝까지 밀고가면서도, 그 끝에서 하나를 없애거나 굴복시키거나, 혹은 각각의 항을 해체시키는 방식으로 대립을 해소하지 않는 상상인 것이다. 끝은 하나만을 위한 곳이 아니다. 끝은, 적어도 르 귄이 『어둠의 왼손』에서 전하는 SF의 끝은 서로 어울리지 않을 것만 같던 것들이 공존하는 방법을 찾는 공간이자 시간이다. 제임슨의 말은 그런 점에서 옳고도 틀렸다. SF 문학은 우리의 상상력의 한계를 보여주는 문학이면서, 그 한계를 안고 사는 방법을 상상하는 문학이기 때문이다.

---

1) 건스백은 1926년에 『어메이징 스토리즈』(Amazing Stories)라는 잡지를 만들었고, 캠벨은 1937년부터 『어스타운딩 사이언스 픽션』(Astounding Science Fiction)의 편집자로 일했다. 이 두 잡지를 통해 웰스의 작품으로 대표되는 유럽의 SF 문학이 소개되고, 동시에 아이작 아시모프(Isaac Asimov)를 포함한 수많은 미국 작가들이 등용의 기회를 얻음으로써, 이른바 "SF의 황금시대"(The Golden Age of Science Fiction, 1938-1946)가 가능해졌다. 펄프 매거진 시대를 1926년부터 1960년까지라고 좀더 길게 보는 애테베리(Brian Attebery)는 매거진 시대가 세 가지 다른 전통을 종합하여 생겼다고 설명한다. 쥘 베른(Jules Verne)과 웰스 등이 개척한 "과학적 로맨스"(scientific romance), "싸구려 소설"(dime novel)로 발달한 대중적 스토리텔링, "과학적 저널리즘"(scientific journalism)이 한데 어우러져 매

거진 시대를 이끈 것이다(Attebery 34).

2) 르 귄은 「사이언스 픽션과 미래」(Science Fiction and the Future)라는 짧은 발표문에서 "미래는 단순한 공간이 아니다"라고 지적한다(140). 그러면서 "공간과 미래가 동의어가 되는" 다른 SF 문학과 자신의 작품이 다르다고 설명한다(140). 즉, 미래라는 공간은 "우리가 도달하고, 침범하고, 식민화하고, 약탈하고, 주거지로 만드는" 곳이 아니라 전혀 알 수 없는 것이기에, 자신은 "내 앞에 있는 것들, 지구, 지구에 같이 사는 존재들, 별들을 바라보고자" 한다고 말한다(140).

3) 논란의 중심에는 윈터의 인물들을 모두 남성대명사 'he'로 지칭한 르 귄의 선택이 있다. 독자에게 윈터가 남성세계라는 인상을 준다는 비판에 대해 르 귄은 초반에는 출판 당시의 현실, 즉 영어라는 언어의 한계를 그대로 담아내는 선택이라고 반박했지만, 이후에 "페미니스트 과정"을 겪으면서 자신의 선택에 문제가 있었음을 인정했다(Rashley 128). 하지만 라슐리(Lisa Hammond Rashley)가 주장하듯이, 르 귄은 과거의 선택을 되돌리기보다는 여성만의 언어를 찾아나서는 일종의 "수정"(Revision)을 시도했다(128). 예를 들어 『어둠의 왼손』 25주기를 맞아 재출판한 책에서 르 귄은 원작의 선택을 바꾸지 않고, 대신 부록으로 넣은 부분에서 새로운 대명사인 "e, es, enself" 등을 "he" 대신 사용하였다(128).

4) 작품에서 설명하듯이, 에큐먼은 새로운 행성과 교류를 열기 전까지 항상 단 한 명의 사절(envoy)만을 보낸다. 그 이유를 묻는 에스트라반에게 겐리는 일인 사절은 상대 나라에게 "아무런 위협도 되지 않고, 균형을 무너뜨리지도 않으며, 공습을 의미하지도 않"기 때문이라고 답한다(259). 하지만 윈터에서의 경험으로 겐리는 일인 사절의 또 다른 이유를 파악하고, 이를 "혼자기이에, 나는 당신의 세계를 변화시킬 수 없습니다. 하지만 당신 세계로 인해 내가 변할 수 있죠. 혼자이기에, 나는 주의 깊게 들어야 할 뿐만 아니라, 주의 깊게 말해야만 합니다"라고 설명한다(259).

인용문헌

Attebery, Brian. "The Magazine Era: 1926-1960." *The Cambridge Companion to Science Fiction*. Ed. Edward James and Farah Mendlesohn, Cambridge: Cambridge UP, 2003.

Call, Lewis. "Postmodern Anarchism in the Novels of Ursula K. Le Guin." *SubStance* 36.3 (2007): 87-105.

Freedman, Carl. *Critical Theory and Science Fiction*. Middletown, CT: Wesleyan UP, 2000.

Hartwell, David. "The Distortion of the Product: Stresses on Science Fiction Literature." *Science Fiction and Market Realities*. Ed. Gary Westfahl, George Slusser and Eric S. Rabkin. Athens, GA: U of Georgia P, 1996. 36-55.

Jameson, Fredric. *Archaeologies of the Future: The Desire Called Utopia and Other Science Fictions*. London: Verso, 2005.

Le Guin, Ursula K. "Science Fiction and the Future." *Dreams Must Explain Themselves and Other Essays* 1972-2004. London: Gollancz, 2018. 139-140.

______. *The Left Hand of Darkness*. New York: Ace, 1976.

Naimon, David. "The Imaginative Reality of Ursula K. Le Guin." Interview. *VQR* (Summer 2018): 187-93.

Rashley, Lisa Hammond. "Revisioning Gender: Inventing Women in Ursula K. Le Guin's Nonfiction." *Biography* 30.1 (2007): 22-47.

Shelley, Mary. *Frankenstein.* A Norton Critical Edition. Ed. J. Paul Hunter. New York: Norton, 1996.

Suvin, Darko. *Defined by a Hollow: Essays on Utopia, Science Fiction and Political Epistemology.* Berlin: Peter Lang, 2010.

Wegner, Phillip E. "Preface: Emerging from the Flood in Which We Are Sinking: Or, Reading with Darko Suvin (Again)." *Defined by a Hollow: Essays on Utopia, Science Fiction and Political Epistemology* by Dark Suvin. Berlin: Peter Lang, 2010.

Wells, H. G. *The Time Machine*. New York: Signet Classic, 2002.

Westfahl, "Against Agoraphobia: Confronting the Idea of Marketplaces." *Science*

Fiction and Market Realities. Ed. Gary Westfahl, George Slusser and Eric S. Rabkin. Athens, GA: U of Georgia P, 1996.

* **출처**: 본문의 2절, "SF 문학과 끝"은 2018년 11월 23일에 '경희대학교 비교문화연구소'에서 "SF 서사의 상상력과 공동체의 미래"라는 제목으로 개최된 학술대회에서 기조연설로 발표한 「SF의 끝」을 수정한 글이다.

영미 소설 속 장르

한국근대영미소설학회

필진

이혜수

연세대 영어영문학과를 졸업하고 서울대에서 영문학 석사, 뉴욕대(NYU)에서 영문학 박사학위를 취득하였으며, 건국대 영어영문학과 교수로 재직 중이다. 현재 영어영문학회와 근대영미소설학회 연구이사와 18세기영문학회 편집이사, 19세기영어권문학회 기획이사 등을 맡고 있다. 저서로『18세기의 방』(공저, 근간), 역서로『걸리버 여행기』(2018, 을유문화사)가 있으며, 관련 논문으로「다니엘 디포와 근대 개인주의:『록사나』를 중심으로」,「초기영소설과 그로테스크 리얼리즘:『조셉 앤드류즈』를 중심으로」등이 있다.

배경진

고려대학교 영어영문학과를 졸업하고, 뉴욕주립대(버팔로)에서 박사학위를 취득하였다. 현재 창원대학교 영어영문학과 조교수로 재직 중이며, 한국근대영미문학회, 18세기영문학회에서 활동하고 있다. 최근 논문으로는「『프랑켄슈타인』: 공감, 공동체, 서사」가 있으며, 이외 영미 소설에 관한 여러 논문을 발표했다.

김진아

고려대학교 영문학과를 졸업하고 고려대학교 대학원에서 미국소설로 석사학위를 받았으며, 동대학원에서 비교문학 박사과정을 수료했다. 뉴욕주립대 버팔로에서 영문학 박사학위를 받았고 현재 충북대학교 영어영문학과 교수로 재직중이다. 한국영미문학페미니즘학회 연구이사와 한국18세기학회 편집이사를 역임했고, 현재 한국18세기학회 편집위원으로 활동중이다. 저서로는『영국근대소설』(공저) 등이 있고, 역서로는『작가란 무엇인가』(공역) 등이 있다. 이외에도 18, 19세기 영국 소설에 관한 논문이 다수 있다.

신경숙

연세대학교 영어영문학과를 졸업하고 연세대학교 대학원에서 영문학 석사학위, 텍사스주립대학 (Austin) 대학원에서 영문학을 전공하여 박사학위를 취득하였으며 현재 연세대학교 영어영문학과 부교수로 재직 중이다. 한국영어영문학회에서 재무이사, 한국영미문학페미니즘학회의 편집위원장과 회장을 역임했다. 공역서로『페미니스트비평과 여성문학』(원제: *The New Feminist Criticism, Elaine Showalter ed.*; 이화여자대학교출판부, 2004) 등이 있고, 그 외 다수의 18, 19세기 영문학 관련 논문들이 있다.

최선령

서울대학교 영어영문학과를 졸업하고 서울대학교 대학원에서 영문학 석사학위와 박사학위를 취득하였으며 현재 호서대학교 더:함 교양대학 창의교양학부 조교수로 재직 중이다. 역서로 진 리스의 『어둠속의 항해』(2019)가 있다.

문상화

인하대학교 영어교육학과를 졸업하고 Indiana State University에서 영문학 석사학위, University of North Texas에서 영문학 박사학위를 취득하였으며 현재 광주대학교 외국어학부 교수로 재직 중이다. 근대영미소설학회에서 이사로 활동했으며 21세기영어영문학회에서 회장을 역임했다. 저서로 『다윈과 디킨즈』, 『성장, 이미지, 서사』(공저), 『상처와 치유의 서사』(공저), 영역서로 *Apology Agents*(사과는 잘해요)가 있다. 이외에도 영미 소설에 관한 다수의 논문을 발표했다.

고영란

서울대학교 영어과를 졸업하고 서울대학교 대학원에서 영문학 석사학위, 충남대학교 대학원 에서 영문학 박사학위를 취득하였으며 현재 수원대학교 영어영문학과 교수로 재직 중이다. 미국 예일대 영문과에서 방문교수로서 활동했고, 한국 로렌스학회 회장을 역임했으며 현재 근대영미소설학회 회장으로 활동 중이다. 저서로 『해설이 있는 영국문학개관』, 『하디와 로렌스 다시 읽기』, 『영미소설의 서술방법과 구조』, 『에밀리 브론테의 〈폭풍의 언덕〉』, 『토마스 하디의 〈무명의 주드〉』, 『영국소설과 서술기법』(공저) , 『미국소설과 서술기법』(공저), 『영화로 읽는 영미소설 1: 사랑 이야기』(공저), 『영화로 읽는 영미소설 2: 세상 이야기』(공저), 『페미니즘 시각에서 영미소설 읽기』(공저), 『영미 모더니즘 문학의 전개』(공저) 등이 있고, 역서로 『영국소설사』(공역), 『미국소설사』(공역)가 있다. 이외에도 영미 소설에 관한 다수의 논문을 발표했다.

손현주

서울대학교 영어영문학과를 졸업하고 동대학원에서 문학석사, 영국 버밍엄대학교에서 문학 박사학위를 취득하였으며 현재 서울대학교 영어영문학과 강사로 재직 중이다. 가톨릭대학에서 초빙교수, 서울대학교 인문학연구원 HK연구교수를 역임했고, 한국 버지니아 울프학회에서 이사로 활동 중이다. 저서로 『버지니아 울프1~3』(공저), 『제국』, 『문명의 거울』(공저), 『유럽의 영화와 문학』(공저), 역서로 『나방의 죽음』(공역) 등 다수가 있다. 이외에도 영국 소설과 영화 문화에 관한 다수의 논문을 발표했다.

박종성

충남대학교 영어영문학과를 졸업하고 서강대학교 대학원에서 영문학 석사학위, 런던대학교(퀸메리 칼리지) 대학원에서 영문학 석사학위와 박사학위를 취득하였으며 현재 충남대학교 영어영문학과 교수로 재직 중이다. 한국근대영미소설학회에서 회장을 역임했고 한국영어영문학회에서 회장으로 활동 중이다. 저서로『탈식민주의에 대한 성찰』, 역서로『탈식민주의 길잡이』가 있다. 이외에도 영국 소설에 관한 다수의 논문을 발표했다.

이동신

한국외국어대학교 대학원에서 영문학 석사학위, Texas A&M 대학교 대학원에서 영문학 박사학위를 취득하였으며 현재 서울대학교 영어영문학과 교수로 재직 중이다. 한국아메리카학회에서 총무 등을 역임했고 미국소설학회에서 편집위원장으로 활동 중이다, 저서로 *A Genealogy of Cyborgothic: Aesthetics and Ethics in the Age of Posthumanism*,『감염병과 인문학』(공저)이 있다. 이외에도 영미 소설에 관한 다수의 논문을 발표했다.

영미 소설 속 장르

초판 1쇄 발행 _ 2019년 12월 30일

저　　자 • 한국근대영미소설학회
발 행 인 • 정 현 걸
발　　행 • 신 아 사
인　　쇄 • 대명프린팅
출판등록 • 1956년 1월 5일 (제9-52호)
주　　소 • 서울특별시 은평구 통일로 59길 4 2F
전　　화 • 02) 382-6411 · 팩스 02) 382-6401
홈페이지 • www.shinasa.co.kr
E-MAIL • shinasa@daum.net

ISBN 978-89-8396-372-7(93840)

정가 16,000원